國家古籍工作規劃項目

本書爲國家古籍整理出版專項經費資助項目

全國高校古委會直接資助項目（1755）

中國佛教典籍選刊

宗鏡録校注

一

〔五代〕延壽 集
富世平 校注

中華書局

工作，因此，對於系統地開展佛學研究來説，急需解决基本資料缺乏的問題。目前對佛學有較深研究的專家、學者，不少人年事已高，如果不抓緊組織他們整理和注釋佛教典籍，將來再開展這項工作就會遇到更多困難，也不利於中青年研究工作者的成長。爲此，我們在廣泛徵求各方面意見的基礎上，初步擬訂了中國佛教典籍選刊的整理出版計劃。其中，有重要的佛教史籍，有中國佛教幾個主要宗派（天台宗、三論宗、唯識宗、華嚴宗、禪宗）的代表性著作，也有少數與中國佛學淵源關係較深的佛教譯籍。所有項目都要選擇較好的版本作爲底本，經過校勘和標點，整理出一個便於研讀的定本。對於其中的佛教哲學著作，還要在此基礎上，充分吸取現有研究成果，寫出深入淺出、簡明扼要的注釋來。

由於整理注釋中國佛教典籍困難較多，我們又缺乏經驗，因此，懇切希望能够得到各方面的大力支持和協助，使這項工作得以順利完成。

中華書局編輯部

一九八二年六月

目録

第六册

第七册

第八册

第九册

第十册

前言

宗鏡録是五代宋初高僧延壽編集的一部重要的佛教典籍。此書一百卷，以「一心」爲宗，熔當時重要的佛教諸家思想於一爐，規模宏大，影響深遠。

一、延壽生平略述

延壽，俗姓王，字沖玄〔一〕，餘杭（或曰錢塘，今皆屬浙江杭州）人〔二〕，生於唐昭宗天祐元年（九〇四），卒於宋太祖開寶八年（九七五），年七十二〔三〕。延壽天賦異禀，又精勤刻勵，

〔一〕或作「沖元」，如釋門正統等。疑本作「沖玄」，「沖元」者，爲避諱所改。

〔二〕宋高僧傳卷二八宋錢塘永明寺延壽傳云「本錢塘人」。釋門正統卷八云：「丹陽王氏，遷于餘杭。」樂邦文類卷三大宋永明智覺禪師傳：「本丹陽人，後遷餘杭。」丹陽是其祖籍。

〔三〕按，宋高僧傳卷二八宋錢塘永明寺延壽傳，延壽「以開寶八年乙亥終于住寺，春秋七十二」。景德傳燈録卷二六云：「以開寶八年乙亥十二月示疾，二十六日辰時焚香告衆，跏趺而亡。明年正月六日，塔于大慈山。壽七十二，臘四十二。」開寶八年十二月二十六日，則已爲公元九七六年初。佛祖統紀卷二六則云「開寶八年二月二十六日晨起焚香告衆，加趺而化」，「二月」當爲「十二月」之脱訛。

在佛教信仰的踐行方面，禪淨雙修，成爲後世公認的法眼宗三世、淨土宗六世，是兩宗祖師，對後代有着極大影響；在佛教理論的建構方面，主張祖佛同詮、禪教一致，以心爲宗、萬善同歸，是中國佛教思想發展史上承先啓後的人物。

延壽幼時即歸心向佛，並在佛教領域表現出卓越的禀賦〔一〕。九三一年，延壽二十八歲，出任華亭鎮將，成爲基層的官吏〔二〕。在任職期間，因挪用官錢放生被發現，經歷了真正的生死考驗〔三〕，更加堅定了其向佛的意志。九三九年，延壽三十六歲的時候，吴越王錢

〔一〕景德傳燈録卷二六：「總角之歲，歸心佛乘。既冠，不茹葷，日唯一食。持法華經，七行俱下，纔六旬，悉能誦之，感群羊跪聽。」參見本書附録三相關傳記資料。

〔二〕景德傳燈録卷二六：「年二十八，爲華亭鎮將。」宋高僧傳卷二八宋錢塘永明寺延壽傳云：「兩浙有國時爲吏，督納軍須。」蘇軾東坡志林則説其爲「北郭税務專知官」。看似不一致，其實都屬鎮將的職掌範圍（鎮將在兵權之外，還負責地方治安、賦税徵收等）。

〔三〕蘇軾東坡志林：「每見魚蝦，輒買放生，以是破家，後遂盗官錢爲放生之用。事發坐死，領赴市矣，吴越錢王使人視之：『若悲懼如常人，即殺之，否則捨之。』禪師澹然無異色，乃捨之。遂出家，得法眼淨。」按，此説宋高僧傳、景德傳燈録等皆無，但都有其「放生」的記載，而不言挪用官錢者，或有宗教因素，或有爲尊者諱之意。

元瓘乃從其志，放令出家，禮杭州龍册寺翠巖令參禪師剃染〔一〕。令參爲雪峰義存法嗣，湖州（今屬浙江）人，「未睹行録」〔二〕，所以見之於祖堂集卷一〇翠巖和尚、景德傳燈録卷一八明州翠巖令參禪師的記載都較爲簡略。

延壽在龍册寺期間，苦行自礪，「執勞供衆，都忘身宰。衣不繒纊，食無重味，野蔬布襦，以遺朝夕」〔三〕。但在翠巖令參諸弟子中，作爲新人的延壽似乎並未嶄露頭角，翠巖令參禪師雖然是他的親教師，但他没有能够成爲翠巖令參的傳法弟子〔四〕。

〔一〕此據宋高僧傳卷二八宋錢塘永明寺延壽傳，傳云延壽「法臘三十七」，則其落髮受具當在九三九年，即三十六歲的時候。又據釋氏稽古略卷三，龍册寺由吴越王於後梁龍德二年（九二二）創立，請道怤居之。道怤示滅於後晉天福丁酉歲（九三七）八月，錢王延請翠巖令參禪師遷居龍册寺當在此後，也可佐證宋高僧傳之説。景德傳燈録卷二六等云延壽「臘四十二」，則受具在九三四年，即三十一歲的時候。而廬山蓮宗寶鑑卷四云其「三十四歲，依龍册寺永明大師落髮受具」。

〔二〕見祖堂集卷一〇翠巖和尚。

〔三〕見景德傳燈録卷二六。

〔四〕據景德傳燈録卷二二、傳法正宗記卷八等，翠巖令參禪師出法嗣二人：一爲杭州龍册寺子興，一爲温州佛嶴知默。

延壽後遊天台山，於天柱峰修習禪定，聲譽漸起，已有充滿傳奇色彩的故事流傳〔一〕。稍後禮謁天台德韶國師，深受器重，成爲德韶法嗣，並被寄予厚望〔二〕。德韶爲清涼文益法嗣，法眼宗二世，初止白沙，時吴越忠懿王弘俶刺台州，嚮師之名，延請問道。乾祐二年（九四九）吴越王遣使迎請德韶，尊其爲國師。作爲德韶法嗣，延壽被後世尊爲法眼宗第三世。

延壽雖然以禪定贏得巨大聲譽，但在天台山三年多的時間，似乎以「誦經」爲主〔三〕，講

〔一〕宋高僧傳卷二八宋錢塘永明寺延壽傳：「嘗於台嶺天柱峰九旬習定，有鳥類尺鷃，巢棲于衣襵中。」贊寧略小於延壽，兩人在吴越國有共同的生活經歷，此説應該在當時盛傳。一鉢歌中有云：「不如静坐真如地，頂上從他鵲作巢。」有鳥在身上作巢，是進入禪定極高境界的公認的表象。

〔二〕按，景德傳燈録、佛祖統紀等都有延壽在天台期間德韶「密授玄旨」的説法：「汝與元帥有緣，他日大興佛事。」無論是否屬實，至少反映延壽與吴越國王關係密切，在吴越國有特殊地位，其對後來吴越納土歸宋有一定影響，是宋代比較普遍的看法。

〔三〕宗曉樂邦文類卷三大宋永明智覺禪師傳：「（延壽）因思夙有二願：一願終身常誦法華，二願畢生廣利群品。憶此二願，復樂禪寂，進退遲疑，莫能自決，遂上智者禪院作二鬮：一曰『一心禪定鬮』，二曰『誦經萬善莊嚴淨土鬮』。冥心自期曰：『儻於此二途有一功行必成者，須七返拈著爲證。』遂精禱佛祖，信手拈之，乃至七度，並得『誦經萬善生淨土鬮』。由此一意，專修淨業。遂振錫金華天柱峰，誦經三載。」此説宋高僧傳、景德傳燈録中皆無，出現較晚，然可見其在「禪定」和「誦經」兩個領域都有極大影響。

經説法的才能有了很大提高，這也爲他日後編集宗鏡録奠定了一定基礎〔一〕。廣順二年（九五二），延壽住持明州雪竇山（在今寧波奉化），講經説法，聽者雲集，開化寺傳法大師行明即於此間投其門下披剃，後代甚至有延壽在這裏完成宗鏡録初稿的説法〔二〕。其明州大梅山法常禪師讚及部分山居詩，或即寫於此間。

建隆元年（九六〇），受忠懿王錢弘俶請，入居靈隱山新寺爲第一世。延壽在靈隱寺的時間不足一年。雖然時間不長，但從靈隱寺志所謂「慧理開山，延壽中興」之説中，可見

〔一〕宗曉樂邦文類卷三大宋永明智覺禪師傳：「禪觀中見觀音以甘露灌于口，從此發觀音辯才。」佛祖統紀卷二六：「振錫金華天柱峰，誦經三載，禪觀中見觀音以甘露灌其口，遂獲辯才。」辯才的獲得，與講經説法過程中佛教知識的積累有重要關係，而佛教知識的積累，離不開佛教文獻的廣泛閱讀。這也爲宗鏡録的撰集提供了知識儲備。

〔二〕（康熙）雪竇寺志卷二「中峰」條説：「其峰高且深，智覺壽禪師嘗結庵焉。相傳宗鏡録脱稿於此。」此説出現較晚，或有爲提高雪竇寺地位、影響而杜撰的嫌疑。但衡之以常情，並非完全没有可能。陳榮富永明延壽與中國佛教新趨向的形成：「佛國勝地雪竇寺使延壽的佛學修養升到新的高度，延壽洋洋灑灑八十萬字的佛學著作宗鏡録，就是在雪竇寺完成初稿，在杭州浄慈寺定稿的。」（見普門學報第二十四期，二〇〇四年十一月）「在雪竇寺完成初稿」，雖未説明根據，但考慮到其在浄慈寺不久即完成宗鏡録定稿的實際，在這裏完成初稿就很有可能。

其貢獻甚巨。建隆二年，錢弘俶復請其住永明寺（今杭州净慈寺），賜「智覺禪師」號〔一〕，爲永明寺第二世，衆盈二千〔二〕，行明也自天台「迴永明翼贊本師」〔三〕。永明寺，顯德元年（九五四）錢弘俶爲釋道潛造，「號慧日永明」〔四〕。道潛俗姓武，傳見宋高僧傳卷一三，和天台德韶一樣，爲法眼文益法嗣。道潛「建隆二年辛酉九月十八日示疾而終」，延壽繼爲永明寺寺主，當在此年九月道潛卒後。延壽居永明寺十五載，度弟子一千七百人〔五〕。

延壽在佛教各領域都有卓越貢獻，但對後世影響最大者，無疑是宗鏡録的編集。而這一不朽之盛事，就是在永明寺完成的，故「今净慈方丈曰宗鏡堂」〔六〕。其心賦注、萬善同歸

〔一〕此據釋門正統卷八、永明道跡等，詳參本書附録三。佛祖統紀卷二六則云開寶八年其「加趺而化」後宋太祖「賜號智覺禪師」。按，錢弘俶製宗鏡録序中，已稱其爲「智覺禪師」，則以釋門正統等中所説爲是。

〔二〕見景德傳燈録卷二六。佛祖統紀卷四三：「吴越王俶請延壽禪師主永明寺，今錢唐净慈寺，師日課一百八事。學者參問，以心爲宗，以悟爲則。日暮往别峰行道念佛，人聞山中天樂聲。吴越王感其專至，爲作西方莊嚴殿以成其志。」

〔三〕見景德傳燈録卷二六杭州開化行明大師。

〔四〕見宋高僧傳卷一三、景德傳燈録卷二五、武林梵志卷三等。

〔五〕見景德傳燈録卷二六、佛祖統紀卷二六等。

〔六〕見釋氏稽古略卷三。

集等主要著作，也都完成於這一時期。可以説，延壽在永明寺度過了他一生中最重要的時期，完成了他一生中最有影響的事業。

開寶三年（九七〇），「奉詔於月輪峰建創六和塔，高九級，五十餘丈，用以爲鎮。自是潮習故道，居民德之」〔一〕。創建六和塔，不僅是延壽「興福」的標誌性成就之一，也爲杭州留下了一座不朽的歷史文化豐碑。七年，延壽又入天台山，行道之餘，念誦法華。度戒、放生和誦經，占據了他在這裏的大部分時間〔二〕。開寶八年十二月示疾，二十六日辰時焚香告衆，跏趺而逝〔三〕。世壽七十二，法臘三十七〔四〕。開寶九年正月六日，建塔于大慈山。後宋太宗賜額曰「壽寧禪院」。

宋高僧傳將延壽的傳記置於興福篇，而不在義解篇，也不在習禪篇。也就是説，在贊寧看來，延壽在「興福」方面的成就超過了「習禪」（修習禪定）、超過了「義解」（解釋義

〔一〕見大壑輯永明道跡。

〔二〕景德傳燈録卷二六：「度戒約萬餘人，常與七衆受菩薩戒。夜施鬼神食，朝放諸生類不可稱算，六時散華。行道餘力，念法華經一萬三千部。」

〔三〕按，開寶八年十二月二十六日，當已爲公元九七六年。

〔四〕此據宋高僧傳，參前注。

理）。興福者，謂興造福利，即修行者勉力從事恭敬三寶、救濟苦厄及寫經造像等各種有利於衆生的事業。雖然延壽是後世所謂法眼三祖、淨土六祖，在佛教修行實踐與理論建設方面都影響卓著，但他在當時更大的影響，應該主要在放生、造塔、誦經等興福領域〔一〕。宗鏡録編集之初流傳不廣，似乎也没有給他在當時帶來太大的聲譽〔二〕。

和很多著名高僧一樣，延壽的生平事迹，也是早期文獻記載較爲簡略，越到後來越爲具體、詳實的一個不斷神聖化的過程。雖然離歷史的真實可能愈來愈遠，但足以見其在後代的接受情況，反映其在後世心目中的某種形象。在看似神奇的故事背後，也仍然隱含着一定的真實信息，需要我們剥絲抽繭，發現隱藏在神奇故事背後的接受史。延壽作爲法眼三祖，由文益而德韶，由德韶而延壽，當時即爲大家所公認。但其淨土六祖的形象，則是由後世不斷塑造而構建的。而他之所以被塑造、被追認爲淨土六祖，則與其修行實踐及思想中的一些因素不無關係。智覺禪師自行録詳細記録他每天力行的一〇八件佛事，其中第

〔一〕延壽不僅自己造塔，還「多勵信人，營造塔像」（見宋高僧傳本傳）。

〔二〕當然，宗鏡録等著述的編集，也可視爲「興福」之舉，但未入義解篇的更重要原因，應該是元祐年間宗鏡録錢塘新本出現之後纔真正逐漸有了影響的緣故。

十五爲「同證法華三昧，咸生彌陀浄土」，其萬善同歸集中也有對浄土法門的倡導和禪浄雙修的主張〔一〕。宗曉樂邦文類卷三大宋永明智覺禪師傳，突出了延壽浄土信仰與實踐的表現，但尚未列入其所倡立的浄土宗六祖〔二〕。不久之後，被視爲「天台一家之正史」的志磐佛祖統紀〔三〕，正式確立了延壽蓮社七祖中的六祖地位〔四〕。

永明延壽著述宏富，「共六十一本，總一百九十七卷」〔五〕。現存於世者，宗鏡録之外，還有萬善同歸集、心賦注、觀心玄樞等〔六〕。

〔一〕詳參張家成永明延壽與吴越佛教，浙江大學學報（人文社會科學版）二〇〇六年第五期。

〔二〕樂邦文類完成於慶元六年（一二〇〇），以慧遠爲浄土宗始祖，善導、法照、少康、省常、宗賾爲繼祖，詳見蓮社繼祖五大法師傳。

〔三〕見丁福保佛學大辭典「佛祖統紀」條。

〔四〕佛祖統紀確立的蓮社七祖分别爲始祖慧遠、二祖善導、三祖承遠、四祖法照、五祖少康、六祖延壽、七祖省常，詳見佛祖統紀卷二六浄土立教志蓮社七祖。

〔五〕見智覺禪師自行録。詳見本書附録二。

〔六〕劉澤亮整理永明延壽禪師全集收入唯心訣、定慧相資歌、驚世、宗鏡録、萬善同歸集、垂誡、觀心玄樞、心賦、心賦注、神棲安養賦、法華瑞應賦、華嚴感通賦、金剛證驗賦、觀音應現賦、山居詩、供養石橋羅漢一十會祥瑞詩、物外集（存序）、受菩薩戒法、永明料揀、三時繫念儀範、三時繫佛事等二十一種。其中三時繫念儀範、三時繫佛事據内題當爲元僧中峰明本述，永明料揀學界亦有争議。

延壽傑出的佛教成就之外，「雅好詩道」〔一〕，且很有文學天賦。十六歲時，他就給吴越王錢鏐獻齊天賦。其重要著作心賦，則是用賦的形式，表現其「一心」思想，和自著注相得益彰，與宗鏡録頗有可互參之處。借助文學的形式表現其佛學思想，是延壽文學創作的重要目的，法華瑞應賦、華嚴感通賦、金剛證驗賦、觀音應現賦等作品，皆屬此類。其山居詩也充滿禪的意趣和境界。宗鏡録的語言優美，各卷中引經、論、疏之外延壽的述論，很多無疑是典雅優美的散文。曇秀稱「其文光明玲瓏，縱横放肆」〔二〕，誠非虚語。

永明延壽一生弟子衆多，但真正有影響的，寥寥無幾。其所出法嗣，有記載者僅三人：一爲杭州富陽子蒙禪師、一爲杭州朝明院津禪師〔三〕，且因「二人無機緣語句，不録」〔四〕，後世無聞。僅有前文已經提及的開化寺行明，是較爲傑出而且緊緊追隨着他足迹的一位：

杭州開化寺傳法大師行明，本州人也，姓于氏。少投明州雪竇山智覺禪師披剃，

〔一〕見宋高僧傳本傳。
〔二〕見曇秀人天寶鑑。
〔三〕見景德傳燈録卷二六、傳法正宗記卷八。
〔四〕見景德傳燈録卷二六。

及智覺還住永明大道場，有徒二千，王臣欽仰，法化彌盛。師自天台受記，迴永明翼贊本師，海衆傾仰。開寶八年，智覺歸寂，師遂住能仁寺〔一〕。

和很多開宗立派的高僧相比，延壽的知名嗣法弟子確實不多，能守成者也没有一人，更不要説發揚光大。個中原因自然複雜，但和中國佛教發展趨勢以及延壽思想融合匯通的集大成特點不無關係。但延壽在當時的影響不小，在後世的影響更巨。一方面表現爲衆人對其禪淨雙修的修行實踐的繼承，另一方面表現爲對其編集的宗鏡録等著述的傳承接受。

二、宗鏡録的編集

中土佛教論書的出現，是佛教在經典翻譯、注疏基礎上理論發展到一定階段的産物。作爲以心宗統攝各家的鴻篇巨製，宗鏡録的編集成書，自然首先離不開佛教各宗各派理論水平的高度發展。還和唐末五代乃至宋初吴越地區佛教的繁榮興盛有着密切關係。晚唐五代以來，佛教在北方的發展呈現出衰退之勢，而「吴越諸王以杭州爲中心，大力提倡佛

〔一〕見景德傳燈録卷二六。

教，使這一地區逐漸成爲佛教的一大中心」〔一〕。「錢氏歷世奉佛，今日西湖上佛寺多與有關，而宋初之名僧多所庇翼。」〔二〕五代吴越地區佛教的繁盛，尤其是佛教諸宗匯聚、高僧雲集，這爲宗鏡録的編集提供了難得的條件。

延壽編集宗鏡録，也和法眼宗風有關。法眼宗重視教典。法眼文益撰宗門十規論第八不通教典亂有引證條云：「凡欲舉揚宗乘，援引教法，須是先明佛意，次契祖心，然後可舉而行，較量疏密。儻或不識義理，只當專守門風，如輒妄有引證，自取譏誚。」即是要求其門下要通曉教典。文益還有因僧看經頌：「今人看古教，不免心中鬧。欲免心中鬧，但知看古教。」〔三〕「看古教」，就是他針對當時禪宗弊病而開出的藥方。延壽能够編集宗鏡録，自然和這種宗風有關。宗鏡録卷四三中説：「近代相承，不看古教，唯專己見，不合圓詮。或稱悟而意解情傳，設得定而守愚暗證，所以後學訛謬，不禀師承。」顯然和文益的因僧看經頌一脉相承。正是在這種宗風影響下，他具備了編撰宗鏡録的知識儲備；也是在這種宗風的影響下，他有了編撰宗鏡録的直接動機：「今時學者，全寡見聞，恃我解而不近明

〔一〕杜繼文佛教史，江蘇人民出版社，二〇〇八年，第二九三頁。
〔二〕湯用彤五代宋元明佛教事略，見隋唐佛教史稿，中華書局，一九八二年，第二九五頁。
〔三〕見景德傳燈録卷二九大法眼禪師文益頌十四首。

師，執己見而罔披寶藏，故兹偏録，以示後賢，莫踵前非，免有後悔。」〔一〕宗鏡録卷一三中説：

既乖教觀，又闕明師，雖稱紹隆，但成自誑。宗鏡委細，正爲斯人。使了其義而識其心，披其文而見其法。感諸聖苦口，愧先賢用心。覽卷方知，終不虛謬。

又如卷二五中説：

今時學者既無智眼，又闕多聞，偏重遮非之詞，不見圓常之理，奴郎莫辯，真僞何分？（中略）今當纂集，正爲於兹。

都是對其編撰動機的直接説明。

禪宗「以心傳心」，重在探究心性的本源，以期「見性成佛」。唐末五代時期，强調「即心是佛」「平常心是道」，摒除語言文字之葛藤的主張大爲流行，甚至「不許看教」。重視教典者，被部分修禪者譏刺爲「文字法師」「文字聖人」。宗鏡録卷一中，延壽就對這種現象提出了自己的看法：

問：若欲明宗，只合純提祖意，何用兼引諸佛菩薩言教以爲指南？故宗門中云：

〔一〕見宗鏡録卷六一。

「借蝦爲眼，無自己分。」只成文字聖人，不入祖位。

答：從上非是一向不許看教，恐慮不詳佛語，隨文生解，失於佛意，以負初心。或若因詮得旨，不作心境對治，直了佛心，又有何過？

摒除語言文字之葛藤，本是擔心「不詳佛語，隨文生解，失於佛意，以負初心」，並非「一向不許看教」。如果能够「因詮得旨」，「看教」又有什麽問題呢？相反，「若不因教所指，何由得識自心？設不因教發明，亦須憑教印可。若不然者，皆成自然外道、闇證禪師，直饒生而知之，亦是多生聞經熏種，或乃諸聖本願冥加」〔一〕。

延壽對當時禪宗不重視甚至否定佛經帶來的弊端有着清醒的認識。「深嗟末世誑説一禪，只學虚頭，全無實解，步步行有，口口談空。自不責業力所牽，更教人撥無因果，便説飲酒食肉，不礙菩提，行盜行淫，無妨般若。」〔二〕在宗鏡録中，他也多次批評禪者不習教典的風氣，如卷二五：

近代或有濫參禪門不得旨者，相承不信即心即佛之言，判爲是教乘所説，未得幽

〔一〕見宗鏡録卷六一。

〔二〕見萬善同歸集附永明壽禪師垂誡。

玄，我自有宗門向上事在，唯重非心非佛之説，並是指鹿作馬，期悟遭迷，執影是真，以病爲法。只要門風緊峻，問答尖新，發狂慧而守癡禪，迷方便而違宗旨。立格量而據道理，猶入假之金；存規矩而定邊隅，如添水之乳。一向於言語上取辦，意根下依通，都爲能、所未亡，名、相不破。若實見性，心境自虛，匿跡韜光，潛行密用。是以全不悟道，唯逐妄輪迴，起法我見而輕忽上流，恃錯知解而摧殘未學，毀金口所説之正典，撥圓因助道之修行，斥二乘之菩提，滅人天之善種，但欲作探玄上士，傚無礙無修，不知返墮無知，成空見外道。唯觀影跡，莫究圓常，積見不休，徒自疲極。

本是擔心「隨文生解，失於佛意」，結果走向極端，「不許看教」，成了「只要門風緊峻，問答尖新，發狂慧而守癡禪，迷方便而違宗旨」的狂禪。卷九二中也説：

或有禪宗不得旨者，法學起空見人，多拂心境俱空，執無分別，將狂解癡盲以爲至道，然非離因緣求法性，滅妄心取真心，對增上慢人，初學之者不可雷同，應須甄別。

而要糾正這種弊端，就要「因上代先賢多聞廣學，深入教海，妙達禪宗」：

若實識我心，不同虛空，性自神解，非從他悟，豈藉緣生？若不對機隨世語言，於自性上尚無表示真實之詞，焉有遮非方便之説？如今實未親證見性之人，但傚依通，情傳意解，唯取言語中妙，以遮非泯絶之文而爲極則，以未見諦故，不居實地，一向託空，隨言所轉。近來尤盛，莫可遏之。若不因上代先賢多聞廣學，深入教海，妙達禪宗，何能微細指陳，始終和會，顯出一靈之性，剔開萬法之原？是以具録要文，同明宗鏡〔一〕。

然而「今時學者，多迷空、有二門，盡成偏見。唯尚一切不立，拂迹歸空，於相違差別義中，全無智眼。既不辯惑，何以釋疑」〔二〕？

當然，禪者有禪者的弊端，教者也有教者的問題。宗鏡録卷六中指出：

近代已來，今時學者多執文背旨，昧體認名。認名忘體之人，豈窮實地？徇文迷旨之者，何契道原？

卷四六中也説：

夫聽學人誦得名相，齊文作解，心眼不開，全無理觀，據文者生，無證者死。夫習禪人唯尚理觀，觸處心融，闇於名相，一句不識。誦文者守株，情通者妙悟，兩家互闕，論評皆失。

〔一〕見宗鏡録卷三四。
〔二〕見宗鏡録卷五。

「兩家互闕，論評皆失」，最好的辦法，自然是各去其所短，各取其所長，「祖教並施」而「總歸一心」。卷一中説：

若未親省，不發圓機，言之則乖宗，默之又致失，豈可以四句而取、六情所知歟？但祖教並施，定慧雙照，自利利他，則無過矣。

卷四〇中説：

此宗鏡中開示大意，唯論自心妙達，何待他文？（中略）是以此録全爲修習菩薩道、圓滿普賢門，遂乃廣集了義金文、先德遺旨，皆令信順，與道相應，該括始終，自他兼利，以真如一心性無盡故，法尔如是順性而行，無有匱息，自然圓滿一切智慧、一切慈悲、一切三昧、一切神通、一切行願、一切因果、一切理事、一切權實、一切行布、一切圓融。

「廣集了義金文、先德遺旨，皆令信順，與道相應」，「道」就是他的核心思想，也就是「一心」。「唯論自心妙達」「全爲修習菩薩道、圓滿普賢門」，正是延壽編集宗鏡録的動因。

以上是延壽編集宗鏡録的時代背景、知識儲備和直接動因。至於具體的編輯過程，延壽並没有提及。同時代的著作中，也没有其編撰過程的記録。宗鏡録問世近百年後，惠洪（一〇七一——一一二八）在其林間録卷下記録下了浄慈寺僧人口耳相傳的宗鏡録編撰經過，是後代論及宗鏡録成書時最主要的根據：

予嘗游東吴，寓於西湖浄慈寺。寺之寢堂東西廡建兩閣，甚崇麗。寺有老衲爲予言：「永明和尚以賢首、慈恩、天台三宗互相冰炭，不達大全，故館其徒之精法義者於兩閣，博閲義海，更相質難，和尚則以心宗之衡準平之。又集大乘經論六十部，西天、此土賢望之言三百家，證成唯心之旨，爲書一百卷傳於世，名曰宗鏡録。」其爲法施之利，可謂博大殊勝矣！今天下名山莫不有之，而學者有終身未嘗展卷者，唯飽食横眠、游談無根而已。謂之報佛恩乎？負佛恩乎？

浄慈寺即曾經的慧日永明院，故寺中老衲所言似非虚語〔一〕。從宗鏡録大量徵引華嚴、天台和唯識三宗疏論的實際來看，好像也符合編撰的實際，但此説當中並非没有需要商討之處。

首先，是「以心宗之衡準平」「賢首、慈恩、天台三宗」「更相質難」等問題。無論延壽自己撰宗鏡録序，還是錢弘俶的序、楊傑的序，都没有類似的説法。其實，從宗鏡録的内容來看，雖廣引三宗論、疏，但並没有三宗「互相冰炭」的現象，相反，三宗的相關論述和諧、圓融地統攝在一起——不論華嚴、天台還是慈恩，都屬「一心」而已。也就是説，宗鏡録並非

〔一〕據惠洪石門文字禪卷二五題宗鏡録，此説似源自圓照禪師。參後文引。

三宗「論衡」的匯集，或三宗「質難」的折中調和，而只是借助三宗中的相關論述，闡明「一心」思想，所謂「藉教明宗」而已。部分地方雖有問難，但並非三宗之間或三宗與心宗之間的思想衝突。所以，我懷疑這種説法，很可能僅是看到書中大量徵引三宗論、疏卻未細讀文本的想當然之辭。退一步説，如果確實有所謂延壽主持下的「三宗論衡」活動，其對宗鏡録編集的貢獻或影響也没有多直接、巨大，更不能據之忽視延壽在宗鏡録編撰過程中的貢獻，這是需要注意的。宗鏡録作者題署中曰「延壽集」，和很多題署爲「集」的著作一樣，是在相關文獻匯集基礎上的再創作，類似「述而不作」的傳統，而不是三宗論衡的匯集，更不是三宗論衡的實録。

其次，是參與討論的人的身份問題。「三宗論衡」活動的參與者，據惠洪所記，是「其徒之精法義者」。「其徒」者，後世多以爲是「賢首、慈恩、天台三宗」之徒。陳文慶認爲是「延壽在住持永明寺後，挑選門下善法義者住於寢堂邊閲讀教典，進行義學辯論，因此更確切地説，所謂的三宗辯論只是延壽自家組織的一場模擬辯論會」〔一〕，所謂「其徒」即延壽

〔一〕陳文慶宗鏡録成書新探，福建師範大學學報（哲學社會科學版），二〇一八年第三期。

門下弟子〔一〕。如果真有「三宗論衡」活動，那麽這種解釋無疑更符合常情，更接近於事實——如果真的是召集諸宗大德展開辯論，在佛教界應該是影響極大的事件，外界不可能不知，但不僅時爲兩浙僧統的贊寧在宋高僧傳延壽傳中没有提及此事，其他賢首、慈恩、天台三宗可能的參與者未見一人，而且同時代其他文獻中也没有關於此次辯論的蛛絲馬迹，這是無論如何也説不過去的。唯一合理的解釋，是這一辯論僅是延壽召集門下弟子虚擬研討而已。惠洪在禪林僧寶傳卷九永明智覺禪師中轉述宗鏡録的内容，改其中問答爲僧問、智覺（延壽）答，即是以「其徒」爲延壽弟子的。故而「其徒之精法義者」，就是延壽弟子中通曉三宗教義者。他們分别從三宗立場提出一些疑問，延壽從心宗（禪宗）立場予以解答。當然，正如前文所説，這種問答並不能等同於宗鏡録中的問答。而且，宗鏡録雖然除引證章外都是問答的形式，但應該並非真的都有人問——其實問答只是結構文章的一種

〔一〕但惠洪禪林僧寶傳卷九永明智覺禪師中説：「智覺以一代時教流傳此土，不見大全，而天台、賢首、慈恩性相三宗又互相矛盾，乃爲重閣，館三宗知法比丘，更相設難，至波險處，以心宗旨要折中之。因集方等秘經六十部，西天此土聖賢之語三百家，以佐三宗之義，爲一百卷，號宗鏡録，天下學者傳誦焉。」明確説「三宗知法比丘」、「其徒」者，當是「賢首、慈恩、天台三宗」之徒。或者「三宗知法比丘」，亦即「知三宗法之比丘」。

方式而已，所謂「於無疑中起疑、非問處設問」〔一〕。

總之，延壽主持的「三宗論衡」即使有，也屬於内部研討，具有虛擬性質，最多對宗鏡録的進一步完善有一定的促進作用，據之就説宗鏡録是對「三宗論衡」的匯集整理，不僅不符合宗鏡録的内容實際、整體結構謹嚴的實際，也不符合常情常理。

宗鏡録的成書時間，一般認爲是延壽移錫永明寺後。但具體時間，則有不同的説法。吕澂新編漢文大藏經目録等認爲成於宋太祖建隆二年（九六一）〔二〕，也就是他剛到永明寺的那年；楊曾文先生根據書前錢弘俶製序「天下大元帥」的題署，判斷此書當完成於建隆元年至乾德二年（九六四）之間〔三〕；王翠玲從吴越國佛教典籍的收藏、天台宗典籍散遺

〔一〕見宗鏡録楊傑序。

〔二〕詳見吕澂新編漢文大藏經目録，齊魯書社，一九八〇年，第一四二頁。慈怡主編佛光大辭典「宗鏡録」條，也持相同觀點。此説或皆據移錫永明寺的時間立論，而忽視了書稿完成尚需要時間的實際。

〔三〕楊曾文先生認爲：「書前有『天下大元帥吴越國王俶製』的序。據十國春秋中吴越世家記載，錢俶在五代後周時前後被封『天下大元帥』『天下兵馬都元帥』；宋朝建國的建隆元年（九六〇），授他爲『天下兵馬大元帥』，至乾德二年（九六四）又改授原稱『天下兵馬都元帥』。錢俶此序稱自己爲『天下大元帥』，當寫於宋建隆元年至乾德二年（九六〇—九六四）之間，由此可證明宗鏡録當最後完成於北宋正式建國之初。」（永明延壽及其著作，杭州佛學院編永明延壽大師研究，宗教文化出版社，二〇〇五年）

及吴越與高麗的佛教文化交流情況等方面分析，認爲成書當在九五四年至九七〇年之間〔一〕；陳文慶先生在此基礎上，根據遺佚教典的復歸、延壽組織三宗論衡的具體情況等，推斷此書完成於乾德元年至乾德四年之間〔二〕。吕澂等先生的觀點，並没有具體的説明，而楊曾文先生和陳文慶先生的觀點則有理有據。結合兩家之言，乾德元年至乾德二年恰是交集，此書最後的完成，當在此期間。

宗鏡録的定稿即使在乾德二年底〔三〕，延壽到永明寺也纔三年多，這對完成一部百卷巨製來説，時間還是有點短的，何況作爲永明寺主，他無法心無旁騖，全力以赴編撰宗鏡録，故而初稿完成於雪竇寺的説法，並非空穴來風。

宗鏡録雖整體結構謹嚴，自成體系，但因規模龐大，且很多内容直接抄纂自他書，故而在文本上還存在着一些瑕疵，舉其大者，主要有：一、問答重出。如卷二八「問：信入此法，還有退者不」及後「答」，亦見卷四五，屬於明顯的重複，就不能不算百密一疏了。二、

〔一〕詳見王翠玲宗鏡録の成立，印度學佛教學研究第四八卷第一號（總第九五號），一九九九年，第二一五—二一八頁。

〔二〕詳見陳文慶宗鏡録成書新探，福建師範大學學報（哲學社會科學版）二〇一八年第三期。

〔三〕考慮上呈錢弘俶及其作序的時間，時間應該還稍早點。

節引不當。宗鏡録徵引繁富，但部分引文在離開原來的上下文後，個别表述會有讓人不明究竟之處。如在原文中有分一、二、三等分别闡述者，宗鏡録在徵引時，可能只節引第二而没有删掉「二」，這樣「二」就會顯得很突兀，這種問題，也不能不説是文本上的缺陷。這種由節引帶來的問題，在具體校注中都有説明，這裏不再一一列舉。三、引文重複。宗鏡録引文繁富，其中還存在前後重複引述的情況。雖然相同文獻在不同語境中具有不同功用，這種重複並不能算太大問題，但並非必要的重複，不能不説是文本上的不足。此外，後文還要討論的分章問題，尤其是在文本上對問答章起訖的不同都有支持，不能不説也屬文本的缺陷。當然，對於百卷巨製，文本上存在一些不够嚴謹的瑕疵，並不足以影響其地位和價值。

三、宗鏡録的本名與分章

宗鏡録本名心鏡録。吴越國王錢弘俶在其所撰序中説：「心鏡録者，智覺禪師所撰也，總乎百卷，包盡微言。」説明延壽上呈錢弘俶者，即名曰心鏡録。延壽心賦注卷三中也説：「余曾集心鏡録一百卷，以心爲鏡，洞徹十方。」既説明心賦注完成於宗鏡録之後，也明確説明其原本名曰心鏡録〔一〕。「以心爲鏡」，即是本名曰心鏡録的縁由。

宗鏡録中，凡言及本書名者，皆已改爲宗鏡録，但也有本名心鏡録的證據。延壽自撰的宗鏡録序中有云：「今爲未見者演無見之妙見，未聞者入不聞之圓聞，未知者説無知之真知，未解者成無解之大解」「以如上之因縁，目爲心鏡，現一道而清虚可鑒，辟群邪而毫髮不容」，此説即其心賦注中「以心爲鏡，洞徹十方」的換言之耳。「目爲心鏡」，也是其本名心鏡録的佐證。「以心爲鏡」，照攝諸法，高度概括此書的主旨。

「心鏡」即心，以心浄如明鏡，能映照萬象故，佛教多以鏡喻心。如真諦譯大乘起信論云：「衆生心者，猶如於鏡，鏡若有垢，色像不現。如是衆生，心若有垢，法身不現故。」般若譯大方廣佛華嚴經卷一二：「明鏡唯照形，不鑒於心想，我王心鏡浄，洞見於心源。」佛陀多羅譯大方廣圓覺修多羅了義經：「慧目肅清，照曜心鏡，圓悟如來無上知見。」宗密述圓覺經大疏卷中之三解曰：「『慧目』等者，欲照心源，必由浄慧，慧目是能照，心鏡是所照，心浄如鏡，故六祖偈云：『心如浄明鏡。』」道宣大唐内典録卷五中有云：「禪門止觀及

〔一〕按，心賦注共有五處提及宗鏡録，其中卷二有兩處，作宗鏡録；卷三有三處，一處作宗鏡録、兩處作心鏡録。作宗鏡録者，當是後人所改，而仍有作心鏡録者，則是改而未盡故。

法華玄，但約觀心爲衆敷演。灌頂、法慎隨聽筆記，顗自印可，天下盛傳。可謂行人之心鏡，巨夜之明燈，自古觀門，未之加矣！」

延壽以其命名所集之書，即取其能融攝諸法、映照萬物之義。「録」本是搜集抄纂之義，以之命名的書則具有特别的文體意義。佛教典籍中作爲一種文體的「録」，具有大量抄纂、徵引相關文獻的特點，但大多不是簡單的雜抄或如類書的羅列，而是用舊瓶裝新酒，賦予舊材料以新意義，宗鏡録就是這樣一部具有「子書」性質的自成體系的論書。雖大量徵引文獻，但是有一以貫之的指導思想，有自身較爲嚴謹的邏輯。心鏡録，即佛教經典中有關「一心」的文獻的匯集，抄纂諸經論及華嚴、天台、唯識等宗的論、疏，根據心宗思想，按照一定邏輯匯集編撰而成。

「宗鏡」本非成辭，改名「宗鏡」的直接理由，或因延壽宗鏡録序中所謂「舉一心爲宗，照萬法如鏡」，取前後兩句中的最後一字，故名之曰「宗鏡」。「舉一心爲宗」，即以「心」爲宗，「宗鏡」者，「心鏡」也。心鏡録撰成之初，流傳不廣。錢弘俶序本「秘于教藏」，宋魏端獻王雖「鏤板分施名藍」，但「四方學者，罕遇其本」。在中土真正有影響者，是法涌等人校讀、楊傑作序的「錢唐新本」，即已名之曰宗鏡録者。故其本名心鏡録不彰，成爲後世所謂「又名」，而宗鏡録反倒成其本名了。

「宗鏡」在「心鏡」之外，還可以理解爲以鏡（心鏡）爲宗，宗者宗旨，鏡者心鏡。「宗鏡」取代「心鏡」，客觀上使此書名包含的意義更爲豐富，能更準確、全面地概括全書的主旨，這恐怕也是「宗鏡録」取代「心鏡録」而且能够廣爲接受、流行的深層次原因。

改心鏡録爲宗鏡録的時間不能確定，但贊寧宋高僧傳、道原景德傳燈録等皆已稱之爲宗鏡録，如果不是後人根據流傳的書名回改，則改名時間應當較早。或許在錢弘俶作序後、延壽尚在世之時即由他本人改定，也未可知。雪竇寺志中載宋太宗淳化三年（九九二）給雪竇寺的一道敕諭，其中有「與僧宗鏡録，同歸藏海，俾僧看閲，免滯面牆，坐進此道」之説，如果此事屬實，也足以可見改名曰宗鏡録的時間是比較早的。總之，在宋魏端獻王趙頵於元豐（一〇七八—一〇八五）年間「鏤板分施名藍」前，也就是其以寫本形態流傳之時，已經改名爲宗鏡録，應無可置疑。

在日僧永超寬治八年（一〇九四）撰著的東域傳燈目録中，著録有智覺禪師延壽作「宗鏡録百卷」，子注曰：「又云心鏡。」此後還著録有其心鏡要略十卷〔一〕，據書名，此書當爲宗鏡録的節略本。東域傳燈目録中的著録，反映出宗鏡録和心鏡録兩名曾在日本共存

〔一〕據大正藏校勘記，大谷大學藏寫本著録爲：「心鏡録十卷，智覺禪師延壽撰，又云心鏡要路。」

的情況。

需要説明的是，宋代時期，宗鏡録還有被改稱爲宗鑑録者，如楊傑作宗鑑録序。釋氏要覽卷下住持「禪僧行解」條、翻譯名義集卷首周敦義序等，皆作宗鑑録〔一〕，改「鏡」爲「鑑」，蓋宋人避廟諱嫌名，並不能據此就説宗鏡録還有一個宗鑑録的名稱。

宗鏡録全書一百卷〔二〕，分爲標宗章、問答章和引證章三部分。標宗章旨在「立正宗以爲歸趣」；問答章旨在「去疑情」「爲有疑故問，爲決疑故答」；引證章旨在「成其圓信」。這是没有疑義的。但問答章的起始，諸本有所不同，高麗藏、磧砂藏本在卷第六十一，嘉興藏本在卷第一，而永樂北藏本則在卷一和卷六一相應之處，都有「問答章」三字。因爲全書除了引證章，皆以問答的形式展開，故而我們今天要認定延壽宗鏡録中問答章原本的起始，並不容易，甚至已經不可能，但就目前所能見到的具體情況來看，我傾向於認爲在第六十一卷者更接近其本來的樣子。

〔一〕按，翻譯名義集正文中所引皆作宗鏡録。

〔二〕個別文獻中，有一百二十卷的記載，如惠洪石門文字禪卷二五有題法惠寫宗鏡録，云「明州翠巖僧法惠，獨施力寫永明所譔宗鏡録一百二十卷」。武林西湖高僧事略中亦云「百二十卷」。似非筆誤，或亦曾有百二十卷本流傳。

一者、版本上高麗藏、磧砂藏本顯然要更早一些，我們今天判斷書籍的原貌，在没有其他更有力證據的前提下，自然應以更早的本子爲準。

現在高麗藏是高麗高宗（一二一三—一二五九）時期的再雕本。宗鏡録收在「副藏」，除卷七、卷九、卷一四和卷二九外，卷末都有雕版題記，其中卷一至卷五、卷八、卷一〇至卷一三、卷一七、卷一九至卷二一、卷二六題記爲「丙午歲分司大藏都監開板」，卷六、卷一五、卷一八、卷二五、卷二八、卷三〇、卷三一、卷三三、卷三六至卷五〇題記爲「丁未歲分司大藏都監開板」，卷一六、卷二二至卷二四、卷三四至卷三五題記爲「丁未歲高麗國分司大藏都監奉敕彫造」，卷二七題記爲「丁未歲高麗國分司南海大藏都監開板」，卷三二題記爲「丁未歲分司大藏都監彫造」，卷五一至卷一〇〇題記爲「戊申歲分司大藏都監開板」，可知雕版於丙午、丁未和戊申三年，即一二四六、一二四七和一二四八這三年期間。這是目前所見最早的版本。

磧砂藏爲宋元遞刊，按千字文編排册號，其中宗鏡録起「濟」訖「感」。但從卷末刊刻題記、千字文編號等信息來看，磧砂藏中所收宗鏡録的實際情況較爲複雜〔一〕。卷末題記

〔一〕此據台北新文豐出版公司印行磧砂藏本宗鏡録。

方面，僅二十八卷有題記，但並不完全相同。

卷一題記爲：「徑山興聖萬壽禪寺首座沙門慧元重校／杭州路南山大普寧寺大藏經局主局僧明堅伏承／本路餘杭縣熙鄉張姃界福慶庵僧明惠施財刊開／尊經一卷，功德薦嚴，開山陳興公庵主增縈品位仍祝壬午、庚寅、己亥各人本命星天次具庵門吉祥如意者／至元二十三年七月日住山釋如賢題。」至元是元世祖年號，至元二十三年爲公元一二八六年。

卷二題記爲：「徑山興聖萬壽禪寺首座沙門慧元重校／杭州路南山大普寧寺大藏經局主局僧明堅伏承／湖州路武康縣崇仁鄉五都翠崧庵僧明浩施財刊開／尊經一卷，功德資嚴，開山先師沈光公庵主尊靈超昇淨土者。至元二十三年十一月一日住山釋如賢題。」

卷九題記爲：「徑山興聖萬壽禪寺首座沙門慧元重校。」

卷一一至一二、卷一六至二〇後題記爲：「天台比丘法思重校。」

卷四三題記爲：「平江路磧砂寺大藏經局伏承／妙明圓悟普濟佛心大禪師、本路嘉定州大報國圓通寺住持比丘明了伏覩本寺刊雕一大藏經板勝事，思念／法寶勝緣，千生難遇，夙何善種，今幸遭逢？由是發心，施中統鈔壹伯定，助緣刊雕。功德上答／四恩，下資三有，法界有情，同霑利益。延祐二年歲在乙卯八月日題。」卷四五、四六、四七、四九、六一、六三、六四、六八、七四、七六、七八、九二、九三、九五、九六和卷四三相同。「中統鈔」，爲元世祖中統（一二六〇—一二六四）年間發行的鈔票。延祐爲元仁宗年號，延祐二年即公元一三一五年。卷六六和卷四三基本相同，僅「大報國圓通寺住持比丘明了」改爲「圓通寺住持了堂長老」。卷七一也和卷四三基本相同，僅「磧砂寺」作「磧砂延聖寺」。由「平江路磧砂寺大藏經局」可知，這十八卷是有明確記載的真正的所謂磧砂藏本。

卷一〇〇題記爲：「大明國陝西西安府咸寧縣南景里居住奉佛信士王義、王礼、姪男王真洎合家眷等切念生逢盛世，忝預人倫，感天地覆載、日月照臨、國王水土、父母生成四恩深重，思無補報，得遇佛乘，少竭流通之志，謹發誠心，施財印造大藏尊經一全藏，計六千三百五十卷，恭入十方常住，永遠流通供養，見聞受持，咸開智慧，願皇圖永固，帝道遐昌，佛日增輝，法輪常轉，報薦父母宗親速證菩提，法界有情同成善果，凡所運爲，出入行藏，吉祥如意者。正統七年壬戌季九月吉謹意。」正統是明英宗的年號，正統七年即一四四二年。顯然，此卷是王義等人施財印造大藏經的最後一卷，此卷所屬宗鏡録是該部大藏經的最後一部。

從刊刻題記來看，確定屬磧砂藏者，僅卷四三等十八卷。卷一、卷二顯然屬普寧藏配補，卷九雖不能肯定，但和卷一、卷二都經「慧元重校」，至少有共同的上源。磧砂藏中收入的明正統七年刊刻的卷一〇〇，自然也屬於明代時期的配補。

從千字文編號來看，起「濟」訖「感」。但卷一一三本應是「弱三」，卻代之以「衡三」，檢各大藏經，和永樂南藏同；卷一〇〇本應是「感十」，卻没有編號。這説明其雕版，在起「濟」訖「感」的版本之外，至少還有兩個不同的系統，即起「阿」訖「營」的系統和没有千字文編號的系統。也就是説，從千字文編號來看，此磧砂藏本宗鏡録是根據至少三個不同系統的雕版補配而成的。

從卷後音義來看，除卷六、卷七、卷一〇、卷一一、卷五九、卷九八、卷九九、卷一〇〇等八卷没有之外，卷三、卷五、卷一三、卷三五、卷三六、卷七九等六卷音義體例明顯和其他各卷不同，音義文字很少，没有超過三字者，尤其是注音皆作「某某切」，和其他諸卷作「某某反」不同。也就是説，從卷後音義來看，此磧砂藏本宗鏡録也有着不同的來源。

總之，現存磧砂藏本中的宗鏡録，並非原來的樣子，而是在刊刻於延祐二年（一三一五）磧砂藏本的基礎上補配而成，其中補配得最早的是至元二十三年（一二八六）雕版的普寧藏版，最晚的則是明正統七年（一四四二）刊印的本子。幸運的是，無論從題記、千字文還是卷後音義來看，卷六十一都是磧砂藏本來的樣子，没有疑問，而問答章正是從這一卷開始的。用普寧藏補配的卷一中没有「問答章」三字，這説明普寧藏和磧砂藏一樣，問答章也是從卷六一開始的。而永樂北藏本卷一和卷六一相應之處都有「問答章」三字，正是其從高麗藏、磧砂藏、普寧藏本過渡到嘉興藏本的具體表現，卷一中增加了「問答章」三字而忘記在卷六一中刪掉，故而多多少少也給我們留下了其原本的樣子。

二者，延壽自述先列標宗章的理由時説：「祖標禪理，傳默契之正宗；佛演教門，立詮下之大旨。則前賢所稟，後學有歸，是以先列標宗章。」標宗章要「傳默契之正宗」「立詮下之大旨」，明「前賢所稟，後學有歸」之「禪理」和「教門」，故「先立正宗，以爲歸趣」，但如果在第一卷中就結束的話，顯然不能完成這樣的目標。卷一開頭「已知大意」，還需「向下更廣開釋」。由前引卷一問答中的「若欲明宗，只合純提祖意，何用兼引諸佛菩薩言教以爲指南」也可知，標宗章中不僅「純提祖意」，還「兼引諸佛菩薩言教」的。卷三四中也説：「凡曰提宗，直陳正義，何須引喻，廣具繁文？」延壽自己也知道，一般的「提宗」「直陳正義」而已，爲什麼還要「引喻，廣具繁文」呢？他又進一步做了解釋。所以卷三四應該還屬「標宗」的範圍，所以纔要特别説明。可以説，宗鏡録的標宗章，並不滿足於簡單地標明宗旨（當然，面對浩如煙海的佛教典籍，即使百卷，也可稱爲簡明扼要），還包括了對全書主旨的闡發。

三者，從延壽設問答章的緣由來看，問答章是對標宗章的補充説明，標宗章纔是全書的主體，自然應該占全書的大部。問答章者，「申問答用去疑情」，是在標宗基礎上，針對「疑情」的進一步解釋，「爲有疑故問，以決疑故答」。在第六十一卷問答章之下，説：「夫一心妙門，唯識正理，能變、所變，内、外皆通，舉一例諸，收無不盡。如衆星列宿，匪離於空；萬木群萌，咸歸於地。則可以拔疑根而開信户，朗智照而洗情塵。若機思遲迴，未成勝解，須憑問答，漸入圓通。真金尚假鍛鍊而成，美玉猶仗琢磨而出。」在標宗之後，還有疑問，故設問答章。在問答之後，再加以引證章，類似於佛經末尾「信受奉行」的流通分，以强化認識，期望不僅入腦入心，還能够落實在行動上。問答章屬於補充性質，不是全書的主要部分，自然不能也不會占全書的絶大部分。

四者，從文中所談標宗章的内容來看，標宗章不會只是卷一開頭的部分。如卷一〇〇中說：「前標宗章已廣説唯心之旨，何故十帙之中，卷卷委曲重説？」既云「前標宗章已廣説唯心之旨」，顯非第一章前半部分的内容，故標宗章的訖止，自然應在第六十一卷中。

當然，書中似乎也有問答章起始於卷一的例證，這也是後代對此問題會有争議的重要原因。如卷四二中說：「然初章之内，已述正宗，若上上機人，則一聞千悟，斯皆宿習見解生知；若是中、下之根，須憑開導，因他助發，方悟圓成。爲此因緣，微細纂集。」「問：依上標宗，甚諧正脉，何用更引言詮，廣開諸道？」卷四三中有云：「答：前標宗門中，已唯提大旨。」卷四五中有云：「問：前標宗不言法相，云何已下更用廣説諸識種現、熏習差別義理，瑜伽、唯識、百法五位事相法門？」似乎標宗章都在之前。但我認爲，這些説法也都可以作相應的解釋。「宗」者，宗旨、根本，「標宗」要「詳祖佛大意、經論正宗，削去繁文，唯搜要旨」（延壽宗鏡録序），而卷四二、四三、四五等中所云「上標宗」「前標宗」等，僅是「已知大意」「唯提大旨」而已，還需「更廣開釋」，故此後仍屬「標宗」的範圍。退一步説，宗鏡録卷帙浩繁，再加上現在所見諸本還經過後人一定程度的校改，即使文本上存在一定的缺陷和不足，也可以理解。但在没有更權威的本子出現之前，我們還是應該以現在所見最早的本子爲主要依據來立論〔一〕。

宗鏡録在分章上雖有上述不同，但在具體内容乃至語言文字上，現在所見各本並没有什麽特别的差異。晚明高僧蕅益智旭認爲世傳宗鏡録有「法涌諸公擅加增益」的地方，於是做了删訂，「删其蕪穢，存厥珍寶。卷仍有百，問答仍有三百四十餘段，一一標其起盡」〔二〕。因爲智旭和嘉興藏的刊刻有密切關係，故而很多人認爲嘉興藏所收宗鏡録，即是經過智旭删正的，如佛光大辭典「宗鏡録」條中説：「明末刻印嘉興藏時，智旭重新删定改

〔一〕還需要説明的是，楊笑天先生認爲宗鏡録卷首延壽的宗鏡録序，即是所謂標宗章，而現在所見標宗章和問答章，都屬於問答章。詳見楊笑天舉一心爲宗　照萬法爲鏡——宗鏡録標宗章之發現與淺釋，法音，二〇〇一年第十二期。

〔二〕見靈峰蕅益大師宗論卷第七之二較定宗鏡録跋四則，參見本書附録四。

訂本。」這種説法，也被有的學者採納：「明末刊刻嘉興藏時，智旭將法涌等人的本子又重新加以删定。」〔一〕這種説法是不準確的。首先，據智旭弟子成時在順治乙未（一六五五）臘月十二日記：「靈峰蕅益大師自傳成於壬辰臘月。次年癸巳，老人五十五歲，夏四月，入新安，結後安居於歙浦天馬院，著選佛譜，閱宗鏡録，删正法涌、永樂、法真諸人所竄雜説、引經論之誤，及歷來寫刻之訛，於三百六十餘問答，一一定其大義，標其起盡。閱完，作校定宗鏡録跋四則。」智旭删正宗鏡録的時間，是順治癸巳（一六五三）新秋，而非明末；其次，始於明末的嘉興藏雖然直到清嘉慶時還有補刻，但今檢嘉興藏所收宗鏡録，和其他諸藏所收並沒有大的區别，這説明嘉興藏所收，並非智旭的删正本。而智旭删正的本子，不知所蹤，似乎並沒有流傳下來〔二〕。至於智旭删正的具體情況，我們在後文會略作討論。

〔一〕潘桂明釋譯宗鏡録題解，東方出版社，二〇一六年，第四頁。陳士强、王雷泉主編中國學術名著提要宗教卷中也説：「明末刻印嘉興藏時，智旭重新删定改定本。」（復旦大學出版社，一九九七年）

〔二〕日本舶載書目收載宗鏡録鈔一部一套四册，然已佚。章宏偉嘉興藏的刊刻及其在日本的流播（古代文明二〇一一年第四期）：「這部宗鏡録鈔應該是方册本，且是嘉興藏的一部，但北京故宫博物院和臺北『國家圖書館』藏嘉興藏都没有這部經，日本稱名寺萬曆版一切經調查報告書和豐山長穀寺拾遺第四輯之二明版一切經也都没有著録這部經。或許這是現存嘉興藏佚失的内容。」此宗鏡録鈔不知是否即智旭的删正本。

四、宗鏡録的主旨

宗鏡録「編羅廣義，撮略要文，鋪舒於百卷之中，卷攝在一心之内」〔一〕，雖涉獵廣泛，但最核心的内容可以用「一心」涵蓋，「一心」就是全書中統攝諸法的核心。换句話説，宗鏡録的主旨，就是在前述編集動機下，借鑒和吸收各家各派的理論，以闡釋其「一心」思想〔二〕。

何謂「一心」？宗鏡録卷二云：

如來藏者，即一心之異名。何謂一心？謂真妄、染净一切諸法無二之性，故名爲「一」；此無二處，諸法中實，不同虚空，性自神解，故名爲「心」。

又卷八六中云：

一乘法者，一心是。但守一心，即心真如門，一切諸法，無有欠少。一切法行，不出自心，唯心自知，更無别心。

〔一〕見延壽宗鏡録序。
〔二〕宗鏡録卷一：「今依祖佛言教之中，約今學人隨見心性發明之處，立心爲宗。」

一心者，即諸法實相也，亦諸法實性也。

由此可見，延壽所謂「一心」，即如來藏，即一乘法，即諸法實相，是一切修行成佛法門的總名，自然也是所有經教闡釋的核心：「此心者，一代時教之所詮。」〔一〕又如卷二中說：

此一心法，理事圓備，是大悲父、般若母、法寶藏、萬行原。以一切法界十方諸佛、諸大菩薩、緣覺、聲聞、一切衆生，皆同此心。

此「一心」之法「理事圓備」，既是延壽佛學思想的核心，也是宗鏡録全書的綱要：

問：一心爲宗，可稱綱要者，教中何故廣談諸道，各立經宗？

答：種種諸法雖多，但是一心所作，於一聖道立無量名〔二〕。

延壽「舉一心爲宗」，統攝各家各派之説，認爲具體名稱雖然不同，其實都是「一心所作」，都屬「一心法門」。「方便有多門，則遐張八教之綱；歸源性無二，乃高峙一心之宗。」〔三〕這就把佛教各宗，尤其是天台、華嚴和唯識宗的主張，在「一心」的統攝下，融會到一起了。

〔一〕見延壽宗鏡録序。
〔二〕見宗鏡録卷二。
〔三〕見宗鏡録卷一一。

或者說，雖然分門别派，有無量名，但在延壽看來，皆一心所作，都屬方便權施而已，「成佛本理，但是一心」〔一〕。所以細看宗鏡，就等於「徧參法界，廣究群經」，如卷一中云：

設不能徧參法界，廣究群經，但細看宗鏡之中，自然得入。此是諸法之要、趣道之門，如守母以識子，得本而知末，提綱而孔孔皆正，牽衣而縷縷俱來。又如以師子筋爲琴絃，音聲一奏，一切餘絃悉皆斷壞。此宗鏡力亦復如是，舉之而萬類沉光，顯之而諸門泯跡。

「一心」之旨，「欲廣其義用，須明横豎法門。豎唯一心，横徧一切。心非横豎，横豎是心」〔二〕。「理唯一心，事收萬法。若不細窮旨趣，何以得至覺原？」〔三〕要「得至覺原」，不僅要「舉心之名字」，還要「細窮旨趣」，知其「微細行相」：

竊見今時學者，唯在意思，多著言說，但云心外無法，念念常隨境生；唯知口說於空，步步恒遊有内。只總舉心之名字，微細行相不知；若論無量法門，廣説窮劫不盡。

〔一〕見宗鏡録卷二四。
〔二〕見宗鏡録卷三七。
〔三〕見宗鏡録卷六一。

今所録者，爲成前義，終無別旨，妄有披陳。此一心法門，是凡聖之本，若不先明行相，何以深究根原[一]？

要知一心「微細行相」，所以廣泛徵引各家之說。雖然廣涉諸家，但不外「頓悟」和「圓修」二意：

如一切菩薩求道修行，若未到宗鏡，心終不止。所以宗鏡略有二意：一爲頓悟知宗，二爲圓修辦事[二]。

「一切菩薩求道修行」的最高境界，即是「一心」。而「頓悟知宗」「圓修辦事」，實爲「一心」之行相在「宗」與「教」的異名。又如卷三四中說：

問：佛旨開頓、漸之教，禪門分南、北之宗，今此敷揚，依何宗教？

答：此論見性明心，不廣分宗判教，單提直入，頓悟圓修，亦不離筌罤而求解脱，終不執文字而迷本宗。若依教，是華嚴即示一心廣大之文；若依宗，即達磨直顯衆生心性之旨。

[一] 見宗鏡録卷四三。
[二] 見宗鏡録卷四〇。

「單提直入，頓悟圓修」，即是「一心」之旨，從教門來看，「是華嚴即示一心廣大之文」；從禪門來看，「即達磨直顯衆生心性之旨」。教、禪之中，名雖不同而皆爲「一心之旨」。這就在「一心」的基礎上，統一了教、禪。了此「一心」，就能達到修行的根本——圓頓：

故知此宗鏡一心之旨，名具足道，是圓頓門，就緣起則無邊，約真性則無二，一多交徹，存泯同時〔一〕。

此「一心之旨，名具足道，是圓頓門」，能够圓融諸法，則能頓悟成佛。相反，不了此「一心」，自然不能成圓頓。卷三六中説：

故知若不直了自心，豈成圓頓？隨他妄學，終不成真。此宗鏡録是圓頓門。即之於心，了之無際，更無前後，萬法同時。（中略）以此教法本從世尊一真心體流出，亦只是凡聖所依一心真體，隨緣流出，展轉徧一切處一切衆生身心之中。只各於自心静念，如理思惟，即如是如是顯現，於宗鏡中了然明白。起此無涯之一照，徧法界無際之虚空，無一塵而不被光明，凡一念而咸承照燭，斯乃般若無知之照，照豈有邊？涅槃大寂之宗，宗何有盡？

〔一〕見宗鏡録卷二七。

一心「本從世尊一真心體流出，亦只是凡聖所依一心真體」，之所以「於宗鏡中了然明白」，就是因爲它廣泛徵引諸家論述，從不同層面、不同角度展示了「一心」的「微細行相」。

雖然「圓修辦事」即可「頓悟知宗」，但背後還是有高下之分：「圓修辦事」是「術」，是具體的途徑，「頓悟知宗」纔是「道」，是成佛的根本旨歸，這也是延壽雖廣引並認可華嚴、天台、唯識諸宗，但仍歸之於「心宗」的重要原因，所謂「凡有心者，皆入此宗」〔一〕。或者說，是延壽以「心宗」統攝諸宗的具體表現，所謂「因言悟道，藉教明宗」者：

今只爲迷性徇文、背心求道者假以言說，指歸自心，從此一向內觀，捨詮究理，斯則豈不是因言悟道，藉教明宗？爲此之人，不無利益，遂使初心學者信有所歸，便能息外馳求，迴光反照，頓見自己，了了明心。如正飲醍醐，親開寶藏，方悟隨言之失，深慙背己之愆〔二〕。

宗鏡録祖佛同詮、禪教一致，具有鮮明的融合會通的特點。這在前文所舉諸例及其欲糾禪、教之弊的編集動機中都可以看出。延壽既重視教理知解，也重視實踐修行，視宗鏡

〔一〕見宗鏡録卷二。
〔二〕見宗鏡録卷四四。

爲「即解即行」的「通宗」。如卷二五：「如三乘説，解而非行，如説人名字而不識其人。若此宗鏡一乘之理説者，即行即解，如看其面，不説其名而自識也。」此説源自智儼撰華嚴一乘十玄門：「解行者，如三乘説，解而非行，如説人名字而不識其人；若通宗説者，即行即解，如看其面，不説其名而自識也。」延壽借用智儼之説而直接以「宗鏡一乘之理」取代「通宗」，就是證據。

宗鏡録以「一心」爲核心的心性思想和禪教一致觀，並非延壽戛戛獨造。法眼文益宗門十規論第一「自己心地未明妄爲人師」中説：「心地法門者，參學之根本也。心地者何耶？如來大覺性也。」此「心地」即延壽所謂「一心」。作爲法眼宗法嗣，文益關於「心地」的闡釋，自然是延壽「一心」思想的直接源頭。而對延壽思想影響最大最直接的，應該是宗密〔一〕。宗密的影響主要表現在兩個方面：一是以心爲宗的心性思想，一是教禪一致的融合思想〔二〕。正如前文所説，這兩個方面正是宗鏡録表現的主要内容。宗鏡録卷三七

〔一〕延壽所受影響，從宗鏡録的引文大致可見一斑。宗鏡録引述最多的，華嚴宗爲法藏、澄觀和宗密的相關著述，天台宗爲智顗的相關著述，慈恩宗則爲玄奘成唯識論和窺基成唯識論述記。

〔二〕詳見胡建明宗密思想綜合研究，中國人民大學出版社，二〇一三年，第二四九—二五八頁。

中說：

古德云：「皆本一心而貫諸法。夫一心者，萬法之揔也，分而爲戒、定、慧，開而爲六度，散而爲萬行。萬行未嘗非一心，一心未嘗違萬行。然則一心者，萬法之所生，而不屬於萬法。得之者，則於法自在矣；見之者，則於教無礙矣。」

此說出宗密示寂後裴休撰傳法碑。宗密「本一心而貫諸法」，即延壽「以一心爲宗」；「夫一心者，萬法之揔也，分而爲戒、定、慧，開而爲六度，散而爲萬行」，即延壽所謂「此一心法，理事圓備，是大悲父、般若母、法寶藏、萬行原」。宗密的思想不但被延壽完全認可，而且也被延壽全面繼承。

五、宗鏡録的傳承與影響

宗鏡録編集完成後，吴越國王錢弘俶即「聊爲小序，以頌宣行」，但實際上卻「秘于教藏」〔一〕，罕爲人知〔二〕。究其原因，恐怕主要是卷帙過於浩繁，不便傳抄之故。雖然如此，

〔一〕見宗鏡録楊傑序。
〔二〕曇秀人天寶鑑：「禪師既寂，叢林多不知名。」

並非没有流傳。如編撰完成於天禧三年（一〇一九）的釋氏要覽中，就徵引有宗鏡録〔一〕。這是延壽著作之外，我們現在可見最早徵引宗鏡録的著述。釋氏要覽的編撰者道誠，錢塘人，早年曾爲京寺講經論賜紫沙門，後棄講歸鄉，先後住龍華寺、月輪山寺，釋氏要覽即編撰於其居月輪山期間。這反映了宗鏡録至少在錢塘一帶就有以寫本形態傳布的實際〔二〕，但很長一段時間，確實没有太多太廣的關注，有待於重新發現。

在宗鏡録編集完成百餘年後的熙寧（一〇六八—一〇七七）年間，「圓照禪師始出之」〔三〕。圓照禪師，即釋宗本（一〇二〇—一〇九九），曾住淨慈寺〔四〕。「始出之」者，即當是在淨慈寺藏經中重新發現宗鏡録寫本並使之流通。在他的推介之下，不僅「衲子爭傳

〔一〕見釋氏要覽卷下住持「禪僧行解」條，因爲避諱，釋氏要覽引作「宗鑑録」。

〔二〕李小榮先生已經指出，熙寧（一〇六八—一〇七七）前，宗鏡録「主要在錢塘僧人中秘密傳閲（道誠爲錢塘人）」（詳見宗鏡録宋元明清傳播接受史略論，東南學術，二〇二〇年第三期）。主要在錢塘僧人中傳閲，應該是合理的判斷。但説「秘密傳閲」，好像於情理不通，因爲没有秘密的必要。其根據或即楊傑序中所謂「秘于教藏」。「秘于教藏」者，應是指此書流傳不廣，教外更罕爲人知。

〔三〕見惠洪石門文字禪卷二五題宗鏡録。

〔四〕其住淨慈寺的時間，諸書無明確記載，綜合來看，應該就在熙寧年間。

誦之」〔一〕，還引起了其他階層較大關注。元豐（一〇七八—一〇八五）年間，魏端獻王趙顥（一〇五六—一〇八八）主持雕版，分施天下名寺。這應該是最早雕版印刷的宗鏡録。但印數不多，流傳不廣，四方學者還是很難見到。圓照禪師在浄慈寺的繼任者法涌（一〇三五—一一〇九）等人遍取諸本，又核之以經論，重加校讀，以廣流布，這就是所謂「錢唐新本」〔二〕。元祐六年（一〇九一），楊傑爲「錢唐新本」作序，宗鏡録纔真正逐漸流行起來。宋以後著述尤其是教内著述中，時見徵引。較早者如大觀二年（一一〇八）睦庵善卿編撰完成的祖庭事苑，就徵引了宗鏡録。

不僅教内，教外文獻中也出現了宗鏡録的影子。較早者，如北宋著名詩人黄庭堅（一〇四五—一一〇五）戲答趙伯充勸莫學書及爲席子澤解嘲中有云：「從此永明書百卷，自公退食一爐香。」「永明書百卷」者，即宗鏡録。山谷詩集注繫此詩於元祐二年（一〇八七），是歲，黄庭堅在史局爲著作佐郎。其所讀宗鏡録，自然不是「錢唐新本」，很有可能就

〔一〕惠洪石門文字禪卷二五題宗鏡録：「熙寧中，圓照禪師始出之，普告大衆曰：『昔菩薩晦無師智、自然智而專用衆智，命諸宗講師自相攻難，獨持心宗之權衡，以準平其義，使之折中，精妙之至，可以鏡心。』於是衲子爭傳誦之。」詳參本書附録四。

〔二〕詳見宗鏡録楊傑序。

是魏端獻王趙頵主持雕版分施天下名寺者。可見宗鏡録其時不僅在教内流傳，還進入了知識階層的閱讀視野。當然，黄庭堅並非普通的知識人，他是晦堂祖心（一〇二五—一一〇〇）的俗家法嗣，這是不能忽視的重要因素。

宗鏡録在宋以後各大藏經中皆有收録。而現在所見各本，彼此之間的差異並不很大，其祖本都應是楊傑作序的「錢唐新本」。

可以説，宗鏡録自問世之日起，就一直綿延不絶，代有傳承。只是因爲規模過於龐大，不但傳抄不便，即使完整閱讀也需要下一番沉潛的大功夫，故而單本流傳不廣。後代具體的傳承方式，刊刻印造之外，主要是節略〔一〕。

對於一般讀者，閱讀百卷巨製不僅費時費力，也不容易領悟要旨，所以宗鏡録在傳承過程中，很早就有了節要本，如前文提及的心鏡要略十卷。節要本的不斷涌現，既是宗鏡録傳承的一種特殊方式，也是宗鏡録巨大影響的具體表徵。而節要本中最著名的，是冥樞會要三卷。此節要本歷來認爲是晦堂祖心撮略宗鏡録而成。如潘興嗣述冥樞會

〔一〕李小榮先生歸納宋、元、明、清宗鏡録的傳播接受方式爲寫經、刻經、研讀、著述和説法引證，詳見宗鏡録宋元明清傳播接受史略論，東南學術，二〇二〇年第三期。

要序：

晦堂老人以善權方便接物利生，隨機淺深，應病與藥。雖九流異習，辯劇連環，折伏慢幢，涣然冰釋，故名公鉅人、宰官居士以見晚爲恨。唱導之暇，取宗鏡録揔括精微，綴爲一集，命之曰冥樞會要。庶學者簡而易覽，助發上機，默契正宗，不墮邪見。可謂因風吹火，融入光明藏中，心法雙忘，凡聖平等，一薄伽梵。門人普燈以是鏤板，謁予爲序，因筆三昧，少助讚揚。

又如惠洪題宗鏡録中有云：

元祐間，寶覺禪師宴坐龍山，雖德臘俱高，猶手不釋卷，曰：「吾恨見此書之晚也。平生所未見之文，公力所不及之義，備聚其中。」因撮其要處爲三卷，謂之冥樞會要，世盛傳焉。

寶覺禪師即祖心。冥樞會要爲祖心撮要而成，似無疑問。但宋本冥樞會要卷末祖心門人靈源惟清（？—一一一七）在紹聖三年（一〇九六）二月二十五日的題跋云：

元祐六年夏，龍菴老師閲宗鏡録，怗其要處欲鈔之，以久棄筆墨，兼倦於删擇，莫即成也。七年春，門人惟清敬承師意，適畢上呈，乃奉慈旨，離爲三册，而目之曰冥樞會要集。於是學者争傳，因遂流行。而轉寫滋誤，侍者普燈患之，將丐金鏤版，故來請

校勘，爲取京淛二印本，同三四衲子逐一點對，文參理證，反覆精詳，無容誤矣。燈用
鈕工，乞聊叙赍緣并列施者姓名于其後，是與書之云尔。

龍菴老師即祖心，在慧南示寂後住持黄龍。元祐六年（一〇九一）夏，他本欲鈔宗鏡録之要處，但因爲「久棄筆墨，兼倦於删擇」，並没有真正付之於行動。第二年，門人惟清秉承師意，最終撮略而成三卷。故知此書真正的節略者是惟清，其師祖心則是幕後的策劃、指導，主持校勘雕印者是普燈，徑云「祖心集」是不準確的。其鈔略活動在江西黄龍山，所據的本子應該就是魏端獻王趙頵主持雕版分施天下名寺者，也就是「錢唐新本」之前的本子。

冥樞會要雖極爲簡略，相對於百卷巨製，真正一斑而已，但非常嚴謹，不僅所引文字經過了反復核校，還標明了節要文字在所據宗鏡録中的「卷軸、板數」，以便「欲廣覽」者「尋檢本文」。摘録部分的文字、卷軸與現在所見相應文字、卷數相同，可資比勘；標明的板數雖與現在所見各大藏經中的板數不同，但據之可推斷相應卷軸的大致。由之可知法涌等人校讀的「錢唐新本」，蕅益智旭所謂「擅加增益」而致「支離雜説」者不會太多，並没有多麼「刺人眼目」。這恐怕也是蕅益智旭删改本未見流傳的重要原因。

冥樞會要之後，宋代還有他人的節略本，元、明、清各代亦有節録本不斷出現〔一〕。其中明代最多，這和明代「指宗鏡爲義學，斥永明爲小乘」〔二〕而引起一定争論，宗鏡録因之受到更大關注有不小的關係。明代五種節要本中，著名文學家袁宏道（一五六八—一六一〇）於萬曆三十一年（一六〇三）節略的宗鏡攝録，是出現較早且影響較大的一部。袁宏道早年狂放，對永明延壽及其宗鏡録頗有微詞，認爲「永明見地未真」「一向只道此事是可以明得的」，宗鏡録「極力講解，而豈知愈講愈支，愈明愈晦」〔三〕，「可商者甚多」〔四〕，晚年則韜光斂迹，對延壽及其宗鏡録的態度也有改變，「日課宗鏡數卷，暇即策蹇至二聖寺寶所禪室晏坐，率以爲常」，但還不是十分滿意，故「逐句丹鉛，稍汰其煩複，撮其精髓，命侍史

〔一〕李小榮先生指出，宋代有守訥節宗鏡録十卷，心聞曇賁宗鏡録撮要一卷；元代有靖庵宗鏡録詳節；明、清重要的節選改編本有六種：一是袁宏道宗鏡攝録十二卷，二是陶望齡宗鏡廣删十卷，三是李登宗鏡約抄，四是陸平叔宗鏡節録四册，五是袁中道攝攝録二册，六是雍正皇帝御録宗鏡大綱二十卷。詳見宗鏡録宋元明清傳播接受史略論，東南學術，二〇二〇年第三期。

〔二〕出謗宗鏡録，見天樂鳴空集卷中，詳參本書附録四。

〔三〕見與伯修書，袁宏道集箋校卷六，上海古籍出版社，第二九九頁。

〔四〕見南屏，袁宏道集箋校卷一〇，上海古籍出版社，第四六四頁。

抄出」，成宗鏡攝録十二卷〔一〕。袁宏道節本影響較大，不僅如其弟袁中道攝攝録是對該書的進一步節略，陸平叔宗鏡節録的編撰受其影響，而且蕅益智旭校定宗鏡録也和他有直接關係。智旭對永明延壽評價極高，謂其「釋迦末法第一功臣」，他雖不否認袁宏道指出的宗鏡録所存在的問題，但卻歸咎於法涌等人，認爲是法涌等「擅加增益」所致，「過在法涌，決不在永明」，故「删其蕪穢，存厥珍寶」。他在反復研讀宗鏡録的基礎上，删掉了自認爲屬於法涌雜糅進去的部分。在某種程度上説，智旭校定本也屬宗鏡録的節要，只是基本輪廓一仍其舊，「卷仍有百，問答仍有三百四十餘段」。但既云「庶幾後賢覽者，不致望洋之歎、泣岐之苦」〔二〕，故知具體各卷删掉的内容應該也不會太少。

可惜的是，雖然明代的節録本不少，但都没有保存下來。個中緣由複雜，不乏偶然因素，但不管怎麽節録，僅是見仁見智而已，宗鏡録自巋然不動。

清代雍正皇帝不僅對延壽和宗鏡録評價極高，稱延壽「爲震旦第一導師」，宗鏡録「乃寶藏圓詮，如來心印」「爲震旦宗師著述中第一妙典」，還「録其綱骨，刊十存二」，節略宗鏡

〔一〕見袁中道宗鏡攝録序，參見本書附録四。
〔二〕見較定宗鏡録跋，靈峰蕅益大師宗論卷七，參見本書附録四。

録成宗鏡大綱二十卷，「爲入宗鏡之嚮導」〔一〕。雍正以帝王之尊，把延壽及其宗鏡録推崇到了歷史上的最高高度。

在中土之外，宗鏡録也有很大影響。宗鏡録編集完成不久就傳到了海東。宋高僧傳卷二八延壽本傳中，即説「高麗國王覽其録，遣使遺金線織成袈裟、紫水精數珠、金澡罐等」，可見宗鏡録在編集完成之初，就以寫本形態傳到高麗並産生了很大的反響。稍後的景德傳燈録則不僅記録了宗鏡録等延壽著述在高麗的傳播，還記録了延壽佛學思想在高麗的傳承：「著宗鏡録一百卷，詩偈賦詠凡千萬言，播於海外。高麗國王覽師言教，遣使齎書，叙弟子之禮，奉金線織成袈裟、紫水精數珠、金澡罐等。彼國僧三十六人親承印記，前後歸本國，各化一方」〔二〕。延壽在中土没有有影響的法嗣，但在海東卻有不小的影響。一二四六至一二四八年間，高麗藏副藏收入宗鏡録，使其得以更廣更久地傳布。

宗鏡録傳入日本也很早，日本東域傳燈目録中即著録有宗鏡録一百卷。東域傳燈目録，是日僧永超於寬治八年（一〇九四）編定的一部著録其所見流布於日本的佛教典籍的目録。

〔一〕見御製重刊宗鏡録序及上諭，參本書附録一。
〔二〕見景德傳燈録卷二六。

此目録在著録宗鏡録後，還注明「又云心鏡」，可見不僅流傳，還有不同版本流傳的實際，尤其是有改名之前的版本傳到日本的實際。在宗鏡録之後，還著録「智覺禪師延壽集」心鏡要略十卷。心鏡要略，又稱心鏡要路〔一〕，應該是爲了更方便地領悟宗鏡録要旨而節略的綱要本。因爲是從宗鏡録節略而出，故仍題署「智覺禪師延壽集」，但並不會是延壽親自操刀撮略。宗鏡録卷帙浩繁，節略是很自然的選擇。「山川異域，風月同天」，誠哉斯言！

宗鏡録具有重要的佛學價值，讚歎者的肯定自不必说，即使是貶抑者，也多是因爲其卷帙浩繁而吹毛求疵，並不過分否認在其佛學領域的成績〔二〕。但在今天看來，正是因爲

〔一〕此説出大谷大學藏東域傳燈目録，見大正藏本東域傳燈目録校勘記。

〔二〕對宗鏡録的評價，以積極肯定爲主，但時有貶抑者。肯定者，前引諸例外，又如南宋虚堂和尚釋智愚（一一八六—一二七〇）閲宗鏡録：「百卷非文字，精探海藏深。老胡三寸舌，鏡主幾生心。力破塵勞網，能銷曠劫金。歸原何所似，花底囀靈禽。」（虚堂和尚語録卷七）。而貶抑的原因，既和當時的社會思潮、不同人的佛教思想等因素有關，也和宗鏡録本身卷帙浩繁有關，如袁宏道對宗鏡録的評價及其編撰宗鏡攝録的實踐。其實，宋代即有貶抑宗鏡録的情況，據佛祖統紀卷一七證悟智法師法嗣吴克己：「觀山谷詩讚美宗鏡有『從此永明書百卷，自公退食一鑪香』，因閲，及兩函，實積實云：『此書無規矩，不若看止觀，令悟境觀二字以爲几杖。』服味，既而果有悟入。因曰：『至哉，規矩之説！所謂至方以方天下之不方，至圓以圓天下之不圓，識者取二書以究之，則規矩有無，自有可見。』」實積實認爲宗鏡録没有規矩而勸吴克己（一一四〇—一二一四）看止觀，恐怕既有宗派因素，也有宗鏡録浩繁的因素（參見李小榮宗鏡録宋元明清傳播接受史略論，東南學術，二〇二〇年第三期）。

宗鏡録卷帙浩繁，使其在佛學之外，還具有了重要的文獻價值。在宗鏡録的引證章中，延壽自述「引大乘經一百二十本、諸祖語一百二十本、賢聖集六十本，都三百本之微言」〔一〕，「都三百本」，是僅就引證章而言，自惠洪始後世多作爲宗鏡録全書引用書籍廣博的證據〔二〕，實屬誤會。如果加上標宗和問答章所引，則引書遠在三百本之上。其中有不少佚書，這就具有重要的輯佚、辨僞和校勘等文獻學價值〔三〕。比如唯識宗著述的部分内容，幸賴宗鏡録得以保存。又比如神楷的維摩經疏，雖然在敦煌遺書中保存了大部，但一直被認爲早已亡佚，幸賴宗鏡録的徵引，纔重新確定了他的著作權問題〔四〕。相信隨着敦煌遺書研究的進一步具體、深入，通過和宗鏡録的比勘，還會有作品的歸屬問題得到解決。

〔一〕見宗鏡録卷九四。

〔二〕惠洪禪林僧寶傳卷九：「（智覺）因集方等秘經六十部，西天此土聖賢之語三百家，以佐三宗之義，爲一百卷，號宗鏡録，天下學者傳誦焉。」當代學者如王翠玲宗鏡録與輯佚——以典籍之校補、補闕爲中心：宗鏡録「引用書籍多達三百部」（成大中文學報第十一期，二〇〇三年十一月）。張家成永明延壽與吴越佛教：「據統計，該書共引證了大乘經典 120 種，禪師語録 120 種，其他論著 60 本，共計 300 種言説。」（浙江大學學報〔人文社會科學版〕，二〇〇六年第五期）

〔三〕參見王翠玲宗鏡録與輯佚——以典籍之校補、補闕爲中心，成大中文學報第十一期，二〇〇三年十一月。

〔四〕詳見拙文敦煌遺書 P. 2049 等寫卷維摩經疏研究，文史，二〇二一年第四輯。

六、校注説明

本次校注，以新文豐出版公司影印高麗大藏經第四十四册所收宗鏡録爲底本。通校以磧砂藏、嘉興藏本，參校以永樂北藏、清藏本。大正藏本宗鏡録的底本是高麗藏本，校勘本有元本和明本，即普寧藏本和嘉興藏本；中華大藏經的底本也是高麗藏本，校勘本有磧砂藏本、永樂南藏本、嘉興藏本和清藏本。本次校注中，也適當參考和吸收了大正藏、中華大藏經的校勘成果。爲避繁瑣，通校本、參校本中的明顯訛誤不一一臚列。

底本中的明顯訛誤直接校改，在校注中説明；疑爲訛誤者不改，但在校注中説明。不同版本中的異體字、俗字，一般以底本爲準，不一一出校。如「慧」和「惠」、「砂」和「沙」、「陁」和「陀」等。

卷後音義文字，諸本多有不同，不一一出校。但底本脱衍訛誤而校本可資借鑒者，亦作適當説明。

除不同版本的校勘外，文中所引經、論、疏等原文，根據大正藏進行校對。一般引文中不影響文意理解的文字差異不出校，但詩歌、偈頌等韻文中的不同出校説明；其他有助於理解原文的文字差異，也在校注中適當説明。

延壽的心賦注、萬善同歸集等著作，與宗鏡録有不少相同的地方，對於宗鏡録的校勘具有重要價值，校注時作爲重要參考。

冥樞會要是北宋時期宗鏡録的節要本，同樣具有參校價值，校注時也作爲重要的參考。

宗鏡録大量引用佛教經、論、疏等。其中，部分明確説明引自某書或某人，也有不少未作説明而實際引自他書或他人者。引用的方式，既有直接引用，也有間接轉引；既有與原文完全相同或僅個別文字有異者，也有根據需要節略引述甚至文字差異較大近於轉述乃至概述者。在標點時，與原文完全相同或僅個别文字有異者加引號，注明出處時用「見」；節略引述者不加引號，注中用「詳見」；差異較大、近於轉述者，不加引號，注云「參見」。

宗鏡録本身規模較大，爲了不致過於繁瑣，注釋以注明引文出處、解釋佛教術語、疏通較難理解的文意爲主，一般性的詞語不注。佛教術語的解釋，除注釋中已經説明出處如一切經音義、大明三藏法數等外，多參考丁福保佛學大辭典、慈怡佛光大辭典等。

注釋中佛經的譯者從略，但有二譯以上且經名相同者，注明譯者以區别。

爲方便閱讀，在保證意思基本清晰、完整的基礎上，分段儘量簡短。

校注所引佛教諸書，没有列入引用文獻，或没有特别説明者，皆據CBETA電子佛典集成(2016)所收大正藏、卍續藏等。

典籍的整理校注是精讀該書的最好方式。最初開始佛教文獻整理，正是出於精讀重要典籍，爲自己打下較好的問學根基的動機。隨着整理工作的深入，雖然熱情不減，但初生牛犢不怕虎的勇氣已蕩然無存，唯有如履薄冰、如臨深淵的畏懼始終相隨。如今再也不敢有整理出「定本」的妄念，如果説能够在盡可能吸收學術界已有相關成果的基礎上，給大家提供一種便於閲讀的本子，就很滿足了。本書的校注雖費時費力，但囿於識見，問題定當不少，在看似完稿的時候，内心充滿着忐忑與不安，然而如果不交稿，存在的問題至少在近幾年不會發現或解决。因此，還是懷着特别敬畏與誠摯的心情，給讀者諸君奉上，請各位大雅君子不吝賜教，期待在大家的幫助下能够不斷完善。

富世平於嘉興大學

二〇二〇年五月二十五日初稿

二〇二四年三月二十日修訂

主要參考書目（以筆畫爲序）

大乘起信論校釋，梁真諦譯，高振農校釋，中華書局，二〇一六年
王梵志詩校注（增訂本），唐王梵志著，項楚校注，上海古籍出版社，二〇一〇年
中國佛教思想史稿，潘桂明著，江蘇人民出版社，二〇〇九年
中國唯識宗通史，楊維中著，鳳凰出版社，二〇〇八年
中國禪宗史，釋印順著，中華書局，二〇一〇年
古典禪研究：中唐至五代禪宗發展新探（修訂版），賈晉華著，上海人民出版社，二〇一三年
古尊宿語録，宋賾藏主編集，蕭萐父等點校，中華書局，一九九四年
北山録校注，唐神清撰，富世平校注，中華書局，二〇一四年
永明延壽大師文集，延壽集，于德隆點校，九州出版社，二〇一四年
永明延壽大師研究，杭州佛學院編，宗教文化出版社，二〇〇五年
永明延壽禪師全書，延壽著，劉澤亮點校整理，宗教文化出版社，二〇〇八年
弘明集校箋，梁僧祐撰，李小榮校箋，上海古籍出版社，二〇一三年
出三藏記集，梁僧祐撰，蘇晉仁、蕭鍊子點校，中華書局，一九九五年

成唯識論校釋，唐玄奘譯，韓廷傑校釋，中華書局，一九九八年
佛教史，杜繼文著，江蘇人民出版社，二〇〇八年
宋高僧傳，宋贊寧撰，范祥雍點校，中華書局，一九八七年
法苑珠林校注，唐道世撰，周叔迦、蘇晉仁校注，中華書局，二〇〇三年
注石門文字禪，宋惠洪著，日廓門貫徹注，張伯偉等點校，中華書局，二〇一二年
宗鏡録，潘桂明翻譯，東方出版社，二〇一六年
祖堂集，南唐静、筠二禪師編撰，孫昌武、日衣川賢次、日西口芳男點校，中華書局，二〇〇七年
祖堂集校注，南唐静、筠二禪師編撰，張美蘭校注，商務印書館，二〇〇九年
華嚴金師子章校釋，唐法藏著，方立天校釋，中華書局，一九八三年
高僧傳，梁慧皎撰，湯用彤校注，中華書局，一九九二年
唐五代禪宗史，楊曾文著，中國社會科學出版社，一九九五年
開元釋教録，唐智昇撰，富世平點校，中華書局，二〇一八年
景德傳燈録，宋道原撰，馮國棟點校，中州古籍出版社，二〇一九年
敦煌佛教の研究，上山大峻著，法藏館，一九九〇年
敦煌詩集殘卷輯考，徐俊纂輯，中華書局，二〇〇〇年

寒山詩注，項楚著，中華書局，二〇〇〇年
新編漢文大藏經目録，吕澂編，齊魯書社，一九八〇年
漢魏兩晉南北朝佛教史（增訂本），湯用彤著，北京大學出版社，二〇一一年
維摩經玄疏，隋智顗撰，王新永點校，上海古籍出版社，二〇一八年
閲藏知津，明智旭撰，楊之峰點校，中華書局，二〇一五年
禪源諸詮集都序，唐宗密撰，邱高興校釋，中州古籍出版社，二〇〇八年
釋氏要覽校注，宋道誠撰，富世平校注，中華書局，二〇一四年
續高僧傳，唐道宣撰，郭紹林點校，中華書局，二〇一四年
三國志，晉陳壽撰，中華書局點校本，一九八二年
大唐新語，唐劉肅撰，許德楠、李鼎霞點校，中華書局，一九八四年
大廣益會玉篇，梁顧野王著，中華書局，一九八七年
山谷詩集注，宋黄庭堅著，宋任淵、史容、史季温注，黄寶華點校，上海古籍出版社，二〇〇三年
尸子譯注，朱海雷撰，上海古籍出版社，二〇〇六年
日知録集釋，清顧炎武撰，清黄汝成集釋，欒保群、吕宗力校點，上海古籍出版社，二〇一三年

水經注校證，北魏酈道元著，陳橋驛校證，中華書局，二〇〇七年
六臣注文選，梁蕭統編，唐李善等注，中華書局，一九八七年
方言，漢揚雄撰，晉郭璞注，中華書局，二〇一六年
孔叢子校釋，傅亞庶校釋，中華書局，二〇一一年
申鑒注校補，漢荀悦撰，明黄省曾注，孫啓治校補，中華書局，二〇一二年
史記，漢司馬遷撰，中華書局點校本，一九八二年
老子注譯及評介，陳鼓應著，中華書局，二〇〇九年
西京雜記，晉葛洪撰，古小説叢刊本，中華書局，一九八五年
列子集釋，楊伯峻撰，中華書局，一九九七年
列女傳，漢劉向撰，景印文淵閣四庫全書本，台灣商務印書館，一九八六年
孝經，十三經注疏（清嘉慶刊本），中華書局，二〇〇九年
酉陽雜俎校箋，唐段成式撰，許逸民校箋，中華書局，二〇一三年
吴越春秋輯校彙考，後漢趙曄撰，周生春輯校彙考，中華書局，二〇一九年
宋史，元脱脱等撰，中華書局點校本，一九八五年
宋書，梁沈約撰，中華書局點校本，一九七四年

抱朴子内篇校釋，王明撰，中華書局，一九八五年
東坡志林，宋蘇軾撰，王松齡點校，中華書局，一九八一年
尚書，十三經注疏（清嘉慶刊本），中華書局，二〇〇九年
周易，十三經注疏（清嘉慶刊本），中華書局，二〇〇九年
孟子，十三經注疏（清嘉慶刊本），中華書局，二〇〇九年
春秋左傳注（修訂本），楊伯峻編著，中華書局，一九九〇年
後漢書，宋范曄撰，中華書局點校本，一九六五年
袁宏道集箋校，明袁宏道著，錢伯城箋校，上海古籍出版社，二〇一八年
莊子集釋，清郭慶藩撰，王孝魚點校，中華書局，二〇〇六年
晉書，唐房玄齡等撰，中華書局點校本，一九九六年
晏子春秋集釋，吴則虞撰，中華書局，一九六二年
陳書，唐姚思廉撰，中華書局點校本，一九七二年
隋書，唐魏徵等撰，中華書局點校本，一九七三年
搜神記，晉干寶著，汪紹楹校注，中華書局，一九七九年
詩經，十三經注疏（清嘉慶刊本），中華書局，二〇〇九年

新唐書，宋歐陽修、宋祁撰，中華書局點校本，一九七五年
管子校注，黎翔鳳校注，中華書局，二〇〇九年
説文解字注，東漢許慎撰，清段玉裁注，上海古籍出版社，一九八八年
説苑校證，漢劉向著，向宗魯校證，中華書局，二〇〇九年
漢語俗字研究（增訂本），張涌泉著，商務印書館，二〇一六年
劉子校釋，北齊劉晝著，傅亞庶校釋，中華書局，一九九八年
論語，十三經注疏（清嘉慶刊本），中華書局，二〇〇九年
論衡校釋，漢王充撰，黄暉校釋，中華書局，一九九〇年
戰國策注釋，何建章注釋，中華書局，一九九〇年
舊唐書，後晉劉昫等撰，中華書局點校本，一九七五年
韓非子集解，清王先慎撰，鍾哲點校，中華書局，一九九八年

宗鑑〔一〕録序

左朝請郎尚書禮部員外郎護軍楊傑〔二〕撰

諸佛真語，以心爲宗；衆生信道，以宗爲鑑。衆生界即諸佛界，因迷而爲衆生；諸佛心是衆生心，因悟而成諸佛。心如明鑑，萬象歴然。佛與衆生，其猶影像；涅槃、生死，俱是强名。鑑體寂而常照，鑑光照而常寂。心、佛、衆生，三無差別。

國初吴越永明智覺壽禪師，證最上乘，了第一義，洞究教典，深達禪宗，稟奉律儀，廣行利益。因讀楞伽經云「佛語心爲宗」〔三〕，乃製宗鑑録，於無疑中起疑、非問處設問，爲不請友，真大導師〔四〕！擲龍宫之寶，均施群生；徹祖門之關，普容來者。舉目而視，有欲皆充；信手而拈，有疾皆愈。蕩滌邪見，指歸妙源，所謂「舉一心爲宗，照萬法爲鑑」矣。

若人以佛爲鑑，則知戒、定、慧爲諸善之宗，人、天、聲聞、緣覺、菩薩、如來由此而出，一切善類莫不信受；若以衆生爲鑑，則知貪、瞋、癡爲諸惡之宗，脩羅、旁生、地獄、鬼趣由此而出，一切惡類莫不畏憚。善惡雖異，其宗則同，返鑑其心，則知靈明湛寂，廣大融通，無爲無住，無修無證，無塵可染，無垢可磨，爲一切諸法之宗矣。

初，吴越忠懿王〔五〕序之，秘于教藏。至元豐中，皇弟魏端獻王〔六〕鏤板，分施名藍。四方學者，罕遇其本。元祐六年夏，游東都法雲道場，始見錢唐新本，尤爲精詳，乃吴人徐思恭請法涌禪師〔七〕同永樂、法真〔八〕二三耆宿徧取諸録，用三乘典籍、聖賢教語，校讀成就，以廣流布，其益甚博。法涌知予喜閲是録，因請爲序云。

校注

〔一〕「鑑」，嘉興藏、清藏本作「鏡」。按，原當作「鏡」，改「鏡」爲「鑑」，蓋宋人避廟諱嫌名。

〔二〕楊傑：字次公，無爲人，是一位「儒釋兼通而又相當活躍之佛教居士」（黄啓江北宋居士楊傑與佛教：兼補宋史楊傑本傳之缺，漢學研究，二〇〇三年第一期）。傳見宋史卷四四三文苑五。

〔三〕按，現存三種漢譯楞伽經中未見此説。劉宋求那跋陀羅譯楞伽阿跋多羅寶經之品名有「一切佛語心」者，「心」爲核心、根本之義。宋釋正受楞伽經集注卷一：「一切佛語心者，乃三世諸佛所説性自性第一義心也。」明宗泐、如玘楞伽阿跋多羅寶經注解卷一：「佛語心者，即諸佛所説心法也。然經中所説法門，大約有四，謂五法、三自性、八識、二無我。而獨言心者，蓋此四種法門是一經之綱目，究心之精要。如入楞伽云：『五法、自性等衆妙法門，是一切諸佛菩薩入自心境，離所行相，稱真實義諸佛教心也。』」延壽所云則是心性之「心」。

〔四〕不請友：即不請之友，佛經中多指佛、菩薩，這裏喻指宗鏡録，因其能够不需祈請而救度衆生故。大導師：佛、菩薩的德號，以佛、菩薩能引導衆生超越生死險難故。無量義經德行品：「（諸菩薩）是諸衆生不請之師，是諸衆生安隱樂處、救處、護處、大依止處，處處爲衆作大導師。」這裏喻指宗鏡録利益衆生的功用。

〔五〕忠懿王：吴越王錢弘俶。太平興國三年（九七八）舉國歸宋，端拱元年（九八八）八月薨，謚號忠懿。

〔六〕魏端獻王：宋英宗第四子趙頵，宋神宗趙頊同母弟，元祐三年（一〇八八）七月卒，年三十三，追封魏王，謚端獻。詳見范祖禹元祐八年撰宋皇叔故魏王墓誌銘。

〔七〕法涌：即善本，浄慈寺名僧，與楊傑、蘇軾等都有往來。咸淳臨安志卷七〇：「善本，本開封人。（中略）圓照禪師住杭之浄慈，招師居上座，别開講席，助誘方來之士，户外之屨滿矣。圓照退居，師繼之。韓康公絳奏號法涌禪師。元祐中，駙馬都尉張敦禮奏請，奉詔住東京法雲寺。」又據五燈會元卷一六、佛祖歷代通載卷一九、釋氏稽古略卷四等，善本俗姓董，董仲舒之後，因祖、父皆官於潁，遂爲潁人。仁宗嘉祐八年（一〇六三）得度，後東遊蘇州，禮圓照禪師於瑞光。神宗元豐七年（一〇八四）渡淮，留太守巖。久之，出住雙林，遷浄慈。哲宗詔住法雲，賜號大通。徽宗大觀三年（一一〇九）十二月殁，世壽七十五歲，僧臘四十五夏。

〔八〕永樂：不詳，當爲浄慈寺僧。法真：即法真禪師守一。據建中靖國續燈録卷一六「秀州本覺法真禪師，諱守一，姓沈氏，江陰人也」，爲慧林宗本（一〇二〇—一〇九九）法嗣。法真曾爲浄慈寺僧，如楊傑浄慈七寶彌陀像記（見樂邦文類卷三）開頭有云：「杭州南山浄慈道場比丘法真大師守一，結同志洎檀越，用金、銀、真珠、珊瑚、琥珀、硨磲、碼碯造彌陀佛像。」又佛祖統紀卷四五有元豐元年浄慈法真禪師守一作戒光記的記載，緇門警訓卷一〇有杭州浄慈寺守一法真禪師掃地回向文。其在浄慈寺期間，或參與了宗鏡録的校讀。又，有白蓮處咸（一〇一六—一〇八六）者，字應之，天台王氏，少師李端慤奏賜「法真」號，爲神照本如（九八一—一〇五〇）法嗣。據釋門正統卷七，楊傑「至台之白蓮，與法真咸契，執弟子禮」，然未見其有浄慈寺的經歷。

宗鏡録序

天下大元帥吴越國王俶製〔一〕

詳夫域中之教者三，正君臣，親父子，厚人倫——儒，吾之師也；寂兮寥兮，視聽無得〔二〕，自微妙升虚無，以止乎乘風馭景，君得之則善建不拔，人得之則延貺無窮〔三〕——道，儒之師也；四諦〔四〕、十二因緣〔五〕、三明〔六〕、八解脱〔七〕時習不忘，日修以得，一登果地〔八〕，永達真常——釋，道之宗也。惟此三教，並自心修。心鏡録者，智覺禪師所撰也，總乎百卷，包盡微言。我佛金口所宣，盈于海藏，蓋亦提誘後學。師之智慧辯才，演暢萬法，明了一心，禪際河游，慧間雲布，數而稱之，莫能盡紀。聊爲小序，以頌宣行云爾。

校注

〔一〕「天下大元帥吴越國王俶製」，嘉興藏本作「吴越國王錢俶製」。

〔二〕老子第二十五章：「有物混成，先天地生。寂兮寥兮，獨立而不改，周行而不殆，可以爲天下母。吾不知其名，强字之曰道，强爲之名曰大。」第十四章：「視之不見，名曰夷；聽之不聞，名曰希；搏之不得，名曰微。此三者，不可致詰，故混而爲一。」

〔三〕老子第五十四章：「善建者不拔，善抱者不脱，子孫以祭祀不輟。」

〔四〕四諦：佛教所謂苦、集、滅、道四種正確無誤的真理。苦諦是使人覺悟現實生命實苦之真理，集諦是使人了解苦的生起根源之真理，滅諦是使人從苦中獲得解脱之真理，道諦是導致苦之止息而達到涅槃之真理。

〔五〕十二因緣：又稱十二緣起、十二有支等，是構成有情衆生流轉生死、輪回六道的十二個因果相依的條件，包括無明、行、識、名色、六處、觸、受、愛、取、有、生、老死十二支。

〔六〕三明：宿命明（謂了知衆生過去世生死相狀的智慧）、天眼明（謂了知衆生未來世生死相狀的智慧）和漏盡明（謂了知現在苦相，滅除一切煩惱的智慧。漏即煩惱）。

〔七〕八解脱：是依八種禪定而棄捨對色、無色的貪欲。一、内有色想觀諸色解脱，謂爲離内心色想，觀外在諸色不浄；二、内無色想觀外色解脱，謂内心已離色想，爲了更加堅定不移，於外色修不浄觀；三、浄解脱，謂爲檢試善根是否成滿，棄捨前二解脱之不浄觀心，修觀外在色境之色相，令煩惱不生；四、空無邊處解脱，謂滅有對色想，成就空無邊處之行相；五、識無邊處解脱，謂棄捨空無邊心，成就識無邊之行相；六、無所有處解脱，謂棄捨識無邊心，成就無所有之行相；七、非想非非想處解脱，謂棄捨無所有心，無有明勝想，住非無想之相並成就之；八、滅受想解脱，謂厭捨受想等，入滅一切心、心所法的滅盡定。圓暉述俱舍論頌疏論本卷二九：「解脱有八種者，一、内有色想觀外色解脱，謂於内身有色想貪，爲除此貪，觀外不浄青瘀等色，令貪不起，故名解脱。第二、内無色想觀外色解脱，謂於内身無色想貪，雖已除貪，爲堅牢故，觀外不浄青瘀等色，令貪不起，名爲解脱。第三、浄解脱身作證具足住，謂觀浄色，令貪不起，名浄解脱。觀浄色者顯觀轉勝，此浄解脱身中證得，名身作證。具足圓滿，得住此定，名具足住。四無色定爲次四解脱，此四解脱各能棄捨下地貪故，名爲解脱。第八、滅受想定解脱身作證具足住，棄背受等，名爲解脱。」

〔八〕果地：依因位修行而證得的果位。三乘果地，各有不同。

宗鏡録序〔一〕

大宋吴越國〔二〕慧日永明寺主智覺禪師延壽集

伏以真源湛寂，覺海澄清，絶名相之端，無能所之迹。最初不覺，忽起動心，成業識〔三〕之由，爲覺明之咎。因明起照，見分〔四〕俄興；隨照立塵，相分〔五〕安布。如鏡現像，頓起根身〔六〕。次則隨想而世界成差，後即〔七〕因智而憎愛不等，從此遺真失性，執相徇名，積滯著之情塵〔八〕，結相續之識浪〔九〕。鏁真覺於夢夜，沉迷三界之中；瞽智眼於昏衢，匍匐九居〔一〇〕之内。遂乃縻業繫之苦，喪解脱之門，於無身中受身，向無趣中立趣。約依處〔一一〕則分二十五有〔一二〕，論正報〔一三〕則具十二類生〔一四〕，皆從情想根由，遂致依正〔一五〕差別。向不遷境上，虚受輪迴；於無脱法中，自生繫縛。如春蠶作繭，似秋蛾赴燈。以二見妄想之絲，纏苦聚之業質；用無明貪愛之翼，撲生死之火輪。用谷響言音，論四生〔一六〕妍醜；以妄想心鏡，現三有〔一七〕形儀。然後違順想風，動摇覺海，貪癡愛水，資潤苦芽，一向徇塵，罔知反本。發狂亂之知見，翳於自心；立幻化之色聲，認爲他法。從此一微涉境，漸成戞漢〔一八〕之高峰；滴水興波，終起吞舟之巨浪。邇〔一九〕後將欲反初復本，約根利鈍不同，於一真如界中，開三乘五性〔二〇〕。或見空而證果，或了緣而入真。或三祇〔二一〕熏鍊，漸具行門；或一念圓修，頓成佛道。斯則剋證有異，一性非殊，因成凡聖之名，似分真俗之相。若欲窮微洞本，究旨通宗，則根本性離，畢竟寂滅，絶昇沈之異，無縛脱之殊，既無在世之人，亦無滅度之者。二際平等，一道清虚，識智俱空，名體咸寂，迥無所有，唯一真心。達之名見道之人，昧之號生死之始。

校注

〔一〕「宗鏡録序」，磧砂藏本作「宗鏡録」，嘉興藏本作「宗鏡録卷第一并序」。

〔二〕「大宋吴越國」，嘉興藏本作「宋」。

〔三〕業識：有情凡夫流轉的根本識，也即依根本無明之惑而始動本心者。真諦譯大乘起信論：「業識，謂無明力不覺心動故。」

〔四〕見分：指諸識的能緣作用，是認識事物的主體。見即見照，能緣之義。

〔五〕相分：外界事物映現於心的影像，也即認識的對象。相即相狀，所緣之義。

〔六〕根身：六根（眼、耳、鼻、舌、身、意）組合而成的身。

〔七〕「即」，磧砂藏、嘉興藏本作「則」。

〔八〕情塵：即情。佛教視情爲塵垢，故稱情塵。

〔九〕識浪：喻指諸識之緣動。楞伽阿跋多羅寶經卷一：「大慧，猶如猛風，吹大海水。外境界風，飄蕩心海，識浪不斷。」衆生心體如海，外境界如風，所生之八識如波浪。

〔一〇〕九居：「九有情居」之略，是三界中有情衆生樂住的地方。延壽心賦注卷二：「九居者，一、欲界天，二、初禪天，三、二禪天，四、三禪天，五、四禪天，六、空處天，七、識處天，八、無所有處天，九、非想非非想天。」

〔一一〕依處：謂有情衆生依止之處。據衆生依止之處，三界開爲二十五有，參後注。

〔一二〕二十五有：衆生輪回生死之處。有者，不出六道，有生有死，因果不亡。隋慧遠大乘義章卷八：「二十五有，出涅槃經。從因有果，故名爲有。有别不同，爲二十五。何者是乎？如經中説，欲界十四，所謂地獄、畜生、餓鬼及與修羅，即以爲四。四天下人，復以爲四，通前爲八。欲界六天復以爲六，通前十四；色界有七，通前合爲二十一有。彼四禪地即以爲四，中間梵王以爲第五，無想天處以爲第六，一切浄居合爲第七；無色有四，謂四空處，通前合爲二十五也。」慧琳一切經音義卷二五：「二十五有，四洲、四惡趣及以六欲天、無想、梵、浄居、四空及四禪也。」

〔一三〕正報：依過去業因而感得的果報正體。參後「依正」注。

〔一四〕十二類生：即十二類衆生，衆生由顛倒妄想起惑造業，隨業感報而有十二種類型。大佛頂如來密因修證了義諸菩薩萬行首楞嚴經卷七：「乘此輪轉顛倒相故，是有世界卵生、胎生、濕生、化生，有色、無色，有想、無想，若非有色、若非無色，若非有想、若非無想。」卵生，從殼而出生，即魚、鳥之類。胎生，從胞胎而出生，即人、畜之類。濕生，從濕處而受生，即含蠢蠕動之類。化生，無而忽有者，或離舊形而易新質者，即轉蜕飛行之類。轉蜕飛行者，如蠶蜕形爲蛾之類。有色，有形礙明顯之色，即休咎精明之類。休咎精明者，如星辰吉者爲休、凶者爲咎，螢火、蚌珠，皆精明之類。無色，無有形色，即無色界外道之類。有想，從憶想所生，即神鬼精靈之類。無想，想心昏迷，無所覺了，即精神化爲土、木、金、石之類。非有色，雖有形色而假他所成，即水母以蝦爲目之類。非無色，因聲呼召而能成形，即咒詛禱生之類。非有想，謂借他之身以成自類，即蒲盧（蜾蠃）等異質相成之類。非無想，謂雖親而成怨害也，即土梟等附塊爲兒及破鏡鳥以毒樹果抱爲其子，子成，父母皆遭其食之類。詳參大明三藏法數卷三四。

〔一五〕依正：即依報、正報。宗密華嚴經行願品疏鈔卷二：「依者，凡聖所依之國土，若浄若穢；正者，凡聖能依之身，謂人天男女、在家出家、外道諸神、菩薩及佛。」大明三藏法數卷二一：「依謂依報，即世間國土也。爲身所依，故名依報。正謂正報，即五陰身也。正由業力感報此身，故名正報。既有能依之身，即有所依之土，故國土亦名報也。」

〔一六〕四生：有情衆生出生的四種方式：卵生、胎生、濕生和化生。

〔一七〕三有：欲界有、色界有、無色界有。龍樹造、鳩摩羅什譯大智度論卷三：「三種有：欲有、色有、無色有。云何欲有？欲界繫業取因緣，後世能生，亦是業報，是名欲有。色有、無色有亦如是，是名爲有。」唐圓暉述俱舍論頌疏論本卷一：「名三有者，欲有、色有、無色有。諸有漏法，有三種義，得名三有：一、三有因，因即集諦；二、三有依，依即苦諦；三、是三有，攝具此三義，故名三有。」遁麟述俱舍論頌疏記卷一：「言三有者，即三界之異名。言三有因者，謂有漏蘊與三有爲因也；言三有依者，謂有漏蘊與三有爲所依也。」

〔一八〕 戛漢：即摩戛雲漢，形容極高，觸及天際。

〔一九〕「邇」，磧砂藏本作「爾」，同。

〔二〇〕 三乘五性：三乘即聲聞（聞佛聲教而悟道者）、緣覺（由觀因緣而覺悟真理者）和菩薩乘。五性者，法相宗分一切衆生的機類爲五種而定可成佛、不可成佛之説：聲聞定性，又稱聲聞乘定性等，謂聲聞根性唯習生滅四諦之法而證真空涅槃之果，樂著空寂，怖畏生死，不能起行度生，進求佛道。緣覺定性，又稱緣覺乘定性等，謂緣覺根性唯觀十二因緣之法而證真空涅槃之果，固執偏空，不求佛道。菩薩定性，又稱如來乘定性等，菩薩能自覺、覺他，悲智雙運，冤親等觀，廣集衆因，證菩提果。不定性，又稱三乘不定性等，謂近聲聞、緣覺則習聲聞、緣覺法，近菩薩則習菩薩道，習聲聞、緣覺之法者不求佛道，故不成佛，習菩薩道者，取證菩提而得成佛。無性，無有正信善根，撥無因果，不受化度，甘溺生死，不求解脱。

〔二一〕 三祇：「三阿僧祇劫」之略，是菩薩修行成佛需要經歷的三個漫長階段。阿僧祇，意譯「無數」。龍樹造、鳩摩羅什譯大智度論卷五一：「阿僧祇者，僧祇，秦言『數』；阿，秦言『無』。」又卷四：「天人中能知算數者，極數不復能知，是名一阿僧祇。」

復有邪根外種，小智權機，不了生死之病原，罔知人我之見本，唯欲䏻喧斥動，破相析塵，雖云味静冥空，不知埋真拒覺。如不辯眼中之赤眚，但滅燈上之重光〔一〕；罔窮識内之幻身，空避日中之虚影〔二〕。斯則勞形役思，喪力捐功，不異足水助冰，投薪益火〔三〕。豈知重光在眚，虚影隨身，除病眼而重光自消，息幻質而虚影當滅！若能迴光就己，反境觀心，佛眼明而業影〔四〕空，法身現而塵跡絶。以自覺之智刃，剖開纏内之心珠；用一念之慧鋒，斬斷塵中之見網。此窮心之旨、達識之詮，言約義豐，文質理詣。揭疑關於正智之户，薙妄草於真覺之原，愈入髓之沉痾，截盤根之固執。則物我遇智火之燄，融唯心之爐；名相臨慧日之光，釋一真之海。斯乃内證之法，豈在文詮？知解莫窮，見聞不及。

校注

〔一〕大佛頂如來密因修證了義諸菩薩萬行首楞嚴經卷二：「如世間人，目有赤眚，夜見燈光，別有圓影，五色重疊。」子璿集首楞嚴義疏注經卷二：「目喻真見，眚喻業相，眚因熱氣逼成，業因無明所動。燈喻法性，夜見喻妄見，圓影喻五蘊，斯則由不如實知真如法一故不覺心動，説名爲業。以依動故能見，依能見故境界妄現。」

〔二〕六度集經卷六：「走身以避影。」宗密大方廣圓覺修多羅了義經略疏注卷下：「若求真捨妄，猶棄影勞形；若滅妄存真，似揚聲止響。」圓覺經略疏鈔卷一〇：「勞形等者，心本無念，動念則乖，將心止心，止亦是妄，以動念故。如避影之人，走急影亦急，終不可免卻得，不如處陰影滅；亦如揚聲訶叱谷中，令勿作聲響，訶聲唯頻，谷中轉鬧，不如自默，谷則寂然。」

〔三〕生經卷二佛説舅甥經：「以火投薪，薪燃熾盛。」智顗説、灌頂録金光明經文句卷一：「貪如海納流，無有滿時；瞋如火益薪，展轉彌熾；癡如膠黏結，如冰足水。八萬塵勞煩惱其心，無暫停住。」

〔四〕業影：即業。以業如影隨身，故稱業影。

今爲未見者演無見之妙見，未聞者入不聞之圓聞，未知者説無知之真知，未解者成無解之大解。所冀因指見月〔一〕，得兔忘罤〔二〕，抱一冥宗，捨詮檢理，了萬物由我，明妙覺在身。可謂搜抉玄根，磨礱理窟，剔禪宗之骨髓，標教綱之紀綱。餘惑微瑕，應手圓浄；玄宗妙旨，舉意全彰。能摧七慢〔三〕之山，永塞六衰〔四〕之路。塵勞〔五〕外道，盡赴指呼；生死魔軍，全消影響。現自在力，闡大威光。示真實珠，利用無盡；傾秘密藏〔六〕，周濟何窮！可謂香中爇其牛頭〔七〕，寶中探其驪頷〔八〕，華中採其靈瑞〔九〕，照中耀其神光〔一〇〕，食中啜其乳糜〔一一〕，水中飲其甘露〔一二〕，藥中服其九轉〔一三〕，主中遇其聖王〔一四〕。故得法性山高，頓落群峰之峻；醍醐海闊，横呑衆派之波。似夕魄之騰輝，奪小乘之星宿；如朝陽之孕彩，破外道之昏蒙。猶貧法財之人，值大寶聚；若渴甘露之者，遇清涼池。爲衆生所敬之天，作菩薩真慈之父。抱膏肓之疾，逢善見之藥王〔一五〕；迷險難之途，偶〔一六〕明達之良導。久居闇室，忽臨寶炬之光明；常處躶形，頓受天衣之妙服。不求而自得，無功而頓成。故知無量國中，難聞名字；塵沙劫内，罕遇傳持。

校注

〔一〕大佛頂如來密因修證了義諸菩薩萬行首楞嚴經卷二：「如人以手指月示人，彼人因指，當應看月。」子璿集首楞嚴義疏注經卷二：「指喻能詮言教，月喻所詮真理。若欲見月，須亡指以觀之；若欲見性，須亡言而體之。不能亡言，豈能見性？不能遺指，豈識月輪？圓覺云：『修多羅教如標月指，若復見月，了知所標畢竟非月。』一切如來種種言説開示菩薩，亦復如是。指月俱迷，詮旨兩失。」

〔二〕罤：捕兔網。莊子外物：「蹄者所以在兔，得兔而忘蹄。」蹄，即兔罤。

〔三〕慢：輕蔑他人的自恃之心。七慢者，七類慢。阿毗達磨俱舍論卷一九：「慢隨眠差別有七：一、慢，二、過慢，三、慢過慢，四、我慢，五、增上慢，六、卑慢，七、邪慢。令心高舉，總立慢名，行轉不同，故分七種。於劣於等，如其次第，謂己爲勝，謂己爲等，令心高舉，總説爲慢。於等於勝，如其次第，謂勝謂等，總名過慢。於勝謂勝，名慢過慢。於五取蘊，執我我所，令心高舉，名爲我慢。於未證得殊勝德中，謂已證得，名增上慢。於多分勝，謂己少劣，名爲卑慢。於無德中，謂己有德，名爲邪慢。」

〔四〕六衰：即六塵。吉藏撰中觀論疏卷四：「六塵亦名六衰，令善衰滅。」六塵者，道宣撰淨心戒觀法卷下誡觀十八界假緣生法第十九：「外有六塵，謂色、聲、香、味、觸、法。（中略）云何名塵？坌污淨心，觸身成垢，故名塵。」

〔五〕塵勞：即煩惱。隋慧遠撰維摩義記卷三末：「煩惱坌污，名之爲塵。有能勞亂，説以爲勞。」子璿集首楞嚴義疏注經卷一之一：「染污故名塵，擾惱故名勞。」

〔六〕秘密藏：佛教諸經的通稱。秘密法藏，其義秘奥難解，唯佛與佛乃能知之。又以如來善護念深法，苟非其器，則秘而不說，故稱秘密。

〔七〕牛頭：香名，即牛頭栴檀，是檀香中最香者。從義法華經三大部補注卷八：「正法念經云：北洲有山，名曰高山，高山之峰，多有牛頭栴檀。若諸天與脩羅戰時爲刀所傷，以牛頭栴檀塗之即愈。以此山峰狀如牛頭，於此峰中生栴檀樹，故名牛頭。或有說云：牛頭，山名也，此香出彼山中，故以名之。又云：阿那婆達多池邊出此香，若以塗身，火不能燒也。栴檀，或云此方無故不翻，或云義翻爲『與樂』也。」

〔八〕驪頷：驪龍頷下是極珍貴的寶珠所藏之處。莊子列禦寇：「夫千金之珠，必在九重之淵而驪龍頷下，子能得珠者，必遭其睡也。」

〔九〕靈瑞：極稀有的花。梁法雲撰法華經義記卷三：「優曇華，是外國語，此間言『靈瑞華』，唯有轉輪聖王出世有此華，故知此華希有。」

〔一〇〕神光：謂諸佛的光明。後魏曇鸞撰讚阿彌陀佛偈：「神光離相不可名，故佛又號無稱光。」

〔一一〕乳糜：以乳爲主材製作而成的粥，爲粥中最好者。一行記大毗盧遮那成佛經疏卷七：「乳糜者，西方粥有多種，或以烏麻汁，或以諸豆並諸藥味，如十誦藥法等文廣明，然最以乳糜爲上。」

〔一二〕甘露：印度傳說中的不死藥，其味甘之如蜜，故稱甘露。智顗說、灌頂録金光明經文句卷四：「甘露是諸天不死之神藥，食者命長身安，力大體光。」注維摩詰經卷七：「什曰：『諸天以種種名藥著海中，以寶山摩之，令成甘露，食之得仙，名不死藥。佛法中，以涅槃甘露令生死永斷，是真不死藥也。亦云：劫初地味甘露，食之則長生。佛法中，則實相甘露養其慧命，是真甘露食也。』生曰：『天食爲甘露味也，食之長壽，遂號爲不死食也。』」

〔一三〕九轉：九次提煉，這裏指九轉金丹。道教煉丹有一至九轉之不同，以九轉最爲珍貴。葛洪抱朴子金丹：「九轉之丹，服之三日得仙。」

〔一四〕聖王：即轉輪王，身具三十二相，即位時由天感得輪寶，轉其輪寶而降伏四方。在增劫，人壽至二萬歲以上時出世；在滅劫，人壽自無量歲至八萬歲時出世。

〔一五〕藥王：藥中最好者。善見藥王者，佛陀跋陀羅譯大方廣佛華嚴經卷三六：「譬如雪山，有大藥王，名曰善現。若有見者，眼得清淨；若有聞者，耳得清淨；若聞香者，鼻得清淨；若嘗味者，舌得清淨；若有觸者，身得清淨；若取彼地土，悉能除滅無量衆病，安隱快樂。」

〔一六〕「偶」，嘉興藏本作「遇」。偶者，遇也。

以如上之因緣，目爲心鏡，現一道而清虚可鑒，辟群邪而毫髮不容。妙體無私，圓光匪外。無邊義海，咸歸顧眄之中；萬像形容，盡入照臨之內。斯乃曹谿一味之旨，諸祖同傳；鵠林〔一〕不二之宗，群經共述。可謂萬善之淵府，衆哲之玄源，一字之寶王，群靈之元祖。遂使離心之境，文理俱虚；即識之塵，詮量有據。一心之海印〔二〕，指定圓宗；八識之智燈，照開邪闇。實謂含生靈府，萬法義宗，轉變無方，卷舒自在，應緣現迹，任物成名。諸佛體之，號三菩提〔三〕；菩薩修之，稱六度行〔四〕。海慧變之爲水〔五〕，龍女獻之爲珠〔六〕，天女散之爲無著華〔七〕，善友求之爲如意寶，緣覺悟之爲十二緣起，聲聞證之爲四諦人空，外道取之爲邪見河，異生〔八〕執之作生死海。

論體則妙符至理，約事則深契正緣。然雖標法界之揔門，須辯一乘之别旨。種種性相之義，在大覺以圓通；重重即入之門，唯種智〔九〕而妙達。但以根羸靡鑒，學寡難周，不知性相二門，是自心之體用〔一〇〕。若具用而失恒常之體，如無水有波；若得體而闕妙用之門，似無波有水。且未有無波之水，曾無不濕之波。以波徹水源，水窮波末；如性窮相表，相達性原〔一一〕。須知體用相成，性相互顯。

校　注

〔一〕鵠林：即鶴林，也就是娑羅雙樹林，是佛陀入滅之處。大般涅槃經卷一：「爾時，拘尸那城娑羅樹林，其林變白，猶如白鶴。」

〔二〕海印：佛所得三昧名。如於大海中印現一切事物，於佛之智海印現一切法。大方廣大集經卷一五：「喻如閻浮提一切衆生身及餘外色，如是等色，海中皆有印像。以是故，名大海印。」法藏述華嚴經探玄記卷四：「海印者，從喻爲名，如修羅四兵列在空中，於大海内印現其像。菩薩定心，猶如大海，應機現異，如彼兵像故。」修華嚴奥旨妄盡還源觀：「言海印者，真如本覺也。妄盡心澄，萬象齊現，猶如大海，因風起浪，若風止息，海水澄清，無象不現。」

〔三〕三菩提：意譯「正等覺」，謂諸佛無上的正智。唐良賁述仁王護國般若波羅蜜多經疏卷中：「梵云『三菩提』，此云『正覺』，無上覺也。」

〔四〕六度行：即六度（六波羅蜜）。度（波羅蜜）謂從生死此岸到涅槃彼岸，其行法有六種：一、布施，二、持戒，三、忍辱，四、精進，五、禪定，六、智慧。

〔五〕詳見大方等大集經卷八海慧菩薩品。海慧菩薩欲來於衆會中，先現水相：「是時，三千大千世界大水盈滿，猶如大海，又如劫盡水災起時。然諸世界國邑、村落、城郭、舍宅、山林、樹木，上至色界無所嬈害，悉皆如故，而諸大衆皆見是水。」

〔六〕妙法蓮華經卷四提婆達多品：「爾時，龍女有一寶珠，價直三千大千世界，持以上佛，佛即受之。龍女謂智積菩薩、尊者舍利弗言：『我獻寶珠，世尊納受，是事疾不？』答言：『甚疾。』女言：『以汝神力，觀我成佛，復速於此。』當時衆會皆見龍女忽然之間變成男子，具菩薩行，即往南方無垢世界，坐寶蓮華，成等正覺，三十二相、八十種好，普爲十方一切衆生演説妙法。」

〔七〕維摩詰所説經卷中觀衆生品：「時維摩詰室有一天女，見諸大人聞所説法，便現其身，即以天華散諸菩薩、大弟子上。華至諸菩薩，即皆墮落，至大弟子，便著不墮。一切弟子神力去華，不能令去。」

〔八〕異生：凡夫。一行述大毗盧遮那成佛經疏卷一：「凡夫者，正譯應云『異生』。謂由無明故，隨業受報，不得自在，墮於種種趣中，色心像類各各差別，故曰『異生』也。」

〔九〕種智：「一切種智」之略，即佛了知一切種種法的智慧。龍樹造、鳩摩羅什譯大智度論卷二七：「一切智是聲聞、辟支佛事，道智是諸菩薩事，一切種智是佛事。聲聞、辟支佛但有總一切智，無有一切種智。」李通玄撰新華嚴經論卷一二：「知一切法智，知一切衆生根智，名一切種智。」

〔一〇〕龍樹造、鳩摩羅什譯大智度論卷三一：「性相有何等異？答曰：有人言其實無異，名有差別。説性則爲説相，説相則爲説性，譬如説火性即是熱相，説熱相即是火性。有人言性相小有差别。性言其體，相言可識。如釋子受持禁戒是其性，剃髮割截染衣是其相。」

〔一一〕「原」，磧砂藏、嘉興藏本作「源」。按，「原」爲「源」的古字。

今則細明揔别，廣辯異同，研一法之根元，搜諸緣之本末，則可稱「宗鏡」，以鑒幽微，無一法以逃形，則千差而普會。遂則編羅廣義，撮略要文，鋪舒於百卷之中，卷攝在一心之内，能使難思教海，指掌而念念圓明；無盡真宗，目覩而心心契合。若神珠〔一〕在手，永息馳求；猶覺樹〔二〕垂陰，全消影跡。獲真寶於春池之内，拾礫渾非〔三〕；得本頭於古鏡之前，狂心頓歇〔四〕。可以深挑見刺，永截疑根。不運一毫之功，全開寶藏；匪用刹那之力，頓獲玄珠。名爲一乘大寂滅場、真阿蘭若、正修行處。此是如來自到境界，諸佛本住法門。是以普勸後賢，細垂玄覽，遂得智窮性海，學洞真源。

校　注

〔一〕神珠：轉輪聖王七寶中的神珠寶。此寶具有能作光明、能濟渴乏、隨順王意、體具衆色、能離病苦、能降甘雨、能生諸物、在處利益等八種功德。詳見正法念處經卷二。

〔二〕覺樹：即菩提樹。佛陀於畢波羅樹下證悟菩提，故稱此樹爲菩提樹。

〔三〕大般涅槃經卷二：「譬如春時，有諸人等在大池浴乘船遊戲，失琉璃寶，没深水中。是時諸人悉共入水，求覓是寶，競捉瓦石、草木、沙礫，各各自謂得琉璃珠，歡喜持出，乃知非真。是時寶珠猶在水中，以珠力故，水皆澄清。」

〔四〕大佛頂如來密因修證了義諸菩薩萬行首楞嚴經卷四：「室羅城中演若達多忽於晨朝以鏡照面，愛鏡中頭眉目可見，瞋責己頭不見面目，以爲魑魅，無狀狂走。」詳參本書卷三二引。子璿集首楞嚴義疏注經卷四：「本頭與鏡，俱喻性覺。」

此識此心，唯尊唯勝。此識者，十方諸佛之所證；此心者，一代時教之所詮。唯尊者教理行果之所歸，唯勝者信解證入之所趣。諸賢依之而解釋，論起千章；衆聖體之以弘宣，談成四辯〔一〕。所以掇奇提異，研精洞微，獨舉宏綱，大張正綱，撈摝五乘機地，昇騰第一義天。廣證此宗，利益無盡。遂得正法久住，摧外道之邪林；能令廣濟含生，塞小乘之亂轍。則無邪不正，有僞皆空。由自利故，發智德之原；由利他故，立恩德之事。成智德故，則慈起無緣之化；成恩德故，則悲含同體之心。以同體故，則心起無心；以無緣故，則化成大化。心起無心故，則何樂而不與？化成大化故，則何苦而不收？何樂而不與，則利鈍齊觀；何苦而不收，則怨親普救。遂使三草二木〔二〕，咸歸一地之榮；邪種焦芽〔三〕，同霑一雨之潤。斯乃盡善盡美，無比無儔，可謂括盡因門，搜窮果海，故得創發菩提之士，初求般若之人，了知成佛之端由，頓圓無滯；明識歸家之道路，直進何疑？

或離此別修，隨他妄解，如構角取乳〔四〕，緣木求魚〔五〕，徒歷三祇，終無一得。若依此旨信受弘持，如快舸隨流，無諸阻滯，又遇便風之勢，更加櫓棹之功，則疾届寶城，忽登覺岸。可謂資粮易辦，道果先成，被〔六〕迦葉上行之衣，坐釋迦法空之座，登彌勒毗盧之閣，入普賢法界之身。能令客作賤人，全領長者之家業〔七〕；忽使沉空小果〔八〕，頓受如來之記名〔九〕。未有一門，匪通斯道；必無一法，不契此宗。過去覺王〔一〇〕，因兹成佛；未來大士，仗此證真。則何一法門而不開？何一義理而不現？無一色非三摩鉢地〔一一〕，無一聲非陁羅尼〔一二〕門。嘗一味而盡變醍醐，聞一香而皆入法界。風柯月渚，並可傳心；煙島雲林，咸提妙旨。步步蹈金色之界，念念齅薝蔔之香。掬滄海而已得百川，到須彌而皆同一色。焕兮開觀象之目，盡復自宗；寂尔導求珠之心，俱還本法。遂使邪山落仞，苦海收波，智檝以之安流，妙峰以之高出。

校注

〔一〕四辯：即四無礙智，善於説法的四種才智：一、法無礙，於教法無滯；二、義無礙，知教法所詮之義理而無滯；三、辭無礙，於諸方言辭通達自在；四、樂説無礙，以前三種無礙智爲衆生樂説自在。大般涅槃經卷一七：「菩薩摩訶薩能如是知得四無礙：法無礙，義無礙，辭無礙，樂説無礙。法無礙者，知一切法及法名字；義無礙者，知一切法所有諸義，能隨諸法所立名字而爲作義；辭無礙者，隨字論、正音論、闡陀論、世辯論；樂説無礙者，所謂菩薩摩訶薩凡所演説，無有障礙、不可動轉，無所畏懼、難可摧伏。」

〔二〕三草二木：以草木的大小喻顯根性的不同。三草，即小藥草、中藥草和大藥草；二木，即小樹和大樹。妙法蓮華經卷三藥草喻品：「一切衆生聞我法者，隨力所受，住於諸地，或處人天，轉輪聖王、釋、梵諸王，是小藥草。知無漏法，能得涅槃，起六神通及得三明，獨處山林，常行禪定，得緣覺證，是中藥草。求世尊處，我當作佛，行精進定，是上藥草。又諸佛子，專心佛道，常行慈悲，自知作佛，決定無疑，是名小樹。安住神通，轉不退輪，度無量億百千衆生，如是菩薩，名爲大樹。」梁法雲撰法華經義記卷六：「人乘、天乘此二人以譬小藥草，聲聞、緣覺此二人以譬中藥草，三乘中菩薩以譬上藥草。今大乘中明内凡夫菩薩以譬小樹，初地以上菩薩以譬大樹。」

〔三〕「芽」，原作「茅」，據磧砂藏本改。邪種焦芽，喻指不具成佛根機者。邪種，指外道。焦芽，指不能發無上道心的二乘。又，邪種或即敗種，敗種、焦芽，皆爲大乘對聲聞、緣覺的貶稱。聲聞、緣覺無成佛之心，與草芽枯焦、種子腐敗者無異，故稱。智顗説、灌頂記摩訶止觀卷八上：「凡夫貪染，隨順四分，生死重積，狠戾難馴，故名不調。二乘怖畏生死，如爲怨逐，速出三界，阿羅漢者，名爲不調。三界惑盡，無惑可調，如是不調，名之爲調。焦種不生，根敗無用。」智顗説妙法蓮華經玄義卷九下：「二乘怖畏生死，入空取證，生安隱想，生已度想，墮三無爲坑。若死若死等苦，已如敗種，更不還生，智醫拱手，方藥無用。至如涅槃，能治闡提，此則爲易。闡提心智不滅，夫有心者，皆當作佛，非定死人，治則不難。二乘灰身滅智，灰身則色非常住，滅智則心慮已盡。焦芽敗種，復在高原陸地，既聾且瘂，永無反復，諸教主所棄，諸經方藥不行。」子璿集首楞嚴義疏注經卷四：「定性二乘、無性闡提不得成佛，如焦芽敗種等。」

〔四〕大般涅槃經卷二五：「如人構角，本無乳相，雖加功力，乳無由出。」慧琳一切經音義卷四九：「構角，譯論人錯用字也，正體從『手』從『𣪊』，作『𣫍』，音鈎候反。考聲云：『捋取牛羊乳也。』『構』非此義，甚乖論旨也。」「𣫍牛乳頃，鈎候反，通俗文字云：『捋取牛羊乳，從𣫍省聲。』論文作『構』，借用，非本字也。」或作「罄」，當爲「𣫍」之形誤。中阿含經卷四五浮彌經：「猶如有人欲得乳者而𣫍牛角，必不得乳，無願、願無願、非有願非無願人欲得乳而𣫍牛角，必不得乳。所以者何？以邪求乳，謂𣫍牛角也。」

〔五〕孟子梁惠王上：「以若所爲，求若所欲，猶緣木而求魚也。」

〔六〕「被」，磧砂藏、嘉興藏本作「披」。按，「被」，同「披」。

〔七〕詳見妙法蓮華經卷二信解品。智顗妙法蓮華經玄義卷九下：「本佛智大、妙法藥良，色身不灰如淨琉璃，内外色像悉於中現，令心智不滅，開示悟入佛之知見。令客作賤人，付菩提家業，高原陸地，授佛蓮華。」

〔八〕沉空小果：謂沉空滯寂的聲聞、緣覺二乘人。沉空，著空。

〔九〕詳見妙法蓮華經卷四五百弟子受記品。

〔一〇〕覺王：即佛。蘊聞大慧普覺禪師書卷二七答汪内翰：「佛者，覺也。爲其常覺故，謂之大覺，亦謂之覺王。」

〔一一〕三摩鉢地：亦云「三昧」「三摩地」等。玄應撰一切經音義卷六：「三昧，莫蓋反，正言『三摩地』，此云『等持』，持諸功德也。或云『正定』，謂住緣一境，離諸邪亂也。舊云『三摩提』者，訛也。」龍樹造、鳩摩羅什譯大智度論卷二三：「一切禪定攝心，皆名爲三摩提，秦言『正心行處』。是心從無始世界來，常曲不端；得是正心行處，心則端直。譬如蛇行常曲，入竹筒中則直。」

〔一三〕「陁」，磧沙藏、嘉興藏本作「陀」。按，「陁」爲俗體。大廣益會玉篇卷二二阜部：陀，「俗作『陁』」。陁羅尼，意譯「總持」「能持」「能遮」等，指能令善法不失、惡法不起的作用。龍樹造、鳩摩羅什譯大智度論卷五：「陀羅尼，秦言『能持』，或言『能遮』。能持者，集種種善法，能持令不散不失，譬如完器盛水，水不漏散；能遮者，惡不善根心生，能遮令不生，若欲作惡罪，持令不作，是名陀羅尼。」菩薩善戒經卷七：「陀羅尼有四種：一者、法陀羅尼，二者、義陀羅尼，三者、辭陀羅尼，四者、忍陀羅尼。法陀羅尼者，菩薩心得憶念，以念力故得大智慧，大智力故知諸法界，言辭字句，堅心受持，經無量世，無有忘失。義陀羅尼者，如法陀羅尼，隨順解義，於無量世受持不忘。辭陀羅尼者，菩薩摩訶薩爲破衆生種種惡故，受持神呪，讀誦通利，利益衆生，爲呪術故受持五法，一者、不食肉，二者、不飲酒，三者、不食五辛，四者、不婬，五者、不淨之家不在中食。菩薩具足如是五法，能大利益無量衆生，諸惡鬼神、諸毒、諸病無不能治。忍陀羅尼者，菩薩摩訶薩智慧力故，心樂寂靜，不與人居，默然不語，獨處無伴，於食知足，食一種食，坐禪思惟，夜不眠寐，時佛即以陀羅尼呪教之令誦。」

今詳祖佛大意、經論正宗，削去繁文，唯搜要旨，假申問答，廣引證明，舉一心爲宗，照萬法如鏡，編聯古製之深義，撮略寶藏之圓詮，同此顯揚，稱之曰「録」。分爲百卷，大約三章：先立正宗，以爲歸趣；次申問答，用去疑情；後引真詮，成其圓信。以兹妙善，普施含靈，同報佛恩，共〔一〕傳斯旨耳。

校注

〔一〕「共」，原作「其」，據諸校本改。

宗鏡録卷第一

標宗章第一

詳夫祖標禪理，傳默契之正宗；佛演教門，立詮下之大旨。則前賢所稟，後學有歸，是以先列標宗章。爲有疑故問，以決疑故答，因問而疑情得啓，因答而妙解潛生，謂此圓宗〔一〕難信難解，是第一之説，備〔二〕最上之機，若不假立言詮，無以蕩其情執。因指得月，不無方便之門；獲兔忘罤，自合天真之道。次立問答章。但以時當末代，罕遇大機，觀淺心浮，根微智劣，雖知宗旨，的有所歸，問答決疑，漸消惑障，欲堅信力，須假證明。廣引祖佛之誠言，密契圓常之大道，徧採經論之要旨，圓成決定之真心。後陳引證章。以此三章，通爲一觀，搜羅該括，備盡於兹矣。

校注

〔一〕圓宗：以真實圓融教義爲旨歸的宗派。華嚴、天台等，皆以自家爲圓宗。延壽「舉一心爲宗，照萬法如鏡」，祖佛同詮，禪教一體，亦以諸法圓融無礙爲最高境界。

〔三〕「備」，嘉興藏本作「被」。

問：先德云：若教我立宗定旨，如龜上覓毛，兔邊求角。楞伽經偈云：「一切法不生，不應立是宗。」〔一〕何故標此章名？

答：斯言遣滯。若無宗之宗，則宗説兼暢。古佛皆垂方便門，禪宗亦開一線道，切不可執方便而迷大旨，又不可廢方便而絶後陳。然機前無教，教後無實，設有一解一悟，皆是落後之事，屬第二頭〔二〕。所以大智度論云：「以佛眼觀一切十方國土中一切物，尚不見無，何況有法？畢竟空法，能破顛倒，令菩薩成佛。是事尚不可得，何況凡夫顛倒有法？」〔三〕今依祖佛言教之中，約今學人隨見心性發明之處，立心爲宗。是故西天釋迦文佛云：「佛語心爲宗，無門爲法門。」〔四〕此土初祖達磨大師云：「以心傳心，不立文字。」〔五〕則佛佛手授授斯旨，祖祖相傳傳此心。

已上約祖佛所立宗旨。

校　注

〔一〕見楞伽阿跋多羅寶經卷三。

〔二〕第二頭：義同「第二義門」，指捨離向上大機、第一義門而回入方便道的法門。

〔三〕見龍樹造、鳩摩羅什譯大智度論卷八五。

〔四〕按，現存漢譯諸佛經中未見此説。「一切佛語心」是求那跋陀羅譯楞伽阿跋多羅寶經之品名。此品中有云：「第一義法門，遠離於二教，住於無所有，何建立三乘？」大方等大集經卷一三：「無門之門，名爲法門。」祖堂集卷一四江西馬祖：道一每謂衆曰：「（中略）恐汝顛倒不自信，此一心之法，各各有之，故楞伽經云：『佛語心爲宗，無門爲法門。』」宋正受楞伽經集注卷一：「馬祖云：『楞伽以佛語心爲宗，無門爲法門。』」此説當是馬祖道一對楞伽經經義的概括，非楞伽經經文。

〔五〕宗密禪源諸詮集都序卷上之一：「達摩受法天竺，躬至中華，見此方學人多未得法，唯以名數爲解，事相爲行，欲令知月不在指，法是我心故，但以心傳心，不立文字，顯宗破執，故有斯言，非離文字説解脱也。」祖堂集卷二菩提達摩和尚：「惠可進曰：『和尚此法，有文字記録不？』達摩曰：『我法以心傳心，不立文字。』」少室六門第六門血脉門：「三界興起，同歸一心。前佛後佛，以心傳心，不立文字。」

又，諸賢聖所立宗體者，杜順和尚〔一〕依華嚴經立「自性清淨圓明體，此即是如來藏中法性之體，從本已來，性自滿足，處染不垢，修治不淨，故云『自性清淨』；性體徧照，無幽不矚〔二〕，故曰『圓明』。又，隨流加染而不垢，返流除染而不淨。亦可在聖體而不增，處凡身而不減。雖有隱顯之殊，而無差別之異。煩惱覆之則隱，智慧了之則顯。非生因〔三〕之所生，唯了因〔四〕之所了」〔五〕。斯即一切衆生自心之體，靈知不昧，寂照無遺，非但華嚴之宗，亦是一切教體。

佛地論立二「清淨法界體」，論云：「清淨法界者，一切如來真實自體，無始時來自性清淨，具足種種過十方界極微塵數性相功德，無生無滅，猶如虚空。偏一切有情平等共有，與一切法不一不異，非有非無，離一切相，一切分別、一切名言皆不能得，唯是清淨聖智所證，二空無我所顯，真如爲其自性。諸聖分證，諸佛圓證。」〔六〕此清淨法界，即真如妙心，爲諸佛果海之源，作群生實際之地。

此皆是立宗之異名，非別有體。或言宗者尊也，以心爲宗，故云「天上天下，唯我獨尊」〔七〕；或言體者性也，以心爲體，故云「知一切法，即心自性」〔八〕；或言智者以心爲智，即是本性寂照之用，所以云「自覺聖智」「普光明智」〔九〕等。若約義用而分，則體、宗、用別；若〔一〇〕會歸平等，則一道無差。

校注

〔一〕杜順：釋法順，俗姓杜，雍州萬年人，傳見續高僧傳卷二六唐雍州義善寺釋法順傳。

〔二〕「矚」，修華嚴奥旨妄盡還源觀作「燭」。

〔三〕生因：生果的因種，如種子能生物，故稱生因。參後注。

〔四〕了因：謂智慧，能曉了一切真正的道理故。因明入正理論疏卷上：「因有二種：一、生，二、了。如種生芽，能起用故，名爲生因。（中略）如燈照物，能顯果故，名爲了因。」

〔五〕見法藏述修華嚴奥旨妄盡還源觀。按，修華嚴奥旨妄盡還源觀的作者，或認爲是杜順。該書卷末晉水沙門浄源述紀重校：「昔孤山智圓法師嘗稱『杜順尊者抉華嚴深旨而撰斯文』，蓋準唐中書舍人高郢序北塔銘耳。浄源向讀唐丞相裴休述妙覺塔記，記且謂『華嚴疏主仰賢首還源，翫味亡斁，若驪龍之戲珠也』。乃知斯觀實賢首國師所著，斷矣。抑又觀中具引三節之文，皆國師之語章章焉。熙寧元年冬十一月，特抱諸郡觀本，再請錢唐通義大師子寧重校其辭。寧公學深知古，力考諸文，朝而思，夕而玩，因與源曰：賢首所集，具引之語，救而得之矣！請試陳其一二焉。觀不云乎：『用就體分，非無差別之勢；事依理顯，自有一際之形。』兹乃義海百門之一也。又曰『拯物導迷，莫斯爲最』，豈非般若心經疏序歟？又謂『就此門中，分爲四句』，此亦晉疏玄談，又已明矣！源應之曰：夫有條不紊，表其綱之在綱，探乎深辭，貴其通於興義。然則君子僧博覽祖訓，負卓卓之識，豈獨疇昔有之乎！源愛通義師傳慈恩祖教，講儒者五經，而考文責實，章灼同異，意猶吾心也，於是乎題之卷末云耳。」宋高僧傳卷五周洛京佛授記寺法藏傳：「昔者，燉煌杜順傳華嚴法界觀，與弟子智儼講授此晉譯之本。智儼付藏，藏爲則天講新華嚴經。」故知法藏所講華嚴，本之於杜順和尚。據裴休注華嚴法界觀門序，杜順著有法界觀。其依華嚴經立「自性清浄圓明體」者，或即出法界觀。

〔六〕見玄奘譯佛地經論卷三。

〔七〕長阿含經卷一：「毗婆尸菩薩當其生時，從右脇出，專念不亂。從右脇出，墮地行七步，無人扶持，遍觀四方，舉手而言：『天上天下，唯我爲尊，要度衆生生老病死。』」佛本行集經卷一〇私陀問瑞品：「童子初生，無人扶持，住立於地，各行七步，凡所履處，皆生蓮花。顧視四方，目不曾瞬，不畏不驚，住於東面，不似孩童呱然啼叫，言音周正，巧妙辭章，而説是言：『一切世間，唯我獨尊，唯我最勝，我今當斷生老死根。』」

〔八〕見實叉難陀譯大方廣佛華嚴經卷一七梵行品。

〔九〕自覺聖智：指如來之智，又稱清净法界智等，因佛無師自悟，故稱。　普光明智：即大圓鏡智，可以如實映現一切法的佛智。李通玄新華嚴經論卷二二：「（普光明智）如經『如是菩薩已踐如來普光明地』，即大圓鏡智是。」實叉難陀譯大方廣佛華嚴經卷一：「入法界藏，智無差别。證佛解脱，甚深廣大。能隨方便入於一地，而以一切願海所持，恒與智俱，盡未來際，了達諸佛希有廣大祕密之境，善知一切佛平等法，已踐如來普光明地，入於無量三昧海門。」慧苑述續華嚴略疏刊定記卷二：「踐者，遊履。謂得究竟圓滿之智，照佛大智所行之境。准此應云：已踐如來普光明地所行之境。地即是智，約位名地。」

〔一〇〕「若」，原作「者」，據諸校本改。

所以華嚴記〔一〕問云：「『等、妙二位，全同如來普光明智』〔二〕者，結成入普所以〔三〕。此〔四〕會説等、妙二覺，二覺全同普光明智，即是會歸之義。問：等覺同妙覺，於理可然，妙覺之外，何有如來普光明智，爲所同耶？答：説等覺、説妙覺，即是約位。普光明智不屬因果，該通因果，其由自覺聖智超絶因果，故楞伽經妙覺位外，更立自覺聖智之位〔五〕。亦猶佛性有因、有果，有因因、有果果，以因取之是因佛性，以果取之是果佛性，然則佛性非因非果。普光明智亦復如是，體絶因果，爲因果依，果方究竟，故云『如來普光明智』。」〔六〕

或稱爲本者，以心爲本。故涅槃疏云：「涅槃宗本者，諸行皆以大涅槃心爲本，本立道生。如無綱目不立，無皮毛靡附，心爲本故，其宗得立。」〔七〕

校注

〔一〕華嚴記：即澄觀述大方廣佛華嚴經隨疏演義鈔。

〔二〕見澄觀撰大方廣佛華嚴經疏卷四五。等、妙二位：即等覺位、妙覺位。等覺位是菩薩修行五十二階位中的第五十一位，因其智慧功德等似妙覺，故名等覺。妙覺位指覺行圓滿的究竟佛果，是菩薩修行五十二階位的最後一位。證得此位，自覺、覺他、覺行圓滿而不可思議，故稱妙覺。

〔三〕入普：這裏指重會普光明殿。「入普所以」，謂重會普光明殿的緣由。此會爲華嚴七處九會（詳見本書卷二九等注）中的第八會。前明十地位，此會顯等覺位及妙覺位。

〔四〕「此」上，大方廣佛華嚴經隨疏演義鈔有「以」。

〔五〕楞伽經：大方廣佛華嚴經隨疏演義鈔作「七卷楞伽」。「七卷楞伽」者，指實叉難陀譯大乘入楞伽經。大乘入楞伽經卷三：「菩薩摩訶薩依諸聖教，無有分別，獨處閑静，觀察自覺，不由他悟，離分別見，上上昇進，入如來地，如是修行，名自證聖智行相。」寶臣述注大乘入楞伽經卷五：「言此自覺聖智非言説所及，前聖所知，悲誨有情，轉相傳授，説諸法無性，但妄想分别爲患耳。依諸聖教，無妄分别，即自證入。然此妄想雖本無體，由無始來習以成性，要假静緣觀照自覺，非由他悟。離妄想見，即能漸次進入佛位。如是修行，是故名爲自覺聖智相。」又，求那跋陀羅譯楞伽阿跋多羅寶經卷二：「前聖所知，轉相傳授，妄想無性，菩薩摩訶薩獨一静處，自覺觀察，不由於他，離見妄想，上上昇進，入如來地，是名自覺聖智相。」

〔六〕見澄觀述大方廣佛華嚴經隨疏演義鈔卷七三。

〔七〕見灌頂撰大般涅槃經玄義卷下。

問：若欲明宗，只合純提祖意，何用兼引諸佛菩薩言教以爲指南？故宗門中云：「借蝦爲眼，無自己分。」〔一〕只成文字聖人〔二〕，不入祖位。

答：從上非是一向不許看教，恐慮不詳佛語，隨文生解，失於佛意，以負初心。或若因詮得旨，不作心境對治，直了佛心，又有何過？

只如藥山和尚〔三〕，一生看大涅槃經，手不釋卷。時有學人問：「和尚尋常不許學人看經，和尚爲什麽自看？」師云：「只爲遮眼。」問：「學人還看得不？」師云：「汝若看，牛皮也須穿。」

且如西天第一祖師，是本師〔四〕釋迦牟尼佛首傳摩訶迦葉爲初祖，次第相傳，迄至此土六祖，皆是佛弟子。今引本師之語訓示弟子，令因言薦道，見法知宗，不外馳求，親明佛意，得旨即入祖位，誰論頓漸之門？見性現證圓通，豈標前後之位？若如是者，何有相違？

校　注

〔一〕古尊宿語録卷三七鼓山先興聖國師和尚法堂玄要廣集：「若自不具眼，就人揀辨，卷子裏寫，册子裏寫，假饒百千萬句龍宫海藏一時吞納，盡是他人，不干自己。亦唤作識學依通，猶如水母借蝦爲眼，無自由分。亦如盲者辨色，依他語故，實不能辨色之正相。」

〔二〕文字聖人：即禪家謔稱之「文字法師」「文字人」，專習教相（或謂拘泥執著於文字）而不修禪行者。

〔三〕藥山和尚：釋惟儼，絳州人，俗姓韓（此據祖堂集卷四、景德傳燈録卷一四，宋高僧傳卷一七云「姓寒氏」），石頭希遷法嗣。傳見宋高僧傳卷一七唐朗州藥山惟儼傳。此藥山事參見祖堂集卷四藥山和尚、景德傳燈録卷一四澧州藥山惟儼禪師。

〔四〕本師：根本教師。佛教以釋迦牟尼爲本師，其餘爲受業師。

且如西天上代二十八祖、此土六祖，乃至洪州馬祖大師〔一〕及南陽忠國師〔二〕、鵝湖大義禪師〔三〕、思空山本浄禪師〔四〕等，並博通經論，圓悟自心，所有示徒，皆引誠證，終不出自胸臆，妄有指陳，是以綿歷歲華，真風不墜。以聖言爲定量，邪僞難移；用至教爲指南，依憑有據。故圭峰和尚云：「謂諸宗始祖，即是釋迦。經是佛語，禪是佛意。諸佛心口，必不相違。諸祖相承，根本是佛親付；菩薩造論，始末唯弘佛經。況迦葉乃至毱多弘傳，皆兼三藏。及〔五〕馬鳴、龍樹，悉是祖師，造論釋經，數十萬偈，觀風化物，無定事儀。」〔六〕所以凡稱知識，法尔須明佛語，印可自心。若不與了義一乘圓教相應，設證聖果，亦非究竟。今且録一二，以證斯文。

校注

〔一〕馬祖大師：釋道一，俗姓馬，懷讓禪師法嗣。傳見宋高僧傳卷一〇唐洪州開元寺道一傳，參見祖堂集卷一四江西馬祖、景德傳燈録卷六江西道一禪師等。

〔二〕忠國師：釋慧忠，俗姓冉，越州諸暨人。傳見宋高僧傳卷九唐均州武當山慧忠傳，參見祖堂集卷三、景德傳燈録卷五。

〔三〕大義禪師：字元貞，俗姓徐，會稽蕭山人（祖堂集卷一五、景德傳燈録卷七云衢州須江人）。傳見宋高僧傳卷一五唐越州稱心寺大義傳。

〔四〕本淨禪師：俗姓張，東平人。傳見宋高僧傳卷八唐金陵天保寺智威傳附，又見祖堂集卷三司空山本淨和尚。思空山，又作司空山。

〔五〕「及」，禪源諸詮集都序卷上之一作「提多迦已下，因僧諍，律教别行；罽賓國已來，因王難，經論分化。中間」。

〔六〕圭峰和尚：即宗密，傳見宋高僧傳卷六唐圭峰草堂寺宗密傳。此説見其述禪源諸詮集都序卷上之一。

洪州馬祖大師云：達磨大師從南天竺國來，唯傳大乘一心之法。以楞伽經印衆生心，恐不信此一心之法。楞伽經云：「佛語心爲宗，無門爲法門。」〔一〕何故「佛語心爲宗」？佛語心者，即心即佛，今語即是心語，故云「佛語心爲宗」。「無門爲法門」者，達本性空，更無一法，性自是門，性無有相，亦無有門，故云「無門爲法門」。亦名空門，亦名色門。何以故？空是法性空〔二〕，色是法性色。無形相故，謂之空；知見無盡故，謂之色。故云：「如來色無盡，智慧亦復然。」〔三〕隨生諸法處，復有無量三昧門，遠離内外知見情執。亦名摠持門，亦名施門，謂不念内外、善惡諸法，乃至皆是諸波羅蜜門，色身佛是實相佛〔四〕家用。經云：「三十二相，八十種好，皆從心想生〔五〕。亦名法性家燄，亦法性功勳。菩薩行般若時，火燒三界内外諸物盡，於中不損一草葉，爲諸法如相故。故經云：「不壞於身，而隨一相。」〔六〕今知自性是佛，於一切時中行、住、坐、卧，更無一法可得。乃至真如，不屬一切名，亦無無名。故經云：「智不得有無。」〔七〕内外無求，任其本性，亦無任性之心。經云：「種種意生身，我説爲心量。」〔八〕即無心之心，無量之量，無名爲真名，無求是真求。經云：夫求法者，應無所求〔九〕。心外無别佛，佛外無别心。不取善，不作〔一〇〕惡，浄穢兩邊俱不依〔一一〕。法無自性，三界唯心。經云：「森羅及萬像，一法之所印。」〔一二〕凡所見色，皆是見心。心不自心，因色故心；色不自色，因心故色〔一三〕。故經云：見色即是見心〔一四〕。

校注

〔一〕按，現存三種漢譯楞伽經中，未見此説。「一切佛語心」是求那跋陀羅譯楞伽阿跋多羅寶經之品名，「心」本爲核心、根本之義。詳見本書楊傑序注。又，此馬祖事參見祖堂集卷一四江西馬祖。

〔二〕法性空：謂諸法本性空寂。智顗説、灌頂記仁王護國般若經疏卷三：「法性空者，性本若不空，不可令其得空，以性本自空故，諸法皆空也。」

〔三〕見勝鬘師子吼一乘大方便方廣經如來真實義功德章第一。

〔四〕實相佛：即法身佛。所謂實相者，即指如來法身。

〔五〕觀無量壽佛經：「心想佛時，是心即是三十二相、八十隨形好。是心作佛，是心是佛。諸佛正遍知海，從心想生，是故應當一心繫念，諦觀彼佛、多陀阿伽度、阿羅呵、三藐三佛陀。」三十二相，是佛、轉輪王之身所具足的三十二種較爲顯著的容貌特徵。八十種好，是佛、菩薩之身所具足的八十種更爲細微的特徵。三十二相和八十種好的具體名目，詳見大般若波羅蜜多經卷三八一等。

〔六〕見維摩詰所説經卷上弟子品。

〔七〕見楞伽阿跋多羅寶經卷一。

〔八〕見楞伽阿跋多羅寶經卷三。意生身：初地以上的菩薩身。楞伽阿跋多羅寶經卷二：「意生者，譬如意去，速疾無礙，故名意生。」又卷三：「有三種意生身。云何爲三？所謂三昧樂正受意生身、覺法自性性意生身、種類俱生無行作意生身。」吉藏勝鬘寶窟卷中之末：「言意生身者，是初地已上一切菩薩。彼人受生，無礙自在，如心如意，名意受生。意有三義：一、遍到，二、速疾，三、無礙，故云意生身，此等皆是變易生死差别也。有人言，從變易已去，無復形方分段，直是心識受生，故云意生身。馥師云，變易是借喻之名，杳深難測，如識代謝，故云意生身。」　心量：此指如來真證的心量，謂遠離一切所緣、能緣等外在影響而住於無心。楞伽阿跋多羅寶經卷三：「觀諸有爲法，離攀緣所緣，無心之心量，我説爲心量。」

〔九〕維摩詰所説經卷中不思議品：「若求法者，於一切法，應無所求。」

〔一〇〕「作」，祖堂集卷一四、景德傳燈録卷六作「捨」，佛祖歷代通載卷一四作「取」。

〔一一〕「依」，祖堂集卷一四、景德傳燈録卷六作「依怙」。

〔一二〕按，此句澄觀述大方廣佛華嚴經隨疏演義鈔卷八引，云「法句經云」。敦煌本法句經普光問如來慈偈答品第十一：「參羅及萬像，一法之所印，云何一法中，如生種種見？一亦不爲一，爲欲破諸數，淺智之所聞，見一以爲一。若有聞此法，常修寂滅行，知行亦寂滅，是則菩提道。」法藏述修華嚴奧旨妄盡還源觀：「言一法者，所謂一心也，是心即攝一切世間、出世間法。」

〔一三〕達磨大師悟性論：「色不自色，由心故色；心不自心，由色故心。」

〔一四〕按，此非經文，而是道一對經意的概括。祖堂集卷一四江西馬祖：「凡所見色，即是見心。心不自心，因色故有。」

南陽忠國師云：禪宗法者，應依佛語一乘了義，契取本原心地，轉相傳授，與佛道同，不得依於妄情及不了義教横作見解，疑悮後學，俱無利益。縱依師匠領受宗旨，若與了義教相應，即可依行；若不了義教，互不相許。譬如師子身中蟲，自食師子身中肉，非天魔、外道而能破滅佛法矣〔一〕。時有禪客問曰：「阿那箇是佛心？」師曰：「牆壁、瓦礫、無情之物，並是佛心。」禪客曰：「與經大相違也。經云『離牆壁、瓦礫、無情之物，名爲佛性』〔二〕，今云『一切無情之物皆是佛心』，未審心之與性，爲別？不別？」師曰：「迷人即別，悟人〔三〕不別。」禪客曰：「與經又相違也。經云：『善男子，心非佛性，佛性是常，心是無常。』〔四〕今云『不別』，未審〔五〕此意如何？」師曰：「汝自依語不依義。譬如寒時，凝〔六〕水爲冰；及至暖時，釋冰成水。衆生迷時，結性成心；悟時，釋心成性。汝定執無情之物非心者，經不應言『三界唯心』。故華嚴經云：『應觀法界性，一切唯心造。』〔七〕今且問汝：無情之物，爲在三界内？爲在三界外？爲復是心？不是心？若非心者，經不應言『三界唯心』；若是心者，又不應言無性。汝自違經，我不違也！」〔八〕

校注

〔一〕仁王般若波羅蜜經卷下囑累品：「如師子身中蟲，自食師子，非外道也。」蓮華面經卷上：「譬如師子命絶身死，若空、若地、若水、若陸，所有衆生不敢食彼師子身肉，唯師子身自生諸虫，還自噉食師子之肉。」

〔二〕大般涅槃經卷三七：「非佛性者，所謂一切牆壁、瓦石、無情之物。離如是等無情之物，是名佛性。」

〔三〕「人」，原作「之」，據諸校本及祖堂集改。

〔四〕見大般涅槃經卷二八，南本見卷二六。
〔五〕「審」，原作「之」，據磧砂藏、嘉興藏本改。
〔六〕「時凝」，磧砂藏、嘉興藏本作「月結」。
〔七〕見實叉難陀譯大方廣佛華嚴經卷一九。
〔八〕「時有禪客問曰」至此，見祖堂集卷三慧忠國師、景德傳燈録卷二八南陽慧忠國師語。

鵝湖大義禪師〔一〕因詔入内，遂問京城諸大師：「大德，汝等以何爲道？」或有對云：「知見爲道。」師云：「維摩經云：『法離見、聞、覺、知。』〔二〕云何以知見爲道？」又有對云：「無分別爲道。」師云：「經云：『善能分別諸法相，於第一義而不動。』〔三〕云何以無分別爲道？」又，皇帝問：「如何是佛性？」答：「不離陛下所問。」是以或直指明心，或破執入道，以無方之辯，袪必定之執；運無得之智，屈有量之心。

校注

〔一〕大義禪師：俗姓徐，傳見宋高僧傳卷一五唐越州稱心寺大義傳。按，以下大義禪師事詳見韋處厚興福寺内道場供奉大德大義禪師碑銘（全唐文卷七一五）、景德傳燈録卷七信州鵝湖大義禪師。
〔二〕維摩詰所説經卷中不思議品：「法不可見、聞、覺、知，若行見、聞、覺、知，是則見、聞、覺、知，非求法也。」眼識之用爲見，耳識之用爲聞，鼻、舌、身三識之用爲覺，意識之用爲知。阿毗達磨大毗婆沙論卷一二一：「此中眼識所受名見，耳識所受名聞，三識所受名覺，意識所受名知。」

〔三〕見維摩詰所説經卷上佛國品。

思空山本淨禪師〔一〕語京城諸大德云：汝莫執心。此心皆因前塵而有，如鏡中像，無體可得。若執實有者，則失本原，常無自性。圓覺經云：「妄認四大爲自身相，六塵緣影爲自心相。」〔二〕楞伽經云：「不了心及緣，則生二妄想。了心及境界，妄想則不生。」〔三〕維摩經云：「法非見、聞、覺、知。」〔四〕且引三經，證斯真實。

校注

〔一〕本淨禪師：俗姓張，傳見宋高僧傳卷八唐金陵天保寺智威傳附。思空山，多作司空山，位於安徽境内。此處引文，詳參景德傳燈録卷五司空山本淨禪師。

〔二〕見大方廣圓覺修多羅了義經。宗密大方廣圓覺修多羅了義經略疏注卷上之一：「妄認四大爲自身相，認爲我也，然四大從緣，假和合有，無我無主，畢竟是空，離我、我所。」「六塵緣影爲自心相，此有二釋：一者，六塵是境，識體是心，心對根塵，有緣慮相，慮相如影，舉體全無，自心靈明，本非緣慮。今認緣慮謂是自心，念念隨之，漂沈苦海，如珠明徹，本非青黃，對青等時，即有影像，愚執其色，謂是其珠。如迷自心，認緣影也。（中略）二者、此一句經譯者迴文不盡，應云『緣六塵影』。六塵影是所緣，妄識是能緣，六塵無實，猶如影像，從識所變，舉體即空，故此緣心亦無體也。」

〔三〕見楞伽阿跋多羅寶經卷三。

〔四〕維摩詰所説經卷中不思議品：「法不可見、聞、覺、知，若行見、聞、覺、知，是則見、聞、覺、知，非求法也。」

五祖下莊嚴大師〔一〕一生示徒，唯舉維摩經寶積長者讚佛頌末四句云：「不著世間如蓮華，常善入於空寂行，達諸法相無罣礙，稽首如空無所依。」〔二〕學人問云：「此是佛語，欲得和尚自語。」師云：「佛語即我語，我語即佛語。」

校注

〔一〕五祖：指牛頭五祖，即釋智威，傳見宋高僧傳卷八唐金陵天保寺智威傳。莊嚴大師，即牛頭宗六祖惠忠，智威法嗣，俗姓王，潤州上元人，傳見宋高僧傳卷一九唐昇州莊嚴寺惠忠傳。此事未見它處。本書卷九八有牛頭惠忠禪法的部分記載。

〔二〕出維摩詰所説經卷上佛國品。牛頭惠忠引此頌，意在表現其諸法空寂的思想。

是故初祖西來，創行禪道，欲傳心印，須假佛經，以楞伽爲證明，知教門之所自，遂得外人息謗，内學禀承，祖胤大興，玄風廣被。

是以初心始學之者，未自省發已前，若非聖教正宗，憑何修行進道？設不自生妄見，亦乃盡值邪師，故云：「我眼本正，因師故邪。」〔一〕西天九十六種〔二〕執見之徒，皆是斯類。故知木匪繩而靡直，理非教而不圓。

校注

〔一〕續高僧傳卷一六齊鄴中釋僧可傳：「釋僧可，一名慧可，俗姓姬氏，虎牢人。（中略）時有道恒禪師先有定學，王宗鄴下，徒侶千計，承可説法，情事無寄，謂是魔語，乃遣衆中通明者來殄可門。既至聞法，泰然心服，悲感盈懷，無心返告。恒又重喚，亦不聞命，相從多使，皆無返者。他日遇恒，恒曰：『我用爾許功夫開汝眼目，何因致此？』諸使答曰：『眼本自正，因師故邪耳。』恒遂深恨，謗惱於可。」

〔二〕九十六種：指佛陀前後印度流傳的各種外道。

如上略引二三，皆是大善知識，物外宗師，禪苑麟龍，祖門龜鏡。示一教而風行電卷，垂一語而山崩海枯。帝王親師，朝野歸命，叢林取則，後學禀承。終不率自胸襟，違於佛語。凡有釋疑去僞，顯性明宗，無不一一廣引經文，備彰佛意，所以永傳後嗣，不墜家風。若不然者，又焉得至今紹繼昌盛？法力如是，證驗非虚。

又，若欲研究佛乘，披尋寶藏，一一須消歸自己，言言使冥合真心。但莫執義上之文，隨語生見；直須探詮下之旨，契會本宗。則無師之智現前，天真之道不昧。如華嚴經云：

「知一切法，即心自性。成就慧身，不由他悟。」〔一〕

故知教有助道之力，初心安可暫忘？細詳法利無邊，是乃搜揚纂集。且凡論宗旨，唯逗頓機，如日出照高山〔二〕，駃〔三〕馬見鞭影〔四〕。所以丹霞和尚〔五〕云：「相逢不擎〔六〕出，舉意便知有。」如今宗鏡，尚不待舉意，便自知有，故首楞嚴經云：「圓明了知，不因心念。」〔七〕揚眉動目，早是周遮，如先德頌云：「便是猶倍句，動目即差違。若問曹谿旨，不更待揚眉。」

校注

〔一〕見實叉難陀譯大方廣佛華嚴經卷一七。

〔二〕度一切諸佛境界智嚴經：「如日初出，先照高山，次及中山，後照下地。」智顗説妙法蓮華經玄義卷一上：「教者，聖人被下之言也。相者，分別同異也。云何分別？如日初出，前照高山，厚殖善根，感斯頓説。頓説本不爲小，小雖在座，如聾如瘂，良由小不堪大，亦是大隔於小，此如華嚴。」

〔三〕「駃」，磧砂藏本作「馳」。「駃」，通「快」，迅疾。廣韻卷四夬韻：「駃，駃馬，日行千里。」

〔四〕龍樹造、鳩摩羅什譯大智度論卷一：「長爪梵志如好馬見鞭影即覺，便著正道，長爪梵志亦如是，得佛語鞭影入心，即棄捐貢高，慚愧低頭。」卷二六：「良馬見鞭影便去，鈍驢得痛手乃行。」智顗説、灌頂記摩訶止觀卷二下：「譬如父母見子得病，不宜餘藥，須黃龍湯盪齒瀉之，服已病愈。佛亦如是，説當其機，快馬見鞭影，即到正路。」

〔五〕丹霞和尚：釋天然，傳見宋高僧傳卷一一唐南陽丹霞山天然傳。祖堂集卷四丹霞和尚收其頌云：「丹霞有一寶，藏之歲月久。從來人不識，余自獨防守。山河無隔礙，光明處處透。體寂常湛然，瑩徹無塵垢。世間採取人，顛狂逐路走。余則爲渠説，撫掌笑破口。忽遇解空人，放曠在林藪。相逢不擎出，舉意便知有。」

〔六〕「擎」，磧砂藏、嘉興藏本作「拈」。

〔七〕見大佛頂如來密因修證了義諸菩薩萬行首楞嚴經卷四。

今爲樂佛乘人，實未薦者，假以宗鏡，助顯真心，雖挂文言，妙旨斯在，俯收中下，盡被群機，但任當人，各資己利。百川雖潤，何妨大海廣含？五嶽自高，不礙太陽普照。根機莫等，樂欲匪同，於四門入處雖殊，在一真見時無别。如獲鳥者羅之一目，不可以一目爲羅〔一〕；理國者功在一人，不可以一人爲國。如内德論云：「夫一水無以和羹，一木無以構室，一衣不稱衆體，一藥不療殊疾，一彩無以爲文繡，一聲無以諧琴瑟，一言無以勸衆善，一戒無以防多失。何得怪漸頓之異，令法門之專一？」〔二〕故云：「如爲一人，衆多亦然。」〔三〕如爲衆多，一人亦然〔四〕。豈同劣解凡情而生局見？我此無礙廣大法門，如虚空非相，不拒諸相發揮；似法性無身，匪礙諸身頓現。須以六相義〔五〕該攝，斷常之見〔六〕方消；用十玄門〔七〕融通，去取之情始絶。

校注

〔一〕淮南子説山訓：「有鳥將來，張羅而待之，得鳥者，羅之一目也。今爲一目之羅，則無時得鳥矣。」

〔二〕見廣弘明集卷一四李師政内德論空有篇第三。

〔三〕見妙法蓮華經卷三藥草喻品。

〔四〕智顗説、灌頂記摩訶止觀卷五上：「一目之羅，不能得鳥，得鳥者羅之一目耳。衆生心行，各各不同，或多人同一心行，或一人多種心行，如爲一人，衆多亦然，如爲多人，一人亦然。」

〔五〕六相：即總相、別相、同相、異相、成相、壞相。隋慧遠撰大乘義章卷三六種相門義：「六種相者，出華嚴經十地品也。諸法體狀，謂之爲相。門別名門，此門所辨，異於餘門，故曰門別。如經中説不二法門、有盡解脱門等。若對行心，能通趣入，故曰門也。門別不同，故有六種，所謂總、別、同、異、成、壞。」詳參本書卷四六。

〔六〕斷常之見：斷見（執身心斷滅之見）、常見（執身心常住之見），皆爲邪見。龍樹造、鳩摩羅什譯大智度論卷七：「見有二種：一者常，二者斷。常見者，見五衆常，心忍樂；斷見者，見五衆滅，心忍樂。一切衆生，多墮此二見中。菩薩自斷此二，亦能除一切衆生二見，令處中道。」

〔七〕十玄門：又稱十玄緣起，表示現象與現象互爲作用，互不相礙，相互包容。據華嚴一乘十玄門：「一者、同時具足相應門，此約相應無先後説；二者、因陀羅網境界門，此約譬説；三者、祕密隱顯俱成門，此約緣説；四者、微細相容安立門，此約相説；五者、十世隔法異成門，此約世説；六者、諸藏純雜具德門，此約行説；七者、一多相容不同門，此約理説；八者、諸法相即自在門，此約用説；九者、唯心迴轉善成門，此約心説；十者、託事顯法生解門，此約智説。」詳參本書卷三八。法藏改「諸藏純雜具德門」爲「廣狹自在無礙門」、「唯心迴轉善成門」爲「主伴圓明具德門」，詳見華嚴經探玄記及本書卷二八。又，楊文會華嚴一乘十玄門跋云：「華嚴大教闡揚十玄門者，此爲鼻祖，賢首仍之，載於教義章内，大意相同而文有詳略。及作探玄記，改易二名，用一華葉演説，爲清涼懸談張本。後人不知，以爲清涼十玄與賢首有異者，蓋未見探玄記也。今教義章與懸談並行於世，而復刻此卷，欲令人知其本源耳。」

又若實得一聞千悟，獲大總持〔一〕，即胡假言詮，無勞解釋。船筏爲渡迷津之者，導師因引失路之人。凡關一切言詮，於圓宗所示，皆爲未了。文字性離，即是解脱。迷一切諸法真實之性，向心外取法而起文字見者，今還將文字對治，示其真實。若悟諸法本源，即不見有文字及絲毫發現，方知一切諸法即心自性，則境智融通〔二〕，色空俱泯。當此親證圓明之際，入斯一法平等之時，又有何法是教而可離？何法是祖而可重？何法是頓而可取？何法是漸而可非？則知皆是識心，横生分别。所以祖佛善巧，密布權門，廣備教乘，方便逗會。纔得見性，當下無心，乃藥病俱消，教觀咸息。如楞伽經偈云：「諸天及梵乘，聲聞緣覺乘，諸佛如來乘，我説此諸乘，乃至有心轉，諸乘非究竟。若彼心滅盡，無乘及乘者，無有乘建立，我説爲一乘。引導衆生故，分别説諸乘。」〔三〕

故先德云：一瞖在目，千華亂空。一妄在心，恒沙生滅。瞖除華盡，妄滅證真。病差藥除，冰融水在。神丹九轉，點鐵成金。至理一言，轉〔四〕凡成聖〔五〕。狂心不歇，歇即菩提。鏡〔六〕净心明，本來是佛〔七〕。

校注

〔一〕總持：「陀羅尼」的意譯，謂能總攝憶持無量佛法，令善法不失，惡法不起。注維摩詰經卷一僧肇曰：「總持，謂持善不失，持惡不生。無所漏忘，謂之持。持有二種，有心相應持、不相應持。」宗密述禪源諸詮集都序卷下之一：「頓悟頓修者，此説上上智根性，樂欲俱勝，一聞千悟，得大總持，一念不生，前後際斷。」

〔二〕境智融通：即境智合一。境即境界，是所觀之理；智即智慧，是能觀之心。智顗説四念處卷四：「如是境智，無二無異。如如之境，即如如之智，智即是境。説智及智處，皆名爲般若。」

〔三〕見楞伽阿跋多羅寶經卷二。

〔四〕「轉」，磧砂藏、嘉興藏本作「點」。

〔五〕按，宗密述大方廣圓覺修多羅了義經略疏注卷上之一：「既知萬法如空華，豈更見有輪轉？還丹一粒，點鐵成金。真理一言，點凡成聖。」

〔六〕「鏡」，人天眼目卷五宗門雜録八阿賴耶識轉大圓鏡智引宗鏡録作「垢」。

〔七〕按，嘉興藏本此後有「問答章第二」五字。也就是説，嘉興藏本標宗章第一至此結束，後即爲問答章第二。

問：如上所標，已知大意，何用向下更廣開釋？

答：上根利智，宿習生知，纔看題目「宗」之一字，已全入佛智海中，永斷纖疑，頓明大旨，則一言無不略盡，攝之無有遺餘。若直覽至一百卷終，乃至恒沙義趣，龍宮寶藏，鷲嶺金文，則殊説更無異途，舒之徧周法界。以前略後廣，唯是一心；本卷末舒，皆同一際。終無異旨，有隔前宗；都謂迷情，妄興取捨。唯見紙墨文字，嫌卷軸多；但執寂默無言，欣爲省要。皆是迷心徇境，背覺合塵〔一〕。不窮動静之本原，靡達一多之起處。偏生局見，唯懼多聞，如小乘之怖法空，似波旬〔二〕之難衆善，以不達諸法真實性故，隨諸相轉，墮落有無。

校注

〔一〕背覺合塵：謂背棄本來具有的佛性，迷真逐妄，遠離正知，爲煩惱所覆障。大佛頂如來密因修證了義諸菩薩萬行首楞嚴經卷四：「衆生迷悶，背覺合塵，故發塵勞，有世間相。」子璿集首楞嚴經義疏注經卷四：「衆生起無明風，鼓真如海，成八識波浪，變起世間種種諸相，爲相所礙，失於本心，故云背覺合塵，有世間相。」

〔二〕波旬：惡魔名，意譯「殺者」「惡者」等。玄應一切經音義卷八：「言『波旬』者，訛也，正言『波卑夜』，是其名也。此云『惡者』，常有惡意，成就惡法，成就惡慧，故名『波旬』。」窺基撰大乘法苑義林章卷六破魔羅義林：「梵云『魔羅』，此云『擾亂』『障礙』『破壞』。擾亂身心，障礙善法，破壞勝事，故名『魔羅』。此略云『魔』，諸魔通稱。（中略）又云『波卑夜』，此云『惡者』，天魔别名。『波旬』，訛也。成就惡法，懷惡意故。」

如大涅槃經云：「若人聞説大涅槃一字一句，不作字相、不作句相、不作聞相、不作佛相、不作説相，如是義者，名無相相。」〔一〕釋曰：若云即文字無相，是常見；若云離文字無相，是斷見。又若執有相相，亦是常見；若執無相相，亦是斷見。但亡即、離、斷、常，四句、百非〔二〕一切諸見，其旨自現。當親現入宗鏡之時，何文言識智之能詮述乎？所以先德云：「若覓經，了性真如無可聽。若覓法，鷄足山間問迦葉。大士持衣在此山，無情不用求專甲。」〔三〕

斯則豈可運見聞覺知之心，作文字句義之解？若明宗達性之者，雖廣披尋，尚不見一字之相，終不作言詮之解；以迷心作物者，生斯紙墨之見耳。故信心銘云：「六塵不惡，還同正覺。智者無爲，愚人自縛。」〔四〕如斯達者，則六塵皆是真宗，萬法無非妙理，何局於管見而迷於大旨耶？豈知諸佛廣大境界、菩薩作用之門？所以大海龍王置十千之問，釋迦文佛開八萬勞生之門〔五〕；普慧菩薩申二百之疑，普賢大士答二千樂説之辯〔六〕。如華嚴經普眼法門：「假使有人以大海量墨，須彌聚筆，寫於此普眼法門，一品中一門，一門中一法，一法中一義，一義中一句，不得少分，何況能盡！」〔七〕又如大涅槃經中佛言：「我所覺了一

切諸法，如因大地生草木等。爲諸衆生所宣説者，如手中葉。」〔八〕

校注

〔一〕見大般涅槃經卷二四，南本見卷二二。

〔二〕四句：謂有、無、常、無常等相對項通過組合所得的四個句子。如有無四句者，有、無、亦有亦無、非有非無。百非：百種否定。百者，概言之也；非者，非有、非無等。大般涅槃經卷二一：「如來涅槃，非有、非無，非有爲、非無爲，（中略）非十二因緣、非不十二因緣。」（此中共列四十一非）。然亦有認爲「百」爲實指者。鮮演述華嚴經談玄抉擇卷四：「百非者，所謂有、無、亦有亦無、非有非無成四句也。非有、非無、亦非有亦非無、非非有非非無，成八句也。一異同前，又成八句，共有十六句。隨三世開，共成四十八。斷、常各具，即有九十六。并本四句，乃成百非。」

〔三〕按，一鉢歌中有云：「若覓法，雞足山中問迦葉。大士持衣在此中，本來不用求專甲。若覓經，法性真源無可聽。若覓律，窮子不須教走出。若覓修，八萬浮圖何處求。」此「先德云」者，當即出此一鉢歌，或與此一鉢歌有共同的上源。宋高僧傳卷一一唐洛京伏牛山自在傳有云：「一鉢和尚者，歌詞叶理，激勸憂思之深，然文體涉里巷，豈加三傷之典雅乎？」元曇噩述新脩科分六學僧傳卷六：「一鉢和尚者，史不詳其姓名鄉里，嘗作一鉢歌，以唱道勸世，故俗因以稱之。」又，一鉢歌，景德傳燈録卷三〇、祖庭事苑卷七云道吾撰，此道吾即襄州關南道吾和尚，傳見景德傳燈録卷四。祖庭事苑卷七云：「襄州關南道吾和上因聞巫者樂神入道，嘗作樂道歌、一鉢歌，盛行於世。」然景德傳燈録卷三〇又有子注曰：「別録云：『杯渡禪師作。』」禪門諸祖師偈頌卷上之下録此歌，亦云「杯度禪師一鉢歌」，則其作者又有杯度之説。杯度傳見高僧傳卷一〇，是一位充滿神異色彩的高僧。從此歌内容來看，説其爲杯度所作，顯係附會之詞。而惠洪智證傳中云：「騰騰作一鉢歌。」騰騰，慧安法嗣，「洛京福先寺仁儉禪師，放曠郊鄽，時謂之騰騰和尚」「（天后）令寫歌詞，傳布天下，其詞並敷演真理，以警時俗，唯了元歌一首盛行於世」（見王隨傳燈玉英集）。了元歌，見景德傳燈録卷三〇，景德傳燈録卷四亦有其傳，全同王隨所説。故一鉢歌的作者，道吾之説最爲可靠。

〔四〕見僧璨信心銘。按，景德傳燈録卷三〇有三祖僧璨大師信心銘和牛頭山初祖法融禪師心銘。印順法師認爲，信心銘爲牛頭法融撰著，「現存的心銘與信心銘，可説是姊妹篇。思想相近，所説的問題相近，類似的句子也不少，信心銘要精練些。依延壽——江東所傳，信心銘有不同的二本（即今心銘與信心銘），但都是牛頭法融作的。這可能心銘是初傳本，信心銘是（後人）精治本。以信心銘爲三祖僧璨所作，只是江西方面洪州宗的傳説。」（見中國禪宗史，第一〇九—一一〇頁，中華書局，二〇一〇年）此説尚有争議。本書後文所引，或有三祖僧璨大師信心銘，或有牛頭山初祖法融禪師心銘，爲示區別，校注中分别爲僧璨信心銘、法融心銘。

〔五〕詳見海龍王經。

〔六〕詳見實叉難陀譯大方廣佛華嚴經離世間品（卷五三至卷五九）。

〔七〕見實叉難陀譯大方廣佛華嚴經卷六二。

〔八〕見大般涅槃經卷一三，南本見卷一二。此句謂佛覺了法極多而所説法甚少。雜阿含經卷一五：「爾時，世尊與諸大衆到申恕林，坐樹下。爾時，世尊手把樹葉，告諸比丘：『此手中葉爲多耶？大林樹葉爲多?』比丘白佛:『世尊,手中樹葉甚少,彼大林中樹葉無量,百千億萬倍,乃至算數譬類不可爲比。』『如是,諸比丘,我成等正覺,自所見法,爲人定説者,如手中樹葉。』」

只如已所説法,教溢龍宮。龍樹菩薩暫看有一百洛叉出在人間〔一〕,於西天尚百分未及一,翻來東土,故不足言,豈況未所説法耶?斯乃無盡妙旨,非淺智所知;性起法門,何劣解能覽?鷰雀焉測鴻鵠之志?井蛙寧識滄海之淵?如師子大哮吼,狸不能爲;如香象所負擔,驢不能勝〔二〕;如毗沙門〔三〕寶,貧不能等;如金翅鳥〔四〕飛,烏不能及。唯依情而起見,但逐物而意移。或説有而不涉空,或言空而不該有;或談略爲多外之一,或立廣爲一外之多;或離默而執言,或離言而求默;或據事外之理,或著理外之事:殊不能悟此自在圓宗。演廣非多,此是一中之多;標略非一,此是多中之一。談空不斷,斯乃即有之空;論有不常,斯乃即空之有。或有説亦得,此即默中説;或無説亦得,此即説中默。或理事相即亦得,此理是成事之理,此事是顯理之事;或理理相即亦得,以一如〔五〕無二如,真性常融會;或事事相即亦得,此全理之事,一一無礙。或理事不即亦得,以全事之理非事,所依非能依,不隱真諦故;以全理之事非理,能依非所依,不壞俗諦故。斯則存泯一際,隱顯同時。如闡普眼之法門,皆是理中之義;似舒大千之經卷,非標心外之文。

故經云：一法能生無量義〔六〕。非聲聞、緣覺之所知，不同但空孤調〔七〕之詮、偏枯決定之見。

校注

〔一〕參見龍樹造、筏提摩多譯釋摩訶衍論卷一〇。洛叉，數量詞，意譯「十萬」，或謂爲「億」。又，釋摩訶衍論之真僞頗有異説，本書且仍其舊。

〔二〕大般涅槃經卷三三：「香象所負，非驢所勝。」香象，是交配期的大象。於此期間，大象耳門骨會分泌一種有香氣的液體，故稱。於此期間，其力最强。窺基撰説無垢稱經疏卷二本：「象中之勝，名爲香象。」

〔三〕毗沙門：即四天王天中的北方天王，意譯「多聞天王」。希麟續一切經音義卷六：「『毘沙門』，梵語也，或云『毘舍羅娑拏』，或云『吠室羅末拏』，此譯云『普聞』，或云『多聞』。其王最富寶物，自然衆多人聞故也。」

〔四〕金翅鳥：或稱「妙翅鳥」，音譯「迦樓羅」「揭路荼」等，印度神話中的一種巨鳥，佛教中的八部衆之一，翅金色，雙翅廣三百三十六萬里，住須彌山下，常捕龍爲食。

〔五〕一如：不二不異。一者，平等不二；如者，恒常不變。

〔六〕無量義經説法品第二：「無量義者，從一法生。其一法者，即無相也。如是無相，無相不相，不相無相，名爲實相。」佛説最上根本大樂金剛不空三昧大教王經卷五一切相應諸佛三昧曼拏羅儀軌分第二十一：「一法生無邊，如清净蓮海。」

〔七〕但空：小乘分析諸法，但見空而不見不空，故云「但空」。孤調：小乘之證果。不調度他，獨調度己而解脱生死，故云「孤調」。湛然述止觀輔行傳弘決卷三之一：「獨一解脱，故云『孤調』。」

今此無盡妙旨，標一法而眷屬隨生；圓滿性宗，舉一門而諸門普會。非純非雜，不一不多，如五味和其羹，雜綵成其繡，衆寶成其藏，百藥成其丸。邊表融通，義味周足，搜微抉妙，盡宗鏡中，依正混融，因果無礙，人法無二，初後同時。凡舉一門，皆能圓攝無盡法界，非内非外，不一不多。舒之則涉入重重，卷之則真門寂寂。如華嚴經中，師子座中莊嚴具内各出一佛世界塵數菩薩身雲〔一〕，此是依正、人法無礙〔二〕；又如佛眉間出勝音等佛世界塵數菩薩〔三〕，此是因果、初後無礙〔四〕。乃至刹土微塵，各各具無邊智德；毛孔身分，一一攝廣大法門。何故如是奇異難思？乃一心融即故尔。以要言之，但一切無邊差别佛事，皆不離無相真心而有。如華嚴經頌云：「佛住甚深真法性，寂滅無相同虚空，而於第一實義中，示現種種所行事。所作利益衆生事，皆依法性而得有，相與無相無差别，入於究竟皆無相。」〔五〕又，攝大乘論頌云：「即諸三摩地，大師説爲心。由心彩畫故，如所作事業。」〔六〕

校注

〔一〕佛陀跋陀羅譯大方廣佛華嚴經卷三：「十億佛刹塵數世界海中，有十億佛刹微塵數等大菩薩來，一一菩薩各將一佛世界塵數菩薩以爲眷屬，一一菩薩各興一佛世界微塵數等妙莊嚴雲，悉皆彌覆，充滿虚空。」

〔三〕依正、人法無礙：即依正無礙、人法無礙。依正無礙，謂依正相入而二智無礙。依，依報，即佛所依之國土；正，正報，即佛能依之色身。參見本書卷一六。人法無礙，謂人、法自在融通而無礙。

〔三〕參見實叉難陀譯大方廣佛華嚴經卷一一。

〔四〕因果、初後無礙：即因果無礙、初後無礙。因果無礙，謂佛依所修菩薩之行因而證遮那佛果，能普現十方，自在無礙。初後無礙，謂初不離後，後不離初，雖言初、後，無二無別。

〔五〕見實叉難陀譯大方廣佛華嚴經卷三九。

〔六〕見無性造、玄奘譯攝大乘論釋卷一。

故知凡聖所作，真俗緣生，此一念之心，刹那起時，即具三性〔一〕、三無性〔二〕六義。謂一念之心是緣起法，是依他起；情計有實，即是徧計所執；體本空寂，即是圓成。即依三性説三無性，故六義具矣。若一念心起，具斯六義，即具一切法矣，以一切真俗萬法，不出三性、三無性故。

校注

〔一〕三性：即依他起性（謂一切事物皆由因緣和合、心識變現而生，虚幻不實）、徧計所執性（謂分别計度因緣生之事物，妄執實有）和圓成實性（謂真如爲圓爲常，爲一切有爲法之實性，故謂之圓成實性）。

〔二〕三無性：相無性、生無性和勝意無性。針對遍計所執性而立相無性，認爲我、法諸相畢竟非有；針對依他起性而立生無性，萬事萬物皆因緣而生，非由身生，故無自然性；針對圓成實性而立勝意無性，遠離妄執而達到真如。解深密經卷二無自性相品：「云何諸法相無自性性？謂諸法遍計所執相。何以故？此由假名安立爲相，非由自相安立爲相，是故説名相無自性性。云何諸法生無自性性？謂諸法依他起相。何以故？此由依他緣力故有，非自然有，是故説名生無自性性。云何諸法勝義無自性性？謂諸法由生無自性性故，説名無自性性。即緣生法，亦名勝義無自性性。何以故？於諸法中，若是清淨所緣境界，我顯示彼以爲勝義無自性性，依他起相非是清淨所緣境界，是故亦説名爲勝義無自性性。復有諸法圓成實相，亦名勝義無自性性。何以故？一切諸法法無我性名爲勝義，亦得名爲無自性性，是一切法勝義諦故，無自性性之所顯故。由此因緣，名爲勝義無自性性。」

法性論〔一〕云：凡在起滅，皆非性也。起無起性故，雖起而不常；滅無滅性，雖滅而不斷。如其有性，則陷於四見〔二〕之網。又云：尋相以推性，見諸法之無性；尋性以求相，見諸法之無相。是以性相互推，悉皆無性。是以若執有性，墮四見之邪林；若了性空，歸一心之正道。故華嚴經云：「自深入無自性真實法，亦令他入無自性真實法，心得安隱。」〔三〕以兹妙達，方入此宗，則物物冥真，言言契旨。若未親省，不發圓機，言之則乖宗，默之又致失，豈可以四句而取、六情所知歟〔四〕？但祖教並施，定慧雙照，自利利他，則無過矣。

校注

〔一〕法性論：廬山慧遠著，已佚。出三藏記集卷一二著録有釋慧遠法性論上下，卷一五慧遠法師傳云：「常以支、竺舊義，未窮妙實，乃著法性論，理奥文詣。羅什見而歎曰：『邊國人未見經，便闇與理合，豈不妙哉！』」佛祖統紀卷二六蓮社七祖中有云：「先是，此土未有泥洹常住之説，但言壽命長遠。師曰：『佛是至極，至極則無變，無變之理，豈有窮耶？』乃著法性論十四篇。」

〔二〕四見：四種錯誤見解，又稱外道四見、外道四執等。如妄計一切法爲一、爲異、亦一亦異、非一非異等，或妄計世間常、世間無常、世間亦常亦無常、世間亦非常亦非無常等。龍樹造、鳩摩羅什譯大智度論卷七：「復有四種見：世間常、世間無常、世間亦常亦無常、世間亦非常亦非無常。我及世間有邊、無邊亦如是。」

〔三〕見實叉難陀譯大方廣佛華嚴經卷五三。「安隱」，即「安穩」。説文卷七禾部：「穩　從禾，隱省，古通用安隱」。資治通鑑卷二一七玄宗天寶十四載「聖人安隱」句胡三省注：「隱，讀曰穩。唐帖多有寫『穩』字爲『隱』字者。」

〔四〕四句：即外道執著的四見，總有四句，必墮於其一，所謂「四句分别」是。參前「四見」注。六情：即眼、耳、鼻、舌、身、意六根，舊譯爲「情」，以根有情識故。龍樹造、鳩摩羅什譯大智度論卷五〇：「六情所知，盡虚妄故。」

設有堅執己解，不信佛言，起自障心，絶他學路，今有十問，以定紀綱：還得了了見性，如晝觀色，似文殊等不？還逢緣對境，見色聞聲，舉足下足，開眼合眼，悉得明宗，與道相應不？還覽一代時教及從上祖師言句，聞深不怖，皆得諦了無疑不？還因差别問難，種種徵詰，能具四辯，盡決他疑不？還於一切時、一切處智照無滯，念念圓通，不見一法能爲障礙，未曾一刹那中暫令間斷不？還於一切逆順、好惡境界現前之時，不爲間隔，盡識得破不？還於百法明門心境之内，一一得見微細體性根原起處，不爲生死根塵之所惑亂不？還向四威儀〔一〕中行、住、坐、卧，欽承祇對，著衣喫飯，執作施爲之時，一一辯得真實不？還聞説有佛、無佛，有衆生、無衆生，或讚或毁，或是或非，得一心不動不？還聞差别之智，皆能明達，性相俱通，理事無滯，無有一法不鑒其原，乃至千聖出世，得不疑不？

校注

〔一〕四威儀：行、住、坐、卧。佛教於此四者，各有儀則，不損威德，故稱。菩薩善戒經卷五菩薩地忍品：「威儀苦者，名身四威儀：一者、行，二者、住，三者、坐，四者、卧。菩薩若行若坐，晝夜常調惡業之心，忍行坐苦，非時不卧，非時不住。所住内外，若床、若地、若草、若葉，於是四處，常念供養佛、法、僧寶，讚歎經法，受持禁戒，持無上法，廣爲人說。正思惟義，如法而住。」

若實未得如是功〔一〕，不可起過頭欺誑之心，生自許知足之意，直須廣披至教，博問先知，徹祖佛自性之原，到絶學無疑之地，此時方可歇學，灰息遊心。或自辨〔二〕則禪觀相應，或爲他則方便開示。設不能徧參法界，廣究群經，但細看宗鏡之中，自然得入。此是諸法之要、趣道之門，如守母以識子，得本而知末〔三〕，提綱而孔孔皆正，牽衣而縷縷俱來。又如以師子筋爲琴絃，音聲一奏，一切餘絃悉皆斷壞〔四〕。此宗鏡力亦復如是，舉之而萬類沉光，顯之而諸門泯跡。以此一則，則破千途，何須苦涉關津，別生岐路？所以志公謌云：「六賊和光同塵，無力大難推托。内發解空無相，大乘力能翻卻。」〔五〕唯在玄覽得旨之時，可驗斯文究竟真實。

校注

〔一〕「功」，磧砂藏、嘉興藏本作「切」。按，功，即功德。如作「切」，當屬後。

〔二〕「辨」，磧砂藏本作「辦」。

〔三〕注維摩詰經卷三：「僧肇曰：『夫執本以知其末，守母以見其子。』」

〔四〕實叉難陀譯大方廣佛華嚴經卷七八：「譬如有人以師子筋而爲樂絃，其音既奏，餘絃悉絶。」

〔五〕志公：釋保誌，或作寶誌、保誌等，俗姓朱，傳見高僧傳卷一〇保誌傳。惠運禪師將來教法目録、日本比丘圓珍入唐求法目録等，著録有志公歌一卷。此歌不見他處。據景德傳燈録卷二七寶誌禪師：「又製大乘贊二十四首，盛行於世。」景德傳燈録卷二九中選録十首，皆爲六言詩，此歌或即另外十四首大乘贊之一。又，寶誌作品屬依託之作，項楚先生説：「實際上寶誌作品表現的正是唐代禪宗的思想，所以我認爲，寶誌作品大約是盛唐時期某位禪僧的依託之作，這位禪僧在宗教修養和文字功夫上都達到了相當不錯的水平。」（見列一四五六號王梵志詩殘卷補校，中華文史論叢一九八九年第一期）

音義

瞽，公户反，無目。　蠶，昨含反。　繭，古典反。　翳，於計反。　戛，古黠反。　迥，户鼎反。　斥，昌石反。　眚，所杏反，目病。　捐，與專反，弃。　足，子句反，添入物也。　揭，居烈反，撥也。　薙，他計反，除草。　愈，余主反，瘥也。　髓，息委反。　痾，於何反，病也。　搜，求也，所鳩反。　抉，於決反。　礱，力公反。　窟，口骨反。　剔，他歷反，解骨。　闡，昌善反。　爇，如劣反。　驪，吕支反。　罤，徒犁反，網也。　頷，胡感反。　啜，昌悦反。　糜，莫爲反。　派，疋賣反。　孕，亦證反。　肓，呼光反。　炬，其吕反。　躶，力果反，赤體。　眄，莫見反，斜視。　鵠，胡谷反。　楷，苦駭反，法也。　編，畢綿反，織也。　撮，倉活反，取也。　礫，郎擊反。　挑，他堯反。　掇，猪劣反。又，當刮反〔一〕。　撈，魯刀反。　宏，户〔二〕萌反，大也。　括，古活反。　櫓，郎古反。　棹，馳孝反。　掬，居六反。　焕，呼貫反，文彩明皃也。　櫼，臻入反。　聯，力延反，不絶也。　蝦，許加反。　蛻，舒芮反。　繩，食陵反。　嗣，祥吏反。　纂，作管反，集也。　逗，田候反。　駃，苦夬反。　蛙，烏爪反。　狸，里之反。　縷，力主反。　筋，舉欣反。

丙午歲分司大藏都監開板

校　注

〔一〕「反」，原作「也」，據文意改。

〔二〕「户」，原闕，據磧砂藏本補。

宗鏡録卷第二

慧日永明寺主智覺禪師延壽集

夫諸佛境寂，衆生界空，有何因緣而興教迹？

答：一實諦〔一〕中雖無起盡，方便門内有大因緣。故法華經偈云：「諸法常無性，佛種從緣起。」〔二〕以萬法常無性，無不性空時〔三〕，法尔能隨緣，隨緣不失性。且夫起教所由，因緣無量，古德略標，有其十種：一、由法尔故〔四〕，二、願力故，三、機感故，四、爲本故，五、顯德故，六、現位故，七、開發故，八、見聞故，九、成行故，十、得果故〔五〕。今諸大菩薩所集唯識論等，大意有其二種：一、爲達萬法之正宗，破二空之邪執；二、爲斷煩惱、所知之障〔六〕，證解脱、菩提之門。斯則自證法原本覺真地，不在文字句義敷揚。

校注

〔一〕一實諦：即真如，又稱一實，就是平等不二的真如實相。一者，平等之義；實者，無顛倒，無虚妄。大明三藏法數卷一：「一實諦，謂一實相中道之理也，無有虚妄，無有顛倒，若聖若凡，性本不二，故名一實諦也。」

〔二〕見妙法蓮華經卷一方便品。「諸」，經中作「知」。

〔三〕摩訶般若波羅蜜經卷二五實際品：「常性空，無不性空時。」

〔四〕法尔：自然而然。「尔」，諸校本作「爾」。段玉裁説文解字注「尔」字條曰：「『尔』之言如此也，後世多以『爾』字爲之。」「爾」字條曰：「凡訓『如此』、訓『此』者，皆當作『尔』，乃皆用『爾』，『爾』行而『尔』廢矣。」則「尔」「爾」爲古今字。了然述大乘止觀法門宗圓記卷四：「云『法爾』者，爾，此也，謂不構造，其法自如此，猶云自然也。」

〔五〕唐法藏述華嚴經探玄記卷一：「教起所由者，（中略）略提十義以明無盡。何者爲十？謂由法爾故、願力故、機感故、爲本故、顯德故、顯位故、開發故、見聞故、成行故、得果故。」「初、法爾故者，一切諸佛法爾，皆於無盡世界常轉如此無盡法輪，如大王路，法爾常規，無停、無息，盡窮未來際。」「二、願力故者，謂是如來本願力故，令此教法稱機顯現。」「三、機感故者，如來平等，無有改易，隨應衆生，現身説法。」「四、爲本故者，謂將欲逐機漸施末教故，宜最初先示本法，明後依此方起末故。是故最初説此經法，然後方於鹿園等處漸説枝末小乘等法。」「五、顯德故者，謂顯佛果殊勝之德，令諸菩薩信向證得。」「六、顯位故者，爲顯菩薩修行佛因，一道至果具五位故。」「七、開發故者，爲欲開發衆生心中如來之藏性起功德，令諸菩薩依此修學，破無明鷇，顯性德故。」「八、見聞故者，示此無盡自在法門，唯是極位大菩薩境，而令下位諸衆生等於此見聞，而得成彼金剛種子，不毁不盡，要當令其至究竟位故也。」「九、成行故者，謂爲示此普法，令諸菩薩成普賢行，一行即一切行，初發心時便成正覺，具足慧身，不由他悟。又云，菩薩受持此法，少作方便，疾得阿耨多羅三藐三菩提等。」「十、得果故者，令得佛地智斷果故。」「古德」者，當即法藏。

〔六〕煩惱、所知之障：即煩惱、所知二障，煩惱障指貪、瞋、癡等煩惱，是使衆生流轉生死，不得涅槃的障礙；所知障又稱智障，是衆生因無明覆蔽，迷於所知法而令根本智不能生的障礙。

今爲後學慕道之人，方便纂集，又自有二意，用表本懷：一、爲好略之人撮其樞要，精通的旨，免覽繁文；二、爲執總之人不明別理，微細開演，性相圓通。截二種生死〔一〕之根，躡一味菩提之道。仰群經之大旨，直了自心；遵諸聖之微言，頓開覺藏。去彼依通〔二〕之見，破其邪執之情。深信正宗，令知月不在指；迴光返照，使見性不徇文。唯證相應，斯爲本意，不可横生知解，没溺見河。於無得觀中，懷趣向之意；就真空理上，興取捨之心。率自胸襟，疑悟後學，須親見性，方曉斯宗。

校注

〔一〕二種生死：一、分段生死，謂六道輪回的凡夫之生死。其身果報，壽命有分限、形體有段別，故曰分段；二、變易生死，謂依無漏大願所感得的細妙殊勝依身之生死，是斷見、思惑的阿羅漢以上聖者的生死。玄奘譯成唯識論卷八：「生死有二：一、分段生死，謂諸有漏善、不善業，由煩惱障緣助勢力，所感三界麤異熟果。身命短長隨因緣力，有定齊限，故名分段。二、不思議變易生死，謂諸無漏有分別業，由所知障緣助勢力，所感殊勝細異熟果，由悲願力改轉身命，無定齊限，故名變易。無漏定願正所資感，妙用難測，名不思議。」

〔二〕依通：憑藉藥力、咒術等而變現神通作用。參見本書卷一五。

問：既慮執指徇文，又何煩集教？

答：爲背己合塵、齊文作解者〔一〕，恐封教滯情，故有此説。若隨詮了旨、即教明心者，則有何取捨？所以藏法師云：「自有衆生尋教得真，會理教無礙，常觀理而不礙持教，恒誦習而不礙觀空，則理教俱融，合成一觀，方爲究竟傳通耳。」〔二〕斯乃教觀一如〔三〕，詮旨同原矣。

校注

〔一〕背己合塵：即背覺合塵，謂背棄本來具有的佛性，迷真逐妄，爲煩惱所覆障者。齊文作解：謂完全拘泥於文字、名相而理解經教。智顗説摩訶止觀卷一〇上：「夫聽學人誦得名相，齊文作解，心眼不開，全無理觀。據文者生，無證者死。」

〔二〕見法藏述華嚴發菩提心章。

〔三〕一如：不二不異。一者，平等不二；如者，恒常不變。

問：諸大經論，自成片段；科節倫序，句義分明。何假撮録廣文，成其要略？

答：但以教海泓〔一〕深，窮之罔知其際；義天高廣，仰之不得其邊。今則以管窺天，將螺酌海，如掬滄溟之涓滴，似撮大華之一塵。本爲義廣難周，情存猒怠，亦爲不依一乘教之正理，唯徇不了義之因緣，罕窮横豎之門，莫知起盡之處，所以删繁簡異，採妙探玄。雖文不足而大義全，緣不備而正理顯。搜盡一乘之旨，抉開萬法之原，爲般若之玄樞，作菩提之要路，則資粮易辨，速至大乘，證入無疑，免迂小徑。

所以馬鳴菩薩造起信論云：「或有自無智力，因他廣論而得解義。亦有自無智力，怖於廣説，樂聞略論，攝廣大義而正修行。我今爲彼最後人故，略攝如來最勝甚深無邊之義而造此論。」〔二〕

瑜伽論云：有二緣，故説此論：一、爲如來無上法教久住世故；二、爲平等利益安樂諸有情故。又爲如來甘露聖教已隱没者，憶念採集重開顯故；未隱没者，問答決擇倍興盛故。又爲攝益樂略言論勤修行者，採集衆經廣要法義，略分別故〔三〕。

校注

〔一〕「泓」，磧砂藏、嘉興藏本作「弘」。説文卷一一水部：「泓，下深皃，从水弘聲。」卷一二弓部：「弘，弓聲也。从弓厶聲。厶，古文肱字。」

〔二〕見實叉難陀譯大乘起信論卷上。
〔三〕見玄奘譯瑜伽師地論釋。

今斯録者，雖無廣大製造之功，微有一期述成之事。亦知鈔録前後，文勢不全，所冀直取要詮，且明宗旨，如從石辯玉，似披砂揀金。於群藥中，但取阿陁〔一〕之妙；向衆寶内，唯探如意之珠〔二〕。舉一蔽諸，以本攝末，則一言無不略盡，殊説更無異途。亦望後賢，未垂嗤誚。所希斷疑生信，但以見道爲懷，非徇虚名以邀世譽。願盡未來之際，徧窮法界之中，歷劫逾生，常弘斯道。凡有心者，皆入此宗，去執除疑，見聞獲益。承三寶力，加被護持，誓報佛恩，廣濟含識。虚空可盡，茲願匪移；法界可窮，斯文不墜。

校注

〔一〕阿陁：即阿伽陀藥。大般涅槃經卷一一：「願諸衆生得阿伽陀藥，以是藥力能除一切無量惡毒。」慧琳撰一切經音義卷二六：「阿伽陀藥，此云『無病』，或云『不死藥』，有翻爲『普除去』，謂衆病悉除去也。」

〔二〕如意之珠：有求必應的寶珠。龍樹造、鳩摩羅什譯大智度論卷一〇：「如意珠，生自佛舍利，若法没盡時，諸舍利皆變爲如意珠，譬如過千歲冰化爲頗梨珠。」卷五九：「此寶名如意，無有定色，清澈輕妙，四天下物皆悉照現。如意珠義，如先説。是寶常能出一切寶物，衣服、飲食，隨意所欲，盡能與之，亦能除諸衰惱病苦等。」

問：了義大乘，廣略周備，解一義具圓通之見，聞一偈有成佛之功，何假述成？仍煩解釋。

答：上上根人，一聞千悟，性相雙辯，理事俱圓。若中下之徒，須假開演。莊嚴之道，讚飾之門，格量其功，不可爲喻。所以法華經偈云：「譬如優曇華，一切皆愛樂，天人所希有，時時乃一出。聞法歡喜讚，乃至發一言，則爲已供養，一切三世佛，是人甚希有，過於優曇華。」〔一〕般若頌云：「般若無壞相，過一切言語。適無所依止，誰能讚其德？般若雖叵讚，我今能得讚。雖未脱死地，則爲已得出。」〔二〕

又，古聖云：若菩薩造論者名莊嚴經，如蓮華未開，見雖生喜，不如已剖香氣芬馥；如金未用，見雖生喜，不如用之爲莊嚴具〔三〕。故知弘教一念之善，能報十方諸佛之恩。論希有，則如華擅優曇之名；説光揚，則似金作莊嚴之具。是以菩薩釋大乘密旨，聞於未聞，能斷深疑，成於圓信，法利何盡？功德無邊！

校注

〔一〕見妙法蓮華經卷一方便品。優曇華：一種極稀有的花。慧琳撰一切經音義卷八：「優曇花，梵語古譯訛略也，梵語正云『烏曇跋羅』，此云『祥瑞雲異』，天花也，世間無此花。若如來下生、金輪王出現世間，以大福德力故，感得此花出現。」卷二五：「優曇華，此云『希有花』，亦名『應瑞』也。」梁法雲撰法華經義記卷三：「優曇華，是外國語，此間言『靈瑞華』，唯有轉輪聖王出世有此華，故知此華希有。」

〔二〕見龍樹造、鳩摩羅什譯大智度論卷一八。般若頌，大智度論中稱爲讚般若波羅蜜偈，偈文八十句，這裏所引爲最後八句。

〔三〕窺基撰成唯識論述記卷一：「然造論者名莊嚴經，略有五喻名莊嚴也：一者、如蓮未開，見雖生喜，不如已剖香氣芬馥；二者、如金未用，見雖生喜，不如用之爲莊嚴具；三者、如饍未食，見雖生喜，不如食已知其美味；四者、如慶書未開，見雖生喜，不如披已知其慶事；五者、如珍寶未得，見雖生喜，不如得已攝爲己財。故今造論名莊嚴經。」

如大般若經云：「『復次，憍尸迦，置贍部洲諸有情類，若四大洲諸有情類，若小千界諸有情類，若中千界諸有情類，若大千界諸有情類，若復十方各如殑伽〔一〕沙等世界諸有情類，皆於無上正等菩提得不退轉，同作是言：「我今欣樂速證無上正等菩提，濟拔有情生死衆苦，令得殊勝畢竟安樂。」有善男子、善女人等，爲成彼事，書深般若波羅蜜多，衆寶莊嚴，供養恭敬，尊重讚歎，普施與彼受持、讀誦，令善通利、如理思惟。於意云何？是善男子、善女人等，由此因緣，得福多不？』天帝釋言：『甚多，世尊，甚多，善逝。』爾時，佛告天帝釋言：『若善男子、善女人等，書深般若波羅蜜多，衆寶莊嚴，供養恭敬，尊重讚歎，於彼衆中隨施與一，受持、讀誦，令善通利、如理思惟，以無量門巧妙文義廣爲解釋，分別義趣，令其

解了，教授教誡，令勤修學，是善男子、善女人等，所獲福聚，甚多於前，無量無邊，不可稱數。』」〔二〕

大涅槃經云：「佛言：善男子，除一闡提〔三〕，其餘衆生聞是經已，悉皆能作菩提因緣。法聲光明入毛孔者，必定當得阿耨多羅三藐三菩提〔四〕。何以故？若有人能供養恭敬無量諸佛，方乃得聞大涅槃經。薄福之人，則不得聞。」〔五〕

故知得聞宗鏡所録一心實相常住法門，皆是曩結深因，曾親佛會，甚爲大事，非屬小緣。若未聞熏，曷由值遇？

又，大涅槃經云：「佛告迦葉菩薩：諸善男子、善女人，常當繫心修此二字，佛是常住。迦葉，若有善男子、善女人修此二字，當知是人隨我所行，至我至處。」〔六〕是以信此法人，即凡即聖，修持契會，住佛所住之中；進止威儀，行佛所行之跡。

校注

〔一〕殑伽：即恒河。玄應一切經音義卷八：「强伽，舊名『恒河』是也，亦名『殑伽』，從阿耨大池東面象口出，流入東海，其沙細，與水同流。」經中多用「恒河沙」「恒沙」比喻其數極多。

〔二〕見大般若波羅蜜多經卷五四二。

〔三〕一闡提：斷一切善根、無成佛之性者。大般涅槃經卷五：「無信之人，名一闡提。一闡提者，名不可治。」「一闡提者，斷滅一切諸善根本，心不攀緣一切善法，乃至不生一念之善。」又卷一九：「一闡提者，不信因果，無有慚愧，不信業報，不見現在及未來世，不親善友，不隨諸佛所説教戒。如是之人，名一闡提，諸佛世尊所不能治。」一闡提能否成佛，佛教中有不同的説法。大般涅槃經卷二二：「一闡提者亦不決定，若決定者，是一闡提終不能得阿耨多羅三藐三菩提；以不決定，是故能得。」

〔四〕阿耨多羅三藐三菩提：注維摩詰經卷一：「肇曰：『阿耨多羅』，秦言『無上』；『三藐三菩提』，秦言『正遍知』。道莫之大，無上也；其道真正無法不知，正遍知也。」

〔五〕見大般涅槃經卷九。

〔六〕見大般涅槃經卷三。

釋摩訶衍論云：「第一、顯離疑信入功德門者，謂有衆生聞此摩訶衍之甚深極妙廣大法門已，即其心中亦不疑畏，亦不怯弱，亦不輕賤，亦不誹謗，發決定心，發堅固心，發尊重心，發愛信心。當知是人，真實佛子，不斷法種，不斷僧種，不斷佛種，常恒相續，轉轉增長，盡於未來，亦爲諸佛親所授記，亦爲一切無量菩薩之所護念。故如論云：『若人聞是法已，不生怯弱，當知是人定紹佛種，必爲諸佛之所授記。』〔一〕

「第二、比類對治示勝門者，謂若有人能善攝化三千大千世界中偏滿衆生，皆悉無餘，令行十善；或有衆生於一食頃，於此甚深法觀察思量。若校量此二人功德，彼第一人所得功德甚極微少，譬如芥子碎作百分之量。此第二人所得功德甚極廣大，譬如碎十方世界微塵數量。故如論云：『假使有人能化三千大千世界滿中衆生，令行十善，不如有人於一食頃正思此法，過前功德，不可爲喻。』

「第三、舉受持功讚揚門者，謂若有人受持此論，觀察義理，若一日、若一夜中間，所得功德無量無邊，不可言説，不可思量。若假使十方三世一切諸佛、十方三世一切諸菩薩，以十方世界微塵數舌，各各皆悉於十方世界微塵數之量不可説劫，讚揚其人所有功德，亦不能盡。所以者何？法身真如之功德，等虚空界，無邊際故。何況凡夫、二乘之人，能稱歎之？一日一夜不多，中間受持人尚所得功德不可思議，何況若二日、若三日、若四日，乃至百日中受持讀誦、思惟觀察？不可思議，不可説中不可説。故如論云：『復次，若人受持此論，觀察修行，若一日一夜，所有功德無量無邊，不可得説。假令十方諸佛，各於無量無邊阿僧祇劫歎其功德，亦不能盡。何以故？謂法性功德無有盡故。此人功德，亦復如是，無有邊際。』」〔二〕

校注

〔一〕「論云」，見真諦譯大乘起信論。下二「論云」同。
〔二〕見筏提摩多譯釋摩訶衍論卷一〇。

故知信此心宗，成摩訶衍，同三世諸佛之所證，義理何窮？等十方菩薩之所乘，功德無盡。偶斯玄化，慶幸逾深。順佛旨而報佛恩，無先弘法；闡佛日而開佛眼，只在明心。此宗鏡中，若得一句入神，歷劫爲種，況正言深奥，總一群經？此一乃無量中一，若染此法，即是圓頓之種，可謂甘露入頂，醍醐灌心。耀不二之慧燈，破情根之闇惑；注一味之智水，洗意地之妄塵。能令厚障深遮，若暴風之卷危葉；繁疑積滯，猶赫日之爍輕氷〔一〕。猶如於諸王中，爲金輪之王；於諸照中，爲晨旭之照；於諸寶中，爲摩尼之寶；於諸華中，爲青蓮之華；於諸諦中，爲真空之門；於諸法中，爲涅槃之宅。故金剛三昧經偈云：「一味之法印，一乘之所成。」〔二〕能於一切衆生中，爲首爲師，爲明爲導。如勝天王般若經云：「一切法中，心爲上首。」〔三〕大智度論云：「三世諸佛，皆以諸法實相爲師。」〔四〕祖師云：一切明中，心明爲上〔五〕。法華經偈云：「第一之導師，得是無上法。」〔六〕

校注

〔一〕玄嶷撰甄正論卷上：「若春景之煦薄冰，類秋飆之拂危葉。」

〔二〕見金剛三昧經無相法品第二。

〔三〕見勝天王般若波羅蜜經卷二念處品第四。

〔四〕見龍樹造、鳩摩羅什譯大智度論卷一〇。

〔五〕按，據本書卷九七、景德傳燈録卷二、傳法正宗記卷五等，此「祖師」者爲菩提達磨。參見本書卷九七引。

〔六〕見妙法蓮華經卷一方便品。

又，若未入宗鏡，非唯不得見道，實乃理絶修行，即本立而道生，歸根方究竟。如觀本質，知畫像而非真；若了藏性，見塵境而爲妄。故經偈云：「非不證真如，而能了諸行，猶如幻事等，似有而非真。」〔一〕是以若得本，即得末。故華嚴經中，海會〔二〕菩薩用法界微塵以爲三昧〔三〕。又，出現品云：「此法門名爲如來秘密之處，乃至〔四〕名演説如來根本實性不思議究竟法。」〔五〕故先德云：「剖微塵之經卷，則念念果成；盡衆生之願門，則塵塵行滿。」〔六〕未悟宗鏡，焉信斯文？若暫信之，功力悉等，不易所習，盡具法門，即塞即通，即邪即正。所以昔人云：遇斯教者，應須自慶。其猶溺巨海而遇芳舟，墜長空而乘靈鶴矣〔七〕。

校注

〔一〕「如觀本質」至此，見澄觀述大方廣佛華嚴經隨疏演義鈔卷二五。「故經偈云」，大方廣佛華嚴經隨疏演義鈔作「故經云」。按，此偈出玄奘譯成唯識論卷八：「有頌云：非不見真如，而能了諸行，皆如幻事等，雖有而非真。」

〔二〕澄觀述大方廣佛華嚴經隨疏演義鈔卷一：「海會者，以深廣故，謂普賢等衆，德深齊佛，數廣刹塵，故稱爲海。」

〔三〕實叉難陀譯大方廣佛華嚴經卷七：「爾時，普賢菩薩即從是三昧而起。從此三昧起時，即從一切世界海微塵數三昧海門起，所謂從知三世念念無差别善巧智三昧門起、從知三世一切法界所有微塵三昧門起、從現三世一切佛刹三昧門起、從現一切衆生舍宅三昧門起、從知一切衆生心海三昧門起、從知一切衆生各别名字三昧門起、從知十方法界處所各差别三昧門起、從知一切微塵中各有無邊廣大佛身雲三昧門起、從演説一切法理趣海三昧門起。」

〔四〕乃至：表示引文中間有删略。

〔五〕實叉難陀譯大方廣佛華嚴經卷五二：「此法門名爲如來祕密之處，名一切世間所不能知，名入如來印，名開大智門，名示現如來種性，名成就一切菩薩，名一切世間所不能壞，名一向隨順如來境界，名能浄一切諸衆生界，名演説如來根本實性不思議究竟法。」

〔六〕見澄觀撰大方廣佛華嚴經疏序。

〔七〕澄觀述大方廣佛華嚴經隨疏演義鈔卷二：「『況逢聖主，得在靈山，竭思幽宗，豈無慶躍』者，第二對今自慶，此慶有三：一、慶時，二、慶處，三、慶所修。初即『況逢聖主』，謂明時難遇，今值聖明天子，敷陳五教，高闡一乘，列刹相望，鍾梵交響，故得閑居學肆，探賾玄門，斯一幸也。二、『得在靈山』者，慶處也。清涼靈山，三千之最。文殊大聖，諸佛祖師。金色雖在東方，住處即爲金色。大聖雖周法界，攝機長在此山。感應普周，若百川影落；清涼長在，猶素月澄空。萬聖幽贊於五峰，百祇傳慶於千古。況大乎靈鷲，標乎聖寺之名；一介微僧，得在居人之數。此之慶幸，爰媿多生，斯再幸也。三、『竭思幽宗』者，慶所修也。大方廣佛華嚴經，即毗盧遮那之淵府，普賢菩薩之心髓，一切諸佛之所證，一切菩薩之所持，包性相之無遺，圓理智而特出。不入餘人之手，何幸捧而持之！積行菩薩猶迷，何幸探乎幽邃！亡軀得其死，所竭思有其所歸，幸之三也。豈無慶躍？結上三也，其猶溺巨海而遇芳舟，墜長空而乘靈鶴。慶躍之至，手舞何階？是故感之慶之，唯聖賢之知我也。」

問：凡申弘教，開示化人，應須自行功圓，歷位親證，方酬本願。開方便門，則所利非虛，不違正教。今之所録，有何證明？

答：此但唯集祖佛菩薩言教，故稱曰録。設有問答解釋，皆依古德大意，傍讚勸修，述成至教，豈敢輒稱開示，妄有指陳？

且夫祖佛正宗，則真唯識性〔一〕，纔有信處，皆可爲人。若論修證之門，諸方皆云：「功未齊於諸聖。」且教中所許，初心菩薩皆可比知，亦許約教而會，先以聞解信入，後以無思契同。若入信門，便登祖位。今集此宗鏡，證驗無邊，應念皆通，寓目咸是。今且現約世間之事，於衆生界中，第一比知，第二現知，第三約教而知。

第一、比知者，且如即今有漏之身，夜皆有夢，夢中所見好惡境界，憂喜宛然，覺來牀上安眠，何曾是實？並是夢中意識〔二〕思想所爲，則可比知覺時所見之事，皆如夢中無實。夫過去、未來、現在三世境界，元是第八阿賴耶識親相分，唯本識所變。若現在之境，是明了意識〔三〕分別。若過去、未來之境，是獨散暗意識〔四〕思惟。夢、覺之境雖殊，俱不出於意識，則唯心之旨，比況昭然。

校注

〔一〕真唯識性：伏除能取、所取的分别，引發對唯識的真見。窺基大乘法苑義林章卷一唯識義林：「梵云『毗若底』，此翻爲『識』，識者，了别義。識自相，識相應，識所變，識分位，識實性，五法事理，皆不離識，故名『唯識』。（中略）梵云『摩呾剌多』，此翻爲『唯』，『唯』有三義：一、簡持義。（中略）二、決定義。（中略）三、顯勝義。」後唐景霄纂四分律行事鈔簡正記卷一七：「深觀唯識者，能觀是慧，唯識之體是定也。大菩薩即登地已上，與真如合時，得無分别智，即真唯識性，故曰深觀唯識。」

〔二〕夢中意識：又稱夢中獨頭意識，是於睡夢中朦朧現起種種境界的意識。

〔三〕明了意識：謂意識依五根，與五識（眼、耳、鼻、舌、身識）同緣五塵（色、聲、香、味、觸），明了取境，好惡、長短悉皆現前，是名明了意識。

〔四〕獨散暗意識：指散位獨頭意識，又稱獨散意識，是不緣前五識而單獨現起的意識，散亂遍計諸法，或緣空華、水月等諸色相，或緣過去、現在、未來一切諸法，不是禪定中發生的意識，也不是睡夢中朦朧現起的意識，故稱散位獨頭意識。

第二、現知者，即是對事分明，不待立況。且如現見青白物時，物本自虚，不言我青、我白，皆是眼識見分自性任運分别，與同時明了意識計度分别爲青、爲白。以意辯爲色，以言説爲青，皆是意、言自妄安置。且如六塵鈍故，體不自立，名不自呼。一色既然，萬法咸爾，皆無自性，悉是意言，故云「萬法本閑而人自鬧」〔一〕。是以若有心起時，萬境皆有；若空心起處，萬境皆空。則空不自空，因心故空；有不自有，因心故有。既非空非有，則唯識唯心。若無於心，萬法安寄？又如過去之境，何曾是有？隨念起處，忽然現前。若想不生，境終不現。此皆是衆生日用，可以現知，不待功成，豈假修得？凡有心者，並可證知。故先德云：如大根人知唯識者，恒觀自心意、言爲境。此初觀時，雖未成聖，分知意、言，則是菩薩〔二〕。

校　注

〔一〕按，此説多見，據祖庭事苑卷一雪竇後録：「『青蘿夤緣』，語出忠國師碑，乃草堂沙門飛錫撰。其間數語，叢林率多舉唱。如：青蘿夤緣，直上寒松之頂；（中略）萬法本閑而人自鬧。」忠國師，釋慧忠，傳見宋高僧傳卷九唐均州武當山慧忠傳。飛錫，傳見宋高僧傳卷三唐大聖千福寺飛錫傳。

〔二〕按，此説亦見本書卷八六，「先德」者，不詳。

第三、約教而知者。經云：「三界唯心，萬法唯識。」此是所證本理，能詮正宗，廣在下文，誠證非一。如成實論云：佛説内外中間之言，遂即入定。時有五百羅漢，各釋此言。佛出定後，同問世尊：「誰當佛意？」佛言：「並非我意。」又白佛言：「既不當佛意，將無得罪？」佛言：「雖非我意，各順正理，堪爲聖教，有福無罪。」且如説小乘，自證法門，尚順正理，何況純引一乘，唯談佛旨乎？」〔一〕

校　注

〔一〕按，成實論中未見此説。「如成實論云」至此，見法藏述華嚴經探玄記卷一。華嚴經探玄記云「依成實論」，顯非直引，此據之轉引而徑云「如成實論云」者，誤。

六行法〔二〕云：諸大智人欲學道者，莫問大小，皆依理教〔二〕。若見權教〔三〕，雖是佛説，知非實語，即不依從。若見凡人説有理者，雖非佛語，亦即依行。以有智人學佛法者，善解如來教有權實，依佛實教宣説道理，則過凡愚謬執權者。是以智人若有所説，人雖是凡，法則同佛。如瓶傳水，寫置餘瓶，瓶雖有異，所寫水一。是故凡夫結雖未盡，不妨有解，能説實義，但使解理，心數思量，此初觀理，則異餘凡。謂思人空，則是二乘；若觀法空，則是菩薩。故攝論云：「初修觀則是凡夫菩薩。」〔四〕以此文證，初學觀者雖未斷結，即是菩薩，以能解理同大聖故，說則合理，一一可依。

寶篋經云：「猶如迦陵頻伽〔五〕鳥王卵中鳥子，其觜未現，便出迦陵頻伽妙聲。佛法卵中諸菩薩等，未壞我見，未出三界，然能演出佛法妙音，謂空、無相、無作行音。迦陵頻伽至孔雀群，終不鳴呼，還至迦陵頻伽鳥中，乃須鳴呼。菩薩若至一切聲聞、緣覺衆中，終不演說不可思議諸佛之法，至菩薩衆，爾乃演說。」〔六〕以此文證，凡夫地中，過雖未盡，不妨深解，說有理者，皆可信受。但諸凡夫說有理者，皆是宿習，非今始學。若非宿習，今學至老，唯謂他語，自仍迷理。以迷理故，雖得多言，未解權實，說則乖理。若解理者，不揀尊幼，但求道不求事，依法不依人。

如阿濕婆恃〔七〕因舍利弗見之求法，即偈答言：「我年既幼稚，學日又初淺，豈能宣至真，廣說如來義？」舍利弗言：「可略說其要。」便說偈言：「諸法因緣生，是法說因緣，是法因緣盡，大師如是說。」舍利弗一聞，即獲初果。轉教目連，再說得道〔八〕。以此證知，智人求法，唯重他德，不恥下就。不同凡愚我慢自高，雖知他勝，恥不肯學。凡夫無始不能入道，多皆由此不能求法。

校注

〔一〕六行法：當即釋道正撰之凡聖六行法。道宣撰大唐内典録卷五著録凡聖六行法六部，分別爲二十卷、十卷、七卷、五卷、三卷、一卷,「滄州逸沙門釋道正所撰。正頭陀爲業,不隸名貫,悼時俗聲説,故撰茲行門。廣採群典,布列名目」。又據卷一〇,分爲凡聖六行一部二十卷、六行法一部十卷、六行門一部七卷、六行要一部五卷、六行略一部三卷、六行録一部一卷。分爲六部者,當是詳略不同耳。續高僧傳卷一六隋滄州蘭若沙門釋道正傳:「綜述憲法,流之於世,名爲六行凡聖修法也。包舉一化,融接萬衢。初曰凡夫罪行,二曰凡夫福行,三小乘人行,四小菩薩行,五大菩薩行,六佛果證行,都合六部,極略一卷,廣二十卷。前半序分,後半行體,言非文質,字爽詞費。開皇七年,賫來謁帝。(中略)時座中有僧曰:『帝京無人,豈使海隅傳法?』正聞,對曰:『本意伸明邪正,不欲簡定中邊。夫道在通方,固須略於祖述。』衆無以抗也。而其著詞言行,衆又不願遵之,於是僧徒無爲而散。正知澆季之難化也,遂以行法並留京輦方禪師處,即返東川,不悉終所。」六行法後亦亡佚。

〔二〕智顗説妙法蓮華經文句卷三下:「理教者,總前理事,皆名爲理,例如真俗,俱稱爲諦,諸佛體之而得成聖。聖者,正實也。欲以己法下被衆生,因理而設教。教即權也,非教無以顯理,顯理由教,是故如來稱歎方便。」湛然述法華玄義釋籤卷一五:「理教者,真俗是理,説此真俗,名之爲教。」

〔三〕權教:天台宗立藏、通、別、圓四教中,藏、通、別三教是爲實教權設而還廢者,故稱權教。實教即圓教,爲如來出世元意真實之教法。智顗説、灌頂記摩訶止觀卷三下:「權是權謀,暫用還廢。實是實録,究竟旨歸。立權略爲三意,一、爲實施權,二、開權顯實,三、廢權顯實,如法華中蓮華三譬。諸佛即一大事出世,元爲圓頓一實止觀而施三權止觀也。權非本意,意亦不在權外,衹開三權止觀而顯圓頓一實止觀也。」

〔四〕見世親釋、真諦譯攝大乘論釋卷三出世間浄章第五：「菩薩有二種：一、在凡位，二、在聖位。從初發心訖十信以還，並是凡位。從十解以上，悉屬聖位。初修觀者，即是凡夫菩薩。」十解，即十住，是菩薩修行五十二階位中的第十一至二十位，具體爲發心住、治地住、修行住、生貴住、方便具足住、正心住、不退住、童真住、法王子住和灌頂住。

〔五〕迦陵頻伽：妙音鳥。智圓阿彌陀經疏：「迦陵頻伽，此云『妙聲』，在㲉中其音已超衆鳥故。」

〔六〕見大方廣寶篋經卷上。

〔七〕阿濕婆恃：或作「阿説示」，意譯「馬勝」，佛陀成道後最先説法度化的五比丘之一。

〔八〕按，上舍利弗事參見大智度論卷一一、撰集百緣經卷一〇長爪梵志緣。

故諸愚人迷實教者，未能自悟，唯應訪德。以迷理者雖有世智，若無勝友，常迷道故。如勝天王般若經云：「如生盲〔一〕人，不能見色。如是煩惱，盲諸衆生，不能見法。如人有眼，無外光明，不能見色。行人如是，雖有智慧，無善知識，不能見法。」〔二〕以此證知，人雖有智，未能自悟，要須良友。故付法藏經云：「善知識者，即是得道全分因緣。」〔三〕佛自勸人逐善知識，不合守愚，一生虚過。是故諸佛有遺旨，但令依法不依人，依義不依語〔四〕。菩薩尚變身作畜生，爲人説法〔五〕，顯此奇異，令聞者信受，皆令悟道，入平等法，豈令心生高下耶？

故華嚴演義難云：「此旨微密，極位方知。何以凡情輒窺大教？釋云：依憑教理，聖教許故。涅槃經云：具縛凡夫，能知如來秘密之藏〔六〕。毗盧遮那品頌云：『如因日光照，還見於日輪，以佛智慧光，見佛所行道。』〔七〕即因佛教能了教也。」〔八〕

校注

〔一〕生盲：指出生即是盲者。

〔二〕見勝天王般若波羅蜜經卷六陀羅尼品第十二。

〔三〕見付法藏因緣傳卷六。

〔四〕龍樹造、鳩摩羅什譯大智度論卷九：「如佛欲入涅槃時，語諸比丘：『從今日應依法不依人，應依義不依語，應依智不依識，應依了義經不依未了義。』」

〔五〕龍樹造、鳩摩羅什譯大智度論卷一二：「譬如釋迦文佛曾爲六牙白象，獵者伺便，以毒箭射之。諸象競至，欲來蹈殺獵者。白象以身捍之，擁護其人，愍之如子，諭遣群象。徐問獵人：『何故射我？』答曰：『我須汝牙。』即時以六牙内石孔中，血肉俱出，以鼻舉牙，授與獵者。雖曰象身，用心如是，當知此象非畜生行報。阿羅漢法中，都無此心，當知此爲法身菩薩。有時閻浮提人不知禮敬，耆舊有德以言化之，未可得度。是時，菩薩自變其身，作迦頻闍羅鳥。是鳥有二親友：一者大象，二者獼猴，共在必鉢羅樹下住。自相問言：『我等不知誰應爲長？』象言：『我昔見此樹在我腹下，今大如是。以此推之，我應爲長。』獼猴言：『我曾蹲地，手挽樹頭。以是推之，我應爲長。』鳥言：『我於必鉢羅林中，食此樹果，子隨糞出，此樹得生。以是推之，我應最長。』鳥復説言：『先生宿舊，禮應供養。』即時大象背負獼猴，鳥在猴上，周遊而行。一切禽獸見而問之：『何以如此？』答曰：『以此恭敬供養長老。』禽獸受化，皆行禮敬，不侵民田，不害物命。衆人疑怪，一切禽獸不復爲害。獵者入林，見象負獼猴，獼猴戴鳥，行敬化物，物皆修善。傳告國人，人各慶曰：『時將太平，鳥獸而仁。』人亦效之，皆行禮敬。自古及今，化流萬世。當知是爲法身菩薩。」

〔六〕大般涅槃經卷七：「若有修習如來密藏，無我、空寂，如是之人於無量世，在生死中流轉受苦。若有不作如是修者，雖有煩惱，疾能滅除。何以故？因知如來祕密藏故。」

〔七〕見實叉難陀譯大方廣佛華嚴經卷一一。

〔八〕見澄觀述大方廣佛華嚴經隨疏演義鈔卷六。華嚴演義者，大方廣佛華嚴經隨疏演義鈔之略稱。

今宗鏡中始終引佛智慧之教光，顯佛所行之道跡。若深信者，則是以衆生之心光，見衆生之行跡。若難云「凡夫不合知」者，斯乃邪見不信人耳。故大集經云：「若有人言我異、佛異，當知是人即魔弟子。」〔一〕又云：了了見者，知一切法無二相也〔二〕。又云：「觀諸法等，名之爲佛。」〔三〕所以學人問忠國師〔四〕云：「如來説般若，即非般若，是名般若。既盡是非，云何是般若？」答：「能見非名者是般若。」問：「佛亦如是説？」答：「古今不異，得則千佛等心，萬聖同轍。」

校注

〔一〕見大方等大集經卷一三。

〔二〕大方等大集經卷九：「一切諸法悉不可見，夫了了者即是佛法，無有二相。」

〔三〕見大方等大集經卷一三。

〔四〕忠國師：釋慧忠，俗姓冉，越州諸暨人。傳見宋高僧傳卷九唐均州武當山慧忠傳。

問：諸佛方便教門，皆依衆生根起。根性不等，法乃塵沙。三十七品〔一〕助道之門，五十二位〔二〕修行之路，云何唯立一心以爲宗鏡？

答：此一心法，理事圓備，是大悲父、般若母、法寶藏、萬行原。以一切法界十方諸佛、諸大菩薩、緣覺、聲聞、一切衆生，皆同此心。諸佛已覺，衆生不知。今爲未知者方便直指，以本具故不虚，以應得故非謬。故華嚴經頌云：「譬如世間人，聞有寶藏處，以其可得故，心生大歡喜。」〔三〕「寶藏處」者，即衆生心。纔入信門，自然顯現。方悟從來具足，豈假功成？始知本性無差，非因行得。可謂最靈之物、至道之原、絶妙之門、精實之義，爲凡聖根本，作迷悟元由，如萬物得地而發生，萬行證理而成就。諸門競入，衆德攸歸。作千聖趣道之基，爲諸佛出世之眼。是以若了自心，頓成佛慧。可謂會百川爲一濕，摶衆塵爲一丸，融

鐶釧爲一金，變酥酪爲一味。如華嚴經頌云：「不能了自心，焉能知佛慧？」〔四〕

校注

〔一〕三十七品：達到涅槃境界的三十七種修行方式，包括四念處（觀身不浄、觀受是苦、觀心無常、觀法無我）、四正勤（已生惡令永斷、未生惡令不生、已生善令增長、未生善令得生）、四如意足（欲如意足、念如意足、精進如意足、思惟如意足）、五根（信根、進根、念根、定根、慧根）、五力（信力、進力、念力、定力、慧力）、七覺分（擇法覺分、精進覺分、喜覺分、除覺分、捨覺分、定覺分、念覺分）、八正道（正見、正思惟、正語、正業、正命、正精進、正念、正定），總爲三十七品。

〔二〕五十二位：菩薩從初發心至成佛需經歷的五十二階位，包括十信、十住、十行、十回向、十地、等覺和妙覺。

〔三〕見實叉難陀譯大方廣佛華嚴經卷四四。

〔四〕實叉難陀譯大方廣佛華嚴經卷一六：「不能了自心，云何知正道？」

阿差末經云：「但正自心，不尚餘學〔一〕。禪要經云：「内照開解，即大乘門。」〔二〕見自心性，謂之曰照；衆聖所遊，謂之曰門。入楞伽經偈云：「心具於法藏，離無我見垢。世尊説諸行，内心所知法。」〔三〕月燈三昧經偈云：「若有受持是一法，能順菩薩正修行。因此一法功德故，速得成於無上道。」〔四〕勝鬘經云：「世尊，我見攝受正法有斯大力，如來以此爲眼，爲法根本，爲引導法，爲通達法。」〔五〕釋曰：所言正法者，即第一義心也。心外妄計，理外別求，皆墮邊邪，迷於正見。所以得爲如來正眼，攝盡十方之際，照窮法界之邊，總歸一心，是名攝受正法。

校注

〔一〕阿差末菩薩經卷二：「常正其心，不事餘學。恒懷悦心，在於佛道。」

〔二〕按，禪要經有三，一爲禪要呵欲經一卷，内題禪要經呵欲品，後漢失譯；一爲禪法要解二卷（一名禪要經），鳩摩羅什譯；一爲禪門經。前兩者皆見大正藏第一五册收，均無此説。後禪門經，開元釋教録卷一八別録中僞妄亂真録第七著録，爲「義理乖背」之僞經。故諸大藏經中未見收録，幸賴敦煌遺書，得以重見天日。敦煌遺書中，此經見北敦露〇九五（八二二四）（首殘），尾題佛説禪門經一卷，題記「沙門慧光聊述意懷，題之於後」；鳥〇三三（八二二五）（首尾皆殘）；伯四六四六、斯五五三二寫卷，皆首尾完備，卷首有慧光序。此經首尾皆題禪門經，然卷首慧光序和經中都稱爲禪要經。經文主要爲佛陀入滅之際，應棄諸蓋菩薩問而教示修觀祕要，以解脱生死苦縛。此處所引，即見此禪門經。

〔三〕見入楞伽經卷一請佛品第一。

〔四〕見月燈三昧經卷一。

〔五〕見勝鬘師子吼一乘大方便方廣經攝受章第四。

起信論云:「復次,真如自體相者,一切凡夫、聲聞、緣覺、菩薩、諸佛,無有增減,非前際生,非後際滅,常恒究竟,從無始來,本性具足一切功德,謂大智慧光明義,徧照法界義,如實了知義,本性清淨心義,常樂我淨義,寂靜不變自在義。如是等過恒沙數非同、非異、不思議佛法,無有斷絶。依此義故,名如來藏,亦名法身。問:『上説真如離一切相,云何今説具足一切功德相?』答:『雖實具有一〔一〕切功德,然無差别相。彼一切法,皆同一味一〔二〕真。離分别相,無二性故。以依業識等生滅相,而立彼一切差别之相。此云何立?以一切法本來唯心,實無分别。以不覺故,分别心起,見有境界,名爲無明。心性本淨,無明不起,即於真如立大智慧光明義。若心生見境,則有不見之相。心性無見,則無不見,即於真如立徧照法界義。若心有動,則非真了知,非本性清淨,非常樂我淨,非寂静,是變異不自在,由是具起過於恒沙虚妄雜染。以心性無動故,即立真實了知義,乃至過於恒沙清淨功德相義。若心有起,見有餘境可分别求,則於内法有所不足。以無邊功德,即一心自性,不見有餘法而可更求。是故滿足過於恒沙非一、非異、不可思議諸佛之法,無有斷絶。故説真如名如來藏,亦復名爲如來法身。』」〔三〕

校注

〔一〕「一」,原闕,據諸校本補。

〔二〕「一」，原闕，據諸校本補。
〔三〕見實叉難陀譯大乘起信論卷上。

然此一心，非同凡夫妄認緣慮能推之心，決定執在色身之内。今徧十方世界，皆是妙明真心。如入法界品云，華藏世界海中，無問若山、若河、大地、虚空、草木、叢林、塵毛等處，無不咸稱真法界，具無邊德〔一〕。故先德云：「元亨利貞，乾之德也，始於一氣；常樂我淨，佛之德也，本乎一心。專一氣而致柔，修一心而成道。心也者，沖虚粹妙〔二〕，炳焕靈明，無去無來，冥通三際〔三〕，非中非外，朗徹十方。不滅不生，豈四山之可害？離性離相，奚五色之能盲？處生死流，驪珠獨耀於滄海；踞涅槃岸，桂輪孤朗於碧天。大矣哉，萬法資始也！萬法虚僞，緣會而生。生法本無，一切唯識。識如幻夢，但是一心。心寂而知，目之圓覺。彌滿清淨，中不容他。故德用無邊，皆同一性。性起爲相，境智歷然；相得性融，身心廓爾。方之海印，越彼太虚，恢恢焉，晃晃焉，迥出思議之表也。」〔四〕

校注

〔一〕按，入法界品，佛陀跋陀羅譯大方廣佛華嚴經見卷四四至卷六〇，實叉難陀譯本見卷六〇至卷八〇。此處所言非經文，而是對經意的概括。法藏述修華嚴奥旨妄盡還源觀：「經云：如此華藏世界海中，無問若山、若河，乃至樹林、塵毛等處，一一無不皆是稱真如法界，具無邊德。」

〔二〕「粹妙」，磧砂藏、嘉興藏本及大方廣圓覺修多羅了義經序作「妙粹」。
〔三〕三際：即三世，過去（前際）、現在（中際）和未來（後際）。
〔四〕見唐宗密大方廣圓覺修多羅了義經序。

又，先德云：如來藏者，即一心之異名〔一〕。何謂一心？謂真妄、染淨一切諸法無二之性，故名爲「一」；此無二處，諸法中實，不同虚空，性自神解，故名爲「心」。是以若於外別求、從他妄學者，猶如鑽冰覓火，壓沙出油〔二〕。以冰砂非油火之正因，欲求濟用，徒勞功力。又，若但修漸行，空住權乘，則似畫無膠〔三〕，如坏〔四〕未鍛，以坏畫非堅牢之器，欲求究竟，無有是處。

校注

〔一〕入楞伽經卷一請佛品第一：「寂滅者名爲一心，一心者名爲如來藏。」
〔二〕大般涅槃經卷二五：「如鑽濕木，火不可得。（中略）譬如壓沙，油不可得。」正法念處經卷三八：「猶如鑽冰者，火則不可得。」
〔三〕佛説護國尊者所問大乘經卷二：「譬如畫無膠，莊嚴色不久。」
〔四〕坏：即「坯」的本字。説文土部：「坏，（中略）一曰瓦未燒。從土，不聲。」詳參張涌泉先生漢語俗字研究附録一字海雜俎説坏。智顗説、灌頂録金光明經文句卷三釋懺悔品：「若無願，如牛無御，不能有所至。如畫無膠，如坏未火，如水中月。」

若能諦了自心、不妄外求者，如從木出火，從麻出油，不壞正因，速得成辦。又如畫得膠，如坏經火，堪成器用，事不唐捐，凡有施爲，悉皆究竟。若未信入，取捨萬端，隨境生迷，爲法所害。不觀空以遣累，但取空而廢善；不達有以興慈，但著有而起罪。皆爲不了空有一心，致茲得失。若入宗鏡，纔發心時，非唯行成，理即頓具，便同古佛，一際無差。如大涅槃經云：「拘尸那城有旃陁羅〔一〕，名曰歡喜。佛記是人由一發心，當於此界千佛數中，速成無上正真之道。」〔二〕

校注

〔一〕旃陁羅：屠夫、獄卒、劊子手等以屠殺爲業者。玄應一切經音譯卷三：「旃陁羅，或云『旃荼羅』，此云『嚴熾』，謂屠煞者種類之名也。一云『主煞人』，獄卒也。案，西域記云：其人若行，則摇鈴自標，或拄破頭之竹，若不然，王即與其罪也。」

〔二〕見大般涅槃經卷一〇，南本見卷九。

法華玄義云：「心法者，前所明法，豈得異心？但衆生法太廣，佛法太高，於初學爲難。然心、佛及衆生，是三無別者，但自觀己心則爲易。涅槃經云：一切衆生，具足三定。上定者，謂佛性也〔一〕。能觀心性，名爲上定。上能兼下，即攝得衆生法也。華嚴經云：遊心法界如虚空，則知諸佛之境界〔二〕。法界即中也，虚空即空也，心佛即假也，三種即佛境界也。是爲觀心，仍具佛法。又，遊心法界者，觀根塵相對，一念心起，於十界〔三〕中必屬一界。若屬一界，即具百界千法，於一念中，悉皆備足。此心幻師，於一日夜，常造種種衆生、種種五陰〔四〕、種種國土，所謂地獄界假實國土，乃至佛界假實國土，行人當自選擇何道可從。又如虚空者，觀心自生，心不須藉緣有心〔五〕，心無生力。心無生力，緣亦無生。心緣各無，合云何有？合尚叵得，離則不生。尚無一生，況有百界千法耶？以心空故，從心所生一切皆空，此空亦空。若空非空，點空設假，假亦非假，無假無空，畢竟清淨。」〔六〕

豈止三觀萬行，乃至十方虚空，尚從心變，豈況空中所生物像！如首楞嚴經頌云：「空生大覺中，如海一漚發。」〔七〕所以華嚴疏云：空、有二法，俱稱真之理〔八〕。則有與空，皆性空也。鈔釋云：「『空、有稱真之理』者，此空是外空。若以理空對外空，外空離法，是斷滅空；理空即事〔九〕，名爲真空。若以外空亦心現，亦由對色、滅色方顯，則此斷空從緣無性，即性空也。故十八空中明大空〔一〇〕者，謂十方空，即十方虚空，亦是性空矣。」〔一一〕所以千聖付囑，難遇機緣，若對上根，豁然可驗。如寒山子詩云：「自古多少聖，語路苦叮嚀〔一二〕。人根性不等，高下有利鈍。真佛不肯信〔一三〕，置功枉受困。不如心浄明〔一四〕，便是心〔一五〕王印。」〔一六〕

校注

〔一〕大般涅槃經卷二七：「一切衆生具足三定，謂上、中、下。上者，謂佛性也。以是故言，一切衆生悉有佛性。中者，一切衆生具足初禪。有因緣時，則能修習。若無因緣，則不能修。（中略）下定者，十大地中心數定也。」

〔二〕佛陀跋陀羅譯大方廣佛華嚴經卷三：「遊心法界如虚空，是人乃知佛境界。」

〔三〕十界：地獄界、餓鬼界、畜生界、修羅界、人間界、天上界、聲聞界、緣覺界、菩薩界、佛界。前六是六道輪回的世界，亦即凡夫之迷界；後四乃聖者之悟界。

〔四〕五陰：佛教稱構成衆生的五種要素，即色陰、受陰、想陰、行陰、識陰。又稱五藴、五聚等。智顗説、灌頂記摩訶止觀卷五上：「陰者，陰蓋善法，此就因得名。又，陰是積聚，生死重沓，此就果得名。」

〔五〕「心不須藉緣有心」，妙法蓮華經玄義卷二作「心不須藉緣，藉緣有心」。

〔六〕見智顗説妙法蓮華經玄義卷二上。

〔七〕見大佛頂如來密因修證了義諸菩薩萬行首楞嚴經卷六。

〔八〕澄觀撰大方廣佛華嚴經疏卷六：「法界、虚空界，即用所遍處。空即事空；法界之言，義兼事、理，謂非但遍空，亦遍空内色、心等事及空、有稱真之理。又，但言空則一重遍，今云法界則重重皆遍。何者？謂空界容一一塵處及彼事物一一塵中，皆稱真故，各有無邊刹海，佛身大用皆悉充滿故。」

〔九〕「事」，原無，據大方廣佛華嚴經隨疏演義鈔補。

〔一〇〕「空」，原無，據大方廣佛華嚴經隨疏演義鈔補。

〔一一〕見澄觀述大方廣佛華嚴經隨疏演義鈔卷二〇。十八空者，内空、外空、内外空、空空、大空、第一義空、有爲空、無爲空、畢竟空、無始空、散空、性空、自相空、諸法空、不可得空、無法空、有法空、無法有法空。大空者，謂十方世界是四大造色，假名日出處爲東方，日没處爲西方，如是方相，以世俗故有。若第一義中，則一法不可得，是名大空。性空謂一切諸法自性本空，皆從因緣和合而生。若不和合，則無是法。如是諸法，性不可得，是名性空。詳見大智度論卷三一。

〔一二〕「語路苦叮嚀」，寒山子詩集作「叮嚀教自信」。

〔一三〕「信」，寒山子詩集作「認」。

〔一四〕「不如心净明」，寒山子詩集作「不知清净心」。

〔一五〕「心」，寒山子詩集作「法」。法王，佛的尊稱。無量壽經卷下：「佛爲法王，尊超衆聖，普爲一切天人之師，隨心所願，皆令得道。」法王印，即諸佛遞相印可的佛法真諦。龍樹造、鳩摩羅什譯大智度論卷二二：「得佛法印故，通達無礙，如得王印，則無所留難。」

〔一六〕按，此詩項楚先生寒山詩注編號爲二一七。

先德云：欲知法要，心是十二部經〔一〕之根本，入道要門。此心門者，三世之佛祖〔二〕。

「唯此一事實，餘二即非真。」「唯有一乘法，無二亦無三。」〔三〕一乘法者，一心是。但守一心，即心真如門，一切諸法，無有欠少。一切法行，不出自心，唯心自知，更無別心。心無形色，無根無住，無生無滅，亦無覺觀〔四〕可行。若有可觀行者，即是受想行識，非是本心，皆是有爲功用。諸祖只是以心傳心，達者印可，更無別法〔五〕。

校注

〔一〕十二部經：即一切佛教經典。佛典依文體與内容分爲十二種：修多羅（契經）、祇夜（重頌、應頌）、記別（授記）、偈頌、自説、因緣、譬喻、本事、本生、方廣、未曾有法、論議。

〔二〕唐弘忍述修心要論：「欲知法要，守心第一。此守心者，乃是涅槃之根本，入道之要門，十二部經之宗，三世諸佛之祖。」按，修心要論，或名最上乘論等，爲弘忍弟子所集録。此處所引，據鈴木大拙等校刊敦煌遺書本。又，楞伽師資記云：「其忍大師蕭然凈坐，不出文記，口説玄理，默授與人。在人間有禪法一本，云是忍禪師説者，謬言也。」印順據此説：「凈覺（是弘忍再傳）不承認忍禪師説，也許就是這部論。」（中國禪宗史，第七十二頁）「從『忍師弟子取所聞傳』而論，傳爲慧可所説的，倒可能是弘忍所説；再由弘忍後人擴充改編而成。」（中國禪宗史，第七十四頁）

〔三〕見妙法蓮華經卷一方便品。

〔四〕覺：對事、理的粗略思考。觀：對事、理的細心思考。覺、觀者，皆能擾亂定心。龍樹造、鳩摩羅什譯大智度論卷二三：「是覺觀撓亂三昧，以是故説，是二事雖善，而是三昧賊，難可捨離。（中略）麁心相名『覺』，細心相名『觀』。初緣中心發相名『覺』，後分別籌量好醜名『觀』。」

〔五〕按，據本書卷九七引，「先德云」至此，爲第五祖弘忍大師云，此處較詳。此或出當時流傳的不同於敦煌本的修心要論。

如華嚴經中，文殊童子化五百童子發菩提心，唯一人善財童子達本心原，遊一百一十城，問菩提萬行，所學三昧門，皆如幻化而無實體〔一〕。故知從心所生，皆同幻化，但直了真心，自然真實。如唯識樞要云：「依境、教、理、行、果，五唯識中，此論有義但明境唯識，捨離心外取境，一切境不離心故；有義但説教唯識，成論本教，釋彼説故；有義但取理唯識，成立本教所説之理，分別唯識性相故；有義但取行唯識，明五位修唯識行故；有義但取果唯識，求大果故，安樂解脱身、大牟尼名法故。乃至〔二〕今釋彼説，唯取教理。説依教理成彼性相，性相即攝一切盡故，一切皆取，於理爲勝。」〔三〕是知唯識之理，成佛正宗，但以理該羅，無法不是，故云「萬法唯識」。

校注

〔一〕參見實叉難陀譯大方廣佛華嚴經卷六二。

〔二〕乃至：表示引文中間有删略。

〔三〕見窺基撰成唯識論掌中樞要卷上。

述宗鏡之正意，窮祖佛之本懷，唯以一法逗一機，更無别旨。故法華經云：「十方佛土中，唯有一乘法。」〔一〕大涅槃經云：「師子吼者，是決定説。一切衆生，悉有佛性。」〔二〕又云：「衆生亦尔，悉皆有心。凡有心者，悉皆當得阿耨多羅三藐三菩提。」〔三〕

校注

〔一〕見妙法蓮華經卷一方便品。

〔二〕見大般涅槃經卷二七，南本見卷二五。師子吼，佛以無畏音説法，如獅子咆吼。決定説，謂依究理説究竟教，能上弘大道，下利群生，邪無不摧，正無不顯。

〔三〕見大般涅槃經卷二七，南本見卷二五。

問：「『三界唯心、萬法唯識』者，此該萬法，應别立真如爲宗？」

答：真如是識性，識既該萬法，即是有爲、無爲諸法平等之性。故經云：未曾有一法而出於法性〔一〕。司馬彪云：「性者，人之本也。」〔二〕蔡邕云：「性者，心之本也。」〔三〕故古師云：唯識論是十支中高建法幢支〔四〕。何法而不收？何宗而不立？「唯」以簡爲義，「識」以了爲義。離識之外，無别唯體。即識有遮心外之用，故名爲唯。唯之名獨，性相俱收。真如是識性，依他相分色等是識相，心所以識爲主，皆不離識故，總名唯識。

校注

〔一〕法性：諸法的真實本性，義同真如、實相等。按，此説延壽心賦注卷一引，云「般若經云」。摩訶般若波羅蜜經卷一習應品：「菩薩摩訶薩行般若波羅蜜時，不見有法出法性者。」或即其所本。又維摩詰所説經卷上弟子品：「心亦不在内、不在外、不在中間，如其心然，罪垢亦然，諸法亦然，不出於如。」「諸法亦然，不出於如」，亦即「未曾有一法而出於法性」。

〔二〕司馬彪莊子注：「性，人之本體也。」見郭慶藩莊子集釋第三一二頁引。

〔三〕唐元康肇論疏卷中引，云「蔡邕勸學云」。蔡邕勸學，一卷，隋書經籍志經部小學類著録，已佚。清人有輯本。

〔四〕十支：敘述支分義理的十部書。法相宗有所謂「一本十支」之説，以瑜伽師地論爲本論，故稱「一本」，以其他十種釋論爲支論，故稱「十支」。惠沼成唯識論了義燈卷一：「詮教不同，略有十支。支謂支分，並是瑜伽所有支分。言十支者，一、百法論（原注：名略陳名數論）。二、五藴論（原注：名粗釋體義論，又名依名釋義論）。此上二論，天親菩薩之所作也。三、顯揚論（原注：名總苞衆義論）。此論無著菩薩造。四、攝大乘（原注：名廣苞大義論）。此論本無著菩薩造，釋論天親及無性等造。五、雜集論（原注：名分别名數論，亦名廣陳體義論）。此論本是無著等造，今盛行者，唯覺師子釋，安惠菩薩糅。六、辨中邊論（原注：名離僻彰中論）。此論本頌是慈氏菩薩造，釋論天親菩薩造。七、二十唯識論（原注：名摧破邪山論）。八、三十唯識論（原注：名高建法幢論）。此之二論，本頌並天親造。三十唯識釋是護法菩薩等造。二十唯識天親菩薩釋。九、大莊嚴論（原注：名莊嚴體義論）。此論本頌慈氏菩薩造，釋天親菩薩造。十、分别瑜伽論（原注：名攝散歸觀論）。此是慈氏菩薩之所造也。」唐寶達集金剛映卷上：「十支：一、略録名數支，即百法論是。二、粗釋體義支，五藴論是。三、總句衆義支，即顯揚論是。（原注：上三論，世親造。）四、總攝大義支，攝大乘論是。（原注：無著造。無性菩薩及世親各造釋十卷。）五、分别名數支，集論是，慈氏釋。六、離僻彰中支，辨中邊論是，慈氏釋。七、指破耶山支，二十唯識，世親是。八、高建法幢支，三十唯識是，世親、護法等。九、莊嚴體義支，大莊嚴論，慈氏造。十、攝數歸覩支，分别瑜伽論是，慈氏造。（原注：此云十支，淄州沼法師造。）」

又問：三界是有漏法，由屬三界愛結所繫，故名三界。其無爲、無漏法，不爲三界愛結所繫，即不名三界法。經何故但言「三界唯心」，即不攝無爲、無漏等法，此豈非唯識而但言三界耶？

答：三界所治迷亂之法，尚名唯識，無爲、無漏法，性是能治，體非迷亂，不説自成故，但言「三界唯心」也。又，諸部總句，有爲無爲、染浄諸法，皆心爲本。薩婆多等云：無爲由心故顯，有爲由心故起。由心起染浄法，勢用縁强故，説心爲本〔一〕。

校注

〔一〕「諸部總句」至此，見窺基撰成唯識論掌中樞要卷下。

問：立心爲宗，具幾功德之門，能起見聞之信？

答：真心自體，非言所詮，湛如無際之虚空，瑩若圓明之浄鏡，毁讚不及，義理難通，以功德、過患二門，絶對待故。今依先德，約相分别心，略有五義：一、遠離所取差别之相，二、解脱能取分别之執，三、徧三際無所不等，四、等虚空界無所不徧，五、不墮有無一異等邊，超心行處，過言語道〔二〕。

又，此無住之心雙泯二諦，故無出俗入真之異。既無出入，不在空有，故經言：「心處無在。」〔三〕無在之處，唯是一心。一心之體，本來寂滅〔三〕。不可以有無處所窮其幽迹，不可以識智詮量談其妙體。唯有入者，只在心知。如擣萬種而爲香丸，爇一塵而具足衆氣〔四〕；似入大海水中浴，掬微滴而已用百川〔五〕。執礫而盡成真金〔六〕，攬草而無非妙藥〔七〕。空器悉盈甘露之味〔八〕，滿室唯聞薝蔔之香〔九〕。衆義同歸，若太虚包含於萬像；

千途競入，猶多影靡礙於澄潭。

校注

〔一〕「略有五義」至此，見元曉述金剛三昧經論卷上。故前云「先德」者，當即元曉。元曉，俗姓薛，東海湘州人，傳見宋高僧傳卷四唐新羅國黄龍寺元曉傳。

〔二〕見金剛三昧經本覺利品。

〔三〕「此無住之心雙泯二諦」至此，見元曉述金剛三昧經論卷中本覺利品。

〔四〕智顗説、灌頂記摩訶止觀卷一上：「首楞嚴曰：擣萬種香爲丸，若燒一塵，具足衆氣。」延壽心賦注卷四引，云「楞嚴三昧經云」。首楞嚴三昧經卷上：「譬如有王，若諸大臣，百千種香擣以爲末，若有人來索中一種，不用餘香共相熏雜。堅意，如是百千衆香末中，可得一種不雜餘不？」或即智顗所本。

〔五〕大般涅槃經卷二四：「譬如有人在大海浴，當知是人已用諸河泉池之水。」

〔六〕典出大般涅槃經卷二，詳參延壽宗鏡録序注。

〔七〕四分律卷三九：「時耆婆童子即如師敕，於得叉尸羅國面一由旬，求覓非是藥者，周竟不得非是藥者，所見草木一切物，善能分別，知所用處，無非藥者。」

〔八〕雜寶藏經卷四大愛道施佛金縷織成衣并穿珠師緣：「阿那律母欲試諸兒，時遣語無食。阿那律言：『但擔無食來。』即與空器，時空器中百味飯食自然盈滿。」參見本書卷四二引賢愚經。

〔九〕維摩詰所説經卷中觀衆生品：「如人入瞻蔔林，唯嗅瞻蔔，不嗅餘香。如是，若入此室，但聞佛功德之香，不樂聞聲聞、辟支佛功德香也。」慧琳一切經音義卷一三：「瞻博迦，舊曰『旃簸迦』，或作『詹波』，亦曰『瞻蔔』，又作『占波花』，皆方夏言音之差耳，此云『金色花』。大論云黄花樹，形高大，花亦甚香，其氣逐風甚遠。」

若論一心性起功德，無盡無邊，豈以有量之心，讚無爲之德？任盡神力，未述一毫。以信入之人，悉皆現證，即凡即聖，感應非虚。堅信不移，法空之虚聲自息〔一〕；明誠可驗，靈潤之野燄俄停〔二〕。豈假神通，心魔頓絶？匪憑他術，識火自消。除不肖人，焉明斯旨？

如昔人云：「『依智不依識』〔三〕者，謂識現行〔四〕，隨塵分別，眼色耳聲，躭迷不覺。大聖示教，境是自心；下愚冰執，塵爲識外。今人口誦其空，心未亡有，騰空不起，入火逾難，俱是心相封迷故爾。後得通達，隨心轉用，豈不同鳥之遊空，自常如是！布之火浣〔五〕，不足怪也。但群生識性不同，致令大聖隨情別説。然據至道，但是自心。故經云：三界上下，法義唯心〔六〕。此就世界依報以明心。又云：『如如與真際，涅槃及法界，種種意生身，我説爲心量。』〔七〕此據出世法體以明心。終窮至實，畢到斯原，隨流感果，還宗了義。」〔八〕

校　注

〔一〕續高僧傳卷二七唐代州五臺山釋法空傳：「釋法空者，不知何人。（中略）幽居日久，每有清聲召曰『空禪』，如是非一。空知是自心境界，以法遺之，後遂安静。」

〔二〕續高僧傳卷一五唐京師弘福寺釋靈潤傳：「釋靈潤，俗姓梁，河東虞鄉人也。（中略）貞觀年中，與諸法侶登山遊觀，野燒四合，衆並奔散，惟潤安行，如常顧陟，語諸屬曰：『心外無火，火實自心。謂火可逃，無由免火。』及火至潤，熸餘自斂。」

〔三〕大般涅槃經卷六：「『依智不依識』者，所言智者即是如來。若有聲聞不能善知如來功德，如是之識不應依止。若知如來即是法身，如是真智所應依止。」

〔四〕現行：阿賴耶識有生一切法的功能，謂之種子。由此種子，生色、心之法，現苦、樂境界，謂之現行。

〔五〕布之火浣：即火浣布，在火中能去污垢。列子湯問：「火浣之布，浣之必投於火。」慧琳一切經音義卷一五：「火浣布，桓管反，俗字也，正作『澣』。考聲云：浣，濯也。以足曰澣，以手曰漱。劉兆注公羊傳云：濯生練曰漱，去舊垢曰澣。經文有從皃作涚，非也。謹案，山海經、括地志、十洲記、神異經、博物志、抱朴子等，皆説南方炎洲有火林山，生不㶳之木。其山晝夜大火常然，猛風不盛，暴雨不滅。其木皮、花，皆堪爲布，而皮布麁，花布細。又有火浣獸，其形似鼠，可重百斤，毛長三四寸，色白，細如絲，常居火中，烔赤如火。時時出外，夷人以水逐而沃之，得水即死。取其毛，績以爲布，彼夷人皆衣其衣。經有垢污，若以灰水洗，終日仍舊不能净。若置於火中燒之，與火同赤，經一食頃，出而振之，塵去，潔白如新，因名火浣。抱朴子曰：火浣布，凡有三種，木皮與花及以獸毛。㶳，音祥盡反也。」

〔六〕入楞嚴經卷七無常品第八：「三界上下法，我説皆是心。」

〔七〕見楞伽阿跋多羅寶經卷三。

〔八〕見道宣釋門歸敬儀引教徵事篇第六。

問：一心爲宗，可稱綱要者，教中何故廣談諸道，各立經宗？

答：種種諸法雖多，但是一心所作，於一聖道立無量名。如一火因然，得草火、木火種種之號；猶一水就用，得或羹、或酒多多之名。此一心門亦復如是，對小機而稱小法，逗大量而號大乘，大小雖分，真性無隔。若決定執佛説有多法，即謗法輪，成兩舌之過。故經云：「心不離道，道不離心。」〔一〕

如大涅槃經云：「尒時，世尊讚迦葉菩薩：善哉，善哉！善男子，汝今欲知菩薩大乘微妙經典所有秘密，故作是問。善男子，如是諸經，悉入道諦。善男子，如我先説，若有信道，如是信道，是信根本，是能佐助菩提之道，是故我説無有錯謬。善男子，如來善知無量方便，欲化衆生，故作如是種種説法。善男子，譬如良醫，識諸衆生種種病原，隨其所患而爲合藥，并藥所禁，唯水一種不在禁例，或服薑水，或甘草水，或細辛水，或黑石蜜〔二〕水，或阿摩勒水〔三〕，或尼婆羅水〔四〕，或鉢晝羅水〔五〕，或服冷水，或服熱水，或蒲萄水，或安石榴水。善男子，如是良醫，善知衆生所患種種，藥雖多禁，水不在例。如來亦爾，善知方便，於一法相隨諸衆生分別廣説種種名相，彼諸衆生隨所説受。受已修習，除斷煩惱。如彼病人，隨良醫教，所患得除。

「復次，善男子，如有一人善解衆語，在大衆中，是諸大衆熱渴所逼，咸發聲言：『我欲飲水！我欲飲水！』是人即時以清冷水，隨其種類，説言是水，或言波尼〔六〕，或言鬱持〔七〕，或言娑利藍〔八〕，或言婆利〔九〕，或言波耶〔一〇〕，或言甘露，或言牛乳，以如是等無量水名，爲大衆説。善男子，如來亦爾，以一聖道爲諸聲聞種種演説，從信根等至八聖道〔一一〕。復次，善男子，譬如金師，以一種金隨意造作種種瓔珞，所謂鉗、鎖、鐶、釧、釵、鐺〔一二〕、天冠、臂印，雖有如是差别不同，然不離金。善男子，如來亦爾，以一佛道隨諸衆生種種分別而爲説之。或説一種，所謂諸佛一道無二。復説二種，所謂定、慧。復説三種，謂見、慧、智。復説四種，所謂見道、修道、無學道、佛道。乃至〔一三〕復説二十道，所謂十力〔一四〕、四無所畏〔一五〕、大慈、大悲、念佛三昧〔一六〕、三正念處〔一七〕。善男子，是道一體，如來昔日爲衆生故，種種分別。

「復次，善男子，譬如一火，因所然故，得種種名，所謂木火、草火、糠火、麫〔一八〕火、牛馬糞火。善男子，佛道亦爾，一而無二，爲衆生故，種種分別。復次，善男子，譬如一識，分別説六。若至於眼，則名眼識。乃至意識，亦復如是。善男子，道亦如是，一而無二，如來爲化諸衆生故，種種分別。復次，善男子，譬如一色，眼所見者，則名爲色。耳所聞者，則名爲聲。鼻所齅者，則名爲香。舌所嘗者，則名爲味。身所覺者，則名爲觸。善男子，道亦如是，一而無二，如來爲欲化衆生故，種種分別。善男子，以是義故，以八聖道分，名道聖諦。善男子，是四聖諦，諸佛世尊次第説之。以是因緣，無量衆生得度生死。」〔一九〕

又云：「若言十善、十惡，可作、不可作，善道、惡道，白法、黑法，凡夫謂二，智者了達，其性無二。無二之性，即是實性。」〔二〇〕

校注

〔一〕見佛昇忉利天爲母説法經卷上。

〔二〕黑石蜜：一種冰糖。善見律毗婆沙卷一七：「黑石蜜者，是甘蔗糖，堅强如石，是名石蜜。」

〔三〕阿摩勒：果名，又作「菴摩洛迦」等。義浄譯根本説一切有部百一羯磨卷八「菴摩洛迦果」子注曰：「即嶺南餘甘子也。初食之時，稍如苦澀，及其飲水，美味便生，從事立名，號餘甘矣。舊云『菴摩勒果』者，訛也。」慧琳一切經音義卷二六：「阿摩勒水，此云『無垢湯』也。」翻譯名義集卷三五果篇：「阿摩勒，樹葉似棗，華白而小，果如胡桃，味酸甜，可入藥。」

〔四〕尼婆羅水：煮訶梨勒（一種藥果）水。慧琳一切經音義卷二六：「尼婆羅水，此云『無勝湯』，亦云『呵梨勒汁』。」翻譯名義集卷三五果篇：「訶梨勒，新云『訶梨怛雞』，此云『天主持來』，此果爲藥，功用至多，無所不入。」

〔五〕鉢晝羅水：煮樹葉爲湯。慧琳一切經音義卷二六：「鉢晝羅，亦名『優陀伽』，此云『煮樹葉湯』，如今時茶、榠之類也。」

〔六〕波尼：慧琳一切經音義卷二六：「波耶(尼)，此云『水』也，即罽賓國人呼水名也。」

〔七〕「持」，大正藏本大般涅槃經同，據校勘記，宫、元、明諸本皆作「特」。慧琳一切經音義卷二六：「鬱特，此是東天竺人呼水名也。特，音徒得反。有作『持』，非也。」

〔八〕「娑」，經中作「紫」。紫利藍，慧琳一切經音義卷二六：「紫利藍，沙賈反，梵語，此中天竺國人呼水名也。」

〔九〕慧琳一切經音義卷二六：「婆梨，此云『雜藥』，和水名也。」按，或謂聲論中水名，參後注。

〔一〇〕慧琳一切經音義卷二六：「波耶，亦云『乳』，此聲論中水名。」灌頂撰大般涅槃經疏卷一五：「婆利，聲論水名。波耶，藥和水名。」

〔一一〕八聖道：又稱「八正道」等，佛教謂修習解脱境界的八種法門。智圓阿彌陀經疏：「八聖道分者，諸經謂八正道是也。八者，正見、正思惟、正語、正業、正精進、正定、正念、正命。」

〔一二〕「鐺」，磧砂藏、嘉興藏本作「鎦」。按，説文卷一四金部：「鎦，殺也。」徐鍇曰：「説文無『劉』字，偏旁有之，此字又史傳所不見也，疑此即『劉』字也。」又，「鐺」「瑺」經中多混用。大正藏本大般涅槃經作「瑺」，據大正藏校勘記，餘諸本涅槃經作「鐺」。大正藏本南本涅槃經作「鐺」，餘諸本南本涅槃經作「瑺」。説文卷一玉部：「瑺，華飾也。从玉當聲。」卷一四金部：「鐺，鋃鐺也。从金當聲。」從文意看，作「瑺」是。

〔一三〕乃至：表示引文中間有删略。

〔一四〕十力：如來所具有的十種智力，是處非處力、業力、定力、根力（諸根利鈍智力）、欲力、性力、至處道力、宿命智力、天眼智力、漏盡智力。

〔一五〕四無所畏：一切智無所畏、漏盡無所畏、説障道無所畏、説盡苦道無所畏。

〔一六〕念佛三昧：指以念佛爲觀想内容的一種禪定。具體而言，有觀想念佛（一心觀佛相好，或一心觀法身實相）、稱名念佛（一心稱佛名）、修行法，此爲因行之念佛三昧。由此而心入禪定，或佛身現前，或法身實相，即果成之念佛三昧。

〔一七〕三正念處：即三念處、三念住。念爲能觀之智，處爲所觀之境。以智觀察境，曰念處。佛以大慈大悲攝化衆生，時常安住於三種念中而無歡喜憂戚之情：第一念住，謂衆生信佛，佛不生歡喜心，恒常安住於正念、正智之中；第二念住，謂衆生不信佛，佛不生憂惱心，恒常安住於正念、正智之中；第三念住，謂同時有一類衆生信佛、一類衆生不信佛，佛亦不生歡喜與憂戚心，恒常安住於正念、正智之中。智顗法界次第初門卷下之下：「一、不一心聽法不以爲憂去，二、一心聽者不以爲喜，三、常行捨心行。」慧琳一切經音義卷二六：「三念處，謂憂、喜、捨心三法平等故也。」

〔一八〕「麧」，原作「⿰麥戈」，據磧砂藏、嘉興藏本及卷後音義改。按，麧，麥麧，麥皮。

〔一九〕見大般涅槃經卷一三，南本見卷一二。

〔二〇〕見大般涅槃經卷八。白法即清淨善法，黑法即與白法相對的邪惡雜染之法。

陁羅尼經云：「無有一切諸法，是名一字法門。」〔二一〕又，經云：佛言三世諸佛所説之法，吾今四十九年不加一字〔二二〕。故知此一心門，能成至道。若上根直入者，終不立餘門。

爲中、下未入者，則權分諸道。是以祖佛同指，賢聖冥歸，雖名異而體同，乃緣分而性合。般若唯言無二〔三〕，法華但説一乘〔四〕，净名無非道場〔五〕，涅槃咸歸秘藏〔六〕，天台專勤三觀〔七〕，江西舉體全真〔八〕，馬祖即佛是心〔九〕，荷澤直指知見〔一〇〕。

校注

〔一〕見金剛場陀羅尼經。

〔二〕楞伽阿跋多羅寶經卷三：「如世尊所説：『我從某夜得最正覺，乃至某夜入般涅槃，於其中間乃至不説一字，亦不已説、當説，不説是佛説。』」般若燈論釋卷一五觀涅槃品：「復次，於先佛所説法，自解自證故，一切諸法，皆先佛已説，今佛隨順而説，不加一字。」

〔三〕摩訶般若波羅蜜經卷七會宗品：「摩訶衍不異般若波羅蜜，般若波羅蜜不異摩訶衍，般若波羅蜜、摩訶衍無二無別。（中略）乃至禪那波羅蜜亦如是。」

〔四〕妙法蓮華經卷一方便品：「十方佛土中，唯有一乘法，無二亦無三，除佛方便説。」智顗説妙法蓮華經玄義卷七下：「華合未開，譬隱一乘，分別説三；華葉正開，譬會三歸一，但説一乘。」

〔五〕注維摩詰經卷四：「肇曰：閑宴修道之處，謂之道場也。光嚴志好閑獨，每以静處爲心，故出毗耶，將求道場。净名懸鑒故，現從外來，將示以真場啓其封累，故逆云：『吾從道場來。』從道場來者，以明道無不之，場無不在，若能懷道場於胸中，遺萬累於身外者，雖復形處憒閙，迹與事隣，舉動所遊，無非道場也。」

〔六〕大般涅槃經卷二：「我今當令一切衆生，及以我子四部之衆，悉皆安住祕密藏中，我亦復當安住是中，入於涅槃。」

〔七〕天台：指智顗。三觀：空觀（觀諸法之空諦）、假觀（觀諸法之假諦）和中觀（觀諸法非空非假）。

〔八〕江西：指馬祖道一。此句與後「馬祖即佛是心」重出，或有誤。參後注。

〔九〕馬祖：道一。祖堂集卷一四江西馬祖：「（馬祖）每謂衆曰：汝今各信自心是佛，此心即是佛心。是故達摩大師從南天竺國來，傳上乘一心之法，令汝開悟。」

〔一〇〕菏澤：神會。按，此處當本裴休述禪源諸詮集都序叙：「一代時教，開深淺之三門；一真淨心，演性相之别法。（中略）菏澤直指知見，江西一切皆真，天台專依三觀，牛頭無有一法。」

又，教有二種説：一、顯了説，二、秘密説。顯了説者，如楞伽、密嚴等經，起信、唯識等論；秘密説者，各據經宗，立其異號，如維摩經以不思議爲宗〔一〕，金剛經以無住爲宗〔二〕，華嚴經以法界爲宗〔三〕，涅槃經以佛性爲宗〔四〕。任立千途，皆是一心之别義。何者？以真心妙體，不在有無，智不能知，言不可及，非情識思量之境界，故號不思議；體虚相寂，絶待靈通，現法界而無生，超三世而絶跡，故號之無住；豎徹三際，横亘十方，無有界量，邊表不可得，故稱法界；爲萬物之根由，作群生之元始，在凡不減，處聖非增，靈覺昭然，常如其體，故曰佛性。乃至或名靈臺妙性、寶藏神珠，悉是一心，隨緣别稱。經云：三阿僧祇百千名號，皆是如來之異名〔五〕。只爲不知諸佛方便，迷名著相，隨解成差。但了斯宗，豁然空寂，有何名相可得披陳？如龍王一味之雨，隨人天善惡之業，所雨不同，各見差別。

校注

〔一〕吉藏淨名玄論卷四：「有人言：此經名不思議，即以不思議爲宗。標淨名，叙能説之人；題不思議，辨經宗致。故肇公以四句明不思議本，四句明不思議迹，本、跡雖殊，不思議一也。」「肇公」云者，詳見僧肇維摩詰經序：「維摩詰不思議經者，蓋是窮微盡化，絶妙之稱也。其旨淵玄，非言象所測；道越三空，非二乘所議。超群數之表，絶有心之境，眇莽無爲而無不爲，罔知所以然而能然者，不思議也。（中略）此經所明，統萬行則以權智爲主，樹德本則以六度爲根，濟蒙惑則以慈悲爲首，語宗極則以不二爲門。凡此衆説，皆不思議之本也。至若借座燈王，請飯香土，手接大千，室包乾像，不思議之迹也。然幽關難啓，聖應不同，非本無以垂迹，非迹無以顯本，本迹雖殊，而不思議一也。」

〔二〕宗泐、如玘金剛般若波羅蜜經注解：「『無住爲宗』者，宗者，要也。經云：『應無所住。』經中多以無住破著，故以無住爲宗也。」

〔三〕法藏述華嚴經探玄記卷一：「法界即是一心，諸佛證之以成法身。是故初品之内，初天王偈讚『無盡平等妙法界，悉皆充滿如來身』，末後復明入法界品，故知唯以法界爲宗。」

〔四〕大般涅槃經卷八：「衆生佛性，亦復如是，常爲一切煩惱所覆，不可得見，是故我説衆生無我。若得聞是大般涅槃微妙經典，則見佛性。（中略）聞是經已，即知一切無量衆生皆有佛性，以是義故，説大涅槃名爲如來祕密之藏，增長法身，猶如雷時象牙上花。以能長養如是大義，故得名爲『大般涅槃』。」寶亮等集大般涅槃經集解卷一：「今此經者，以至極妙有爲指南，常住佛性爲宗致。」

〔五〕楞伽阿跋多羅寶經卷四：「我於此娑呵世界，有三阿僧祇百千名號，愚夫悉聞，各説我名，而不解我如來異名。」

華嚴經云：「譬如娑竭羅〔一〕龍王，欲現龍王大自在力，饒益衆生，咸令歡喜，從四天下乃至他化自在天處及於地上，於一切處所雨不同，所謂於大海中雨清冷水，名爲無斷絶；於他化自在天雨簫笛等種種樂音，名爲美妙；於化樂天雨大摩尼寶，名爲放大光明；於兜率天雨大莊嚴具，名爲垂髻；於夜摩天雨大妙華，名爲種種莊嚴具；於三十三天雨衆妙香，名爲悦意；於四天王天雨天寶衣，名爲覆蓋；於龍王宮雨赤真珠，名爲踊出光明；於阿脩羅宮雨諸兵仗，名爲降伏怨敵；於北鬱單越雨種種華，名曰開敷。餘三天下，悉亦如是。然各隨其處，所雨不同。雖彼龍王其心平等，無有彼此，但以衆生善根異故，雨有差別。」〔二〕是以龍王一味之雨，隨諸天感處不同，猶如諸佛一心法門，逐衆生見時有別。

校注

〔一〕娑竭羅：澄觀撰大方廣佛華嚴經疏卷五：「娑竭羅，此云『海』也。於大海中，此最尊故，獨得其名。」

〔一〕見寶叉難陀譯大方廣佛華嚴經卷五一。

音義

躡，尼涉反。　溺，奴歷反，没也。　泓〔一〕，於紘反，水深也。　掬，居六反。　嗤，尺之反，笑也。　誚，才笑反，責也。　馥，房六反，香氣也。　殑，其矜反。又，其凌反。　寓，牛具反，寄也。　醍，杜奚反。　醐，户吾反。　赫，呼格反，明也。　爍，書藥反。　旭，許玉反，早朝也。　觜，即委反。　稚，直利反。　謬，靡幼反，誤也。　溼〔二〕，失入反，水沾也。　鐶，户關反。　粹，雖遂反。　炳，兵永反，明也。　踞，居御反，蹲也。　恢，苦迴反，大也。　晃，胡廣反，明也，光也。　鑽，借官反，刺也。　壓，烏甲反，鎮。　膠，古爻反，漆也。　坏，普盃反。　鍛，丁貫反，鍊也。　彪，莆休反，虎文也。　邕，於容反。　擣，都皓反，擣築也。　攬，盧淡反。　浣，胡管反，濯也。　萄，徒刀反，蒲萄也。　榴，力求反。　鉗，巨淹反。　鐺，楚庚反〔三〕。　䴬，以力反，麥。

丙午歲分司大藏都監開板

校注

〔一〕「泓」，文中作「泓」，異體。

〔二〕「滢」，文中作「㶑」，異體。

〔三〕按，「楚庚反」之「鐺」，釜屬，爲有足鍋或酒器。文中「鐺」通「璫」，都郎反。

宗鏡録卷第三

慧日永明寺主智覺禪師延壽集

夫教明一切萬法，至理虚玄，非有無之詮〔一〕，絶自他之性，若無一法自體，云何立宗？答：若不立宗，學何歸趣？若論自他、有無，皆是衆生識心分別，是對治門，從相待有。法身自體，中實理心〔二〕，豈同幻有，不隨幻無。楞伽經云：「佛言：大慧，譬如非牛馬性、馬牛〔三〕性，其實非有非無，彼非無自相。」〔四〕古釋云：「馬體上不得説牛性是有是無，然非無馬自體。以譬法身上不得説陰、界、入性是有是無，然非無法身自相。」〔五〕此法空之理，超過有無，即法身之性〔六〕。然有趣有向，智背天真；無得無歸，情生斷滅。但有之不用求，真規宛爾；無之自然足，妙旨焕然。則寂爾有歸，恬然無間，頓超能所，不在有無，可謂真歸，能通至道矣。

校注

〔一〕「詮」，磧砂藏、嘉興藏本作「證」。

〔二〕中實理心：實相、真如等的異名。智顗説妙法蓮華經玄義卷八下：「實相之相，無相不相，不相無相，名爲實相，此從不可破壞真實得名。（中略）實相非二邊之有，故名畢竟空。空理湛然，非一非異，故名如如。實相寂滅，故名涅槃。覺了不改，故名虚空佛性。多所含受，故名如來藏。寂照靈知，故名中實理心。不依於有，亦不附無，故名中道。最上無過，故名第一義諦。如是等種種異名，俱名實相。」

〔三〕「馬牛」，原作「牛馬」，據楞伽阿跋多羅寶經改。

〔四〕見楞伽阿跋多羅寶經卷四。

〔五〕按，寶臣集注大乘入楞伽經卷七：「譬如牛馬合群，牛非馬性，馬非牛性，馬體上不得説牛性是有是無，然非無馬體自性也。以況法身與陰、界、入諸法合，法身上不得説陰、界、入性是有是無，然非無法身自性。」宋正受集記楞伽經集注卷四：「新説云：馬體上不得説牛性是有是無，然非無馬體自性也。以況法身與陰、界、入諸法合，法身上不得説陰、界、入性是有是無，然非無法身自性云云。」新説，即寶臣注。按，寶臣爲宋僧，永明已云「古釋」，顯非。古釋，或爲唐智儼注（參後注），寶臣注則襲自宗鏡録。

〔六〕智儼注楞伽經注卷五：「『大慧，譬如非牛馬性、馬牛性，其實非有非無』，此正喻也。譬如一馬，本非是牛，以目□遠望，謂之爲牛，近覩即非，而此牛相實非有無。『彼非無自相』，謂彼非無馬之自體。上並喻説。（中略）『無生無自性』者，合前馬也。此法空之理，超過有無，即法身之性。」按，智儼注楞伽經注，七卷，現殘存卷一、卷二和卷五等三卷，卍新續藏第一七册收。

問：以心爲宗，如何是宗通之相？

答：内證自心第一義理，住自覺地，入聖智門，以此相應，名宗通相。此是行時，非是解時。因解成行，行成解絶，則言説道斷，心行處滅。如楞伽經云：「佛告大慧：宗通者，謂緣自得勝進相，遠離言説文字妄想，趣無漏界自覺地自相，遠離一切虚妄覺想，降伏一切外道衆魔，緣自覺趣光明輝發，是名宗通相。」〔一〕所以悟心成祖，先聖相傳。故達磨大師云：「明佛心宗，寸〔二〕無差誤〔三〕，行解相應，名之曰祖。」又偈云：「亦不覩惡而生嫌，亦不觀善而勤措，亦不捨愚而近賢〔四〕，亦不拋迷而就悟。達大道兮過量，通佛心兮出度，不與凡聖同躔，超然名之曰祖。」

校注

〔一〕見楞伽阿跋多羅寶經卷三。

〔二〕「寸」，嘉興藏本作「了」。

〔三〕「誤」，原作「悟」，據嘉興藏本及祖堂集等改。

〔四〕「亦不捨愚而近賢」，少室六門、景德傳燈録、古尊宿語録、釋氏稽古略等皆作「亦不捨智而近愚」。按，「亦不捨愚而近賢」，與後「亦不拋迷而就悟」有重複之嫌，故作「亦不捨智而近愚」於意更勝。

問：悟道明宗，如人飲水，冷暖自知，云何説其行相〔一〕？

答：前已云諸佛方便，不斷今時；密布深慈，不令孤棄。已明達者終不發言，只爲因疑故問，因問故答。此是本師於楞伽〔二〕會上，爲十方諸大菩薩來求法者親説此二通：一、宗通，二、説通〔三〕。宗通爲菩薩，説通爲童蒙。祖佛俯爲初機童蒙少垂開示，此約説通。只爲從他覓法，隨語生解，恐執方便爲真實，迷於宗通，是以分開二通之義。宗通者，謂緣自得勝進相，遠離言説文字妄想，乃至緣自覺趣光明輝發。若親到自覺地，光明發時，得云「如人飲水，冷暖自知」，如群盲眼開，分明照境。驗象真體，終不摸其尾牙；見乳正色，豈在談其鵠雪？當此具眼人前，若更説示，則不得稱知時名爲大法師。實見月人，終不觀指；親到家者，自息問程。唯證相應，不俟言説，終不執指爲月，亦不離指見月。

校　注

〔一〕行相：一切心、心所在認識對象時的狀態。窺基撰成唯識論述記卷三：「相者，體也，即謂境相。行於境相，名爲行相。或相謂相狀，行境之相狀，名爲行相。」

〔二〕楞伽：山名。此山多楞伽寶，故以之爲名。澄觀撰大方廣佛華嚴經疏卷五六：「楞伽，梵言，此云『難往』。又含四義：一、種種寶性所成，莊嚴殊妙故；二、有大光明映日月故；三、高顯寬廣故；四、伽王等居。佛復於此開化群生，作勝益事故。然體即是寶，具斯四義，名無上寶，存以梵音。此山居海之中，四面無門，非得通者莫往，故云『難往』。」寶臣注大乘入楞伽經卷一：「曰楞伽者，此云『難往』也。謂衆寶所成，光映日月，遊空夜叉所居。此城在摩羅山頂，其山高峻，下瞰大海，傍無門户，得神通者，堪能升往。」佛嘗在此説楞伽經。

〔三〕按，宗通者，見前文引。説通者，楞伽阿跋多羅寶經卷三：「云何説通相？謂説九部種種教法，離異不異、有無等相，以巧方便，隨順衆生如應説法，令得度脱，是名説通相。」

如大涅槃經云：「譬如有王告一大臣：『汝牽一象，以示盲者。』爾時，大臣受王敕已，多集衆盲，以象示之。時彼衆盲，各以手觸。大臣即還而白王言：『臣已示竟。』爾時，大王即唤衆盲，各各問言：『汝見象耶？』衆盲各言：『我已得見。』王言：『象爲何類？』其觸牙者，即言象形如蘆菔根〔一〕；其觸耳者，言象如箕；其觸頭者，言象如石；其觸鼻者，言象如杵；其觸脚者，言象如木臼；其觸脊者，言象如牀；其觸腹者，言象如瓮；其觸尾者，言象如繩。善男子，如彼衆盲，不説象體，亦非不説。若是衆相，悉非象者，離是之外，更無别象。

「善男子，王喻如來應正徧知，臣喻方等大涅槃經，象喻佛性，盲喻一切無明衆生。是諸衆生聞佛説已，或作是言：『色是佛性。』何以故？是色雖滅，次第相續，是故獲得無上如來三十二相，如來常色。如來色者，常不斷故，是説色名爲佛性。譬如真金，質雖遷變，色常不異，或時作釧、作盤，然其黄色初無改易。衆生佛性，亦復如是，質雖無常，而色是常，以是故説色爲佛性。」乃至説受、想、行、識等爲佛性。「又有説言：『離陰有我，我是佛性。』如彼盲人，各各説象，雖不得實，非不説象。説佛性者，亦復如是，非即六法，不離六法。善男子，是故我説衆生佛性，非色、不離色，乃至非我、不離我。善男子，有諸外道，雖説有我，而實無我。衆生我者，即是五陰〔二〕，離陰之外，更無別我。善男子，譬如莖、葉、鬚、臺，合爲蓮華，離是之外，更無別華。」〔三〕

又，「佛言：善男子，是諸外道，癡如小兒，無慧方便，不能了達常與無常、苦與樂、淨不淨、我無我、壽命非壽命、衆生非衆生、實非實、有非有，於佛法中取少許分，虚妄計有常樂我淨，而實不知常樂我淨。如生盲人，不識乳色，便問他言：『乳色何似？』他人答言：『色白如貝。』盲人復問：『是乳色者，如貝鞞〔四〕耶？』答言：『不也。』復問：『貝色爲何似耶？』答言：『猶稻米粖。』盲人復問：『乳色柔軟如稻米粖耶？稻米粖者，復何所似？』答言：『猶如雨雪。』盲人復言：『彼稻米粖冷如雪耶？雪復何似？』答言：『猶如白鵠。』是生盲人雖聞如是四種譬喻，終不能得識乳真色。是諸外道亦復如是，終不能識常樂我淨。善男子，以是義故，我佛法中，有真實諦，非於外道」〔五〕。

校注

〔一〕蘆菔：即蘿蔔。慧琳一切經音義卷七六：「蘆菔，上魯胡反，下扶福反。方言：菘菜，紫華者謂之蘆菔。根菜也，俗謂之蘿蔔。郭注曰：今江東名温菘，實如小豆也。説文：似蕪菁也。並從草，盧服皆聲。」

〔二〕五陰：色陰、受陰、想陰、行陰、識陰。又稱五藴等。陰者，積聚。五陰是佛教認爲構成衆生的五種要素。

〔三〕見大般涅槃經卷三二，南本見卷三〇。

〔四〕「鞅」，大般涅槃經作「聲」。宋行霆圓覺經類解卷四引亦作「鞅」，子注曰：「鞅，牛唐切，絲履。本經『如貝聲』。」説文卷三革部：「鞅，鞅角，鞮屬。」鞮者，履也。

〔五〕見大般涅槃經卷一四，南本見卷一三。

夫真實諦者，宗鏡所歸。未聞悟時，不信解者所有説法及自修行，皆成生滅折伏之門，不入無生究竟之道。如菴提遮女經云：「爾時，文殊師利又問曰：『頗有明知生而不生相，爲生所留者不？』答曰：『有。雖自明見，其力未充，而爲生所留者是也。』又問曰：『頗有無知不識生性，而畢竟不爲生所留者不？』答曰：『無。所以者何？若不見生性，雖因調伏，少得安處，其不安之相，常爲對治。若能見生性者，雖在不安之處，而安相常現前。

若不如是知者，雖有種種勝辯，談説甚深典籍，而即是生滅心，説彼實相密要之言，如盲辯色，因他語故，説得青、黄、赤、白、黑，而不能自見色之正相。今不能見諸法者，亦復如是。但今爲生所生、爲死所死者，而有所説者，乃於其人即無生死之義耶？若爲常、無常所繫者，亦復如是。當知，大德〔一〕，空者亦不自得空，故説有空義耶？』」〔二〕故知能了萬法無生之性，是爲得道。

大般若經云：「佛言：善現，以一切法空無所有，皆不自在，虛誑不堅，故一切法無生、無起、無知、無見。復次，善現，一切法性，無所依止，無所繫屬，由此因緣，無生、無起、無知、無見。」〔三〕

華嚴經云：「如實法印，印諸業門，得法無生，住佛所住〔四〕，觀無生性，印諸境界，諸佛護念發心迴向〔五〕，與諸法性相應迴向，入無作法，成就所作方便。」〔六〕

校注

〔一〕「德」，原作「得」，據佛説長者女菴提遮師子吼了義經改。根本説一切有部毗奈耶雜事卷一九：「年少苾芻，應唤老者爲大德。」四分律含注戒本疏行宗記一上之二：「行滿位高曰大德。」

〔二〕見佛説長者女菴提遮師子吼了義經。

〔三〕見大般若波羅蜜多經卷三〇六。

〔四〕「住」，磧砂藏、嘉興藏本作「在」。按，經中作「住」。

〔五〕迴向：回轉自己所修的善根功德給衆生，以趣向菩提，或往生浄土，或施與衆生等。

〔六〕見實叉難陀譯大方廣佛華嚴經卷二四。

是以不了唯心之旨，未入宗鏡之人，向無生中起貪癡之垢，於真空内著境界之緣，以爲對治，成其輪轉。若能返照，心境俱寂。如諸法無行經云：「若菩薩見貪欲際即是真際，見瞋恚際即是真際，見愚癡際即是真際，則能畢滅業障之罪。乃至〔一〕凡夫愚人，不知諸法畢竟滅相故，自見其身，亦見他人，以是見故，便起身口意業。乃至不見佛、不見法、不見僧，是則不見一切法。若不見一切法，於諸法中則不生疑。不生疑故，則不受一切法。不受一切法故，則自寂滅。」〔二〕

校　注

〔一〕乃至：表示引文中間有删略。下一「乃至」同。

〔二〕見諸法無行經卷上。

不思議佛境界經云：「爾時，世尊復語文殊師利菩薩言：『童子，汝能了知如來所住平等法不？』文殊師利菩薩言：『世尊，我已了知。』佛言：『童子，何者是如來所住平等法？』文殊師利菩薩言：『世尊，一切凡夫起貪、瞋、癡處，是如來所住平等法。』佛言：『童子，云何一切凡夫起貪、瞋、癡處，是如來所住平等法？』文殊師利菩薩言：『世尊，一切凡夫於空、無相、無願法中起貪、瞋、癡，是故一切凡夫起貪、瞋、癡處，即是如來所住平等法。』佛言：『童子，空豈是有法，而言於中有貪、瞋、癡？』文殊師利菩薩言：『世尊，空是有，是故貪、瞋、癡亦是有。』佛言：『童子，空云何有？貪、瞋、癡復云何有？』文殊師利菩薩言：『世尊，空以言説故有，貪、瞋、癡亦以言説故有。如佛説：「比丘，有無生無起、無作無爲、非諸行法。此無生無起、無作無爲、非諸行法，非不有。若不有者，則於生起、作爲、諸行之法，應無出離。以有故言出離耳。」此亦如是，若無有空，則於貪、瞋、癡無有出離。以有故，説離貪等諸煩惱耳。』」〔一〕

校　注

〔一〕見文殊師利所説不思議佛境界經卷上。

中觀論偈云：「從法不生法，亦不生非法。從非法不生，法及於非法。」〔一〕直釋偈意，法即是有，如色心等；非法是無，如兔角等。若從法生法，如母生子；法生非法，如人生石女兒。從非法生法，如兔角生人；從非法生非法者，如龜毛生兔角〔二〕。故經言：「如來說一切法，皆是佛法。」

故般若假名論云：「復有念言：若如來但證無所得者，佛法即一，非是無邊。是故經言：『如來說一切法，皆是佛法。』佛法謂何？即無所得，未曾一法有可得性，是故一切無非佛法。云何一切皆無所得？經云：「一切法者，即非一切法。」云何非耶？無生性故。若無生即無性，云何名一切法？於無性中，假言說故。一切法無有性者，即是衆生如來藏性。」〔三〕

校注

〔一〕見龍樹造、鳩摩羅什譯中論卷三觀成壞品第二十一。

〔二〕「中觀論偈云」至此，見澄觀述大方廣佛華嚴經隨疏演義鈔卷四一。

〔三〕見功德施造、地婆訶羅譯金剛般若波羅蜜經破取著不壞假名論卷下。

龐居士偈云：「劫火燃〔二〕天天不熱，嵐風吹動不聞聲。百川競注海不溢，五嶽名山不見形。澄清静慮無蹤跡，千途盡總入無生。」〔二〕故知諸法從意成形，千途因心有像。一念澄寂，萬境曠然。元同不二之門，盡入無生之旨。所以傅大士行路難云：「君不見，諸法但假空施設，寂静無門爲法門。一切法中心爲主，余今不復得心原。究撿心原既不得，當知

諸法併無根。」〔三〕

校注

〔一〕「燃」，磧砂藏、嘉興藏本作「然」。按，「然」爲「燃」之古字。

〔二〕龐居士：龐蘊，字道玄，衡州衡陽縣人。祖堂集卷一五龐居士、景德傳燈録卷八有傳。唐于頔編集龐居士語録（世燈重梓本。本書後引龐居士語録，皆爲此本）三卷，未收此偈。

〔三〕見善慧大士語録卷三行路難二十篇並序第十三章明寂静無照無得。按，傅大士，名翕，字玄風，號善慧，東陽郡烏傷縣（即義烏）人。善慧大士語録，唐樓穎編集，八卷，宋樓炤删定爲四卷。

又，無生有二。如通心論〔一〕云：一、法性無生。妙理言法，至虚言性，本來自爾，名曰無生。二、緣起無生。夫境由心現，故不從他生。心藉境起，故不自生。心境各異，故不共生。相因而有，故不無因生。亦云：一、理無生，圓成實性，本不生故。二、事無生，緣生之相，即無生故〔二〕。

止觀云：若釋金剛經，即轉無生意，度入不住門中，種種不住，不住色布施，不住聲、香等布施。雖諸法不住，以無住法住般若中，即是入空；以無住法住世諦，即是入假；以無住法住實相，即是入中。此無住慧，即是金剛三昧，能破盤石砂礫，徹至本際。又如釋迦牟尼入大寂定金剛三昧〔三〕，天親、無著論開善廣解，詎出無生、無住之意？若得此意，千經萬論，豁矣無疑。此是學〔四〕觀之初章，思議之根本，釋異之妙慧，入道之指歸。綱骨曠大，事理具足，一解千從，法門自在〔五〕。

故知一切諸法，皆從無生性空而有。有而非有，不離俗而常真；非有而有，不離真而恒俗。則幻有立而無生顯，空有歷然；兩相泯而雙事存，真俗宛爾。斯則無生而無不生，不住二邊矣。如古德頌云：「無生終不住，萬像徒流布。若作無生解，還被無生固。」〔六〕

校注

〔一〕通心論：不詳，或爲法照禪師作。參本書卷五注。法照禪師，傳見宋高僧傳卷二一唐五臺山竹林寺法照傳。

〔二〕澄觀述大方廣佛華嚴經隨疏演義鈔卷三六：「然無生多義，略有二種：一、事無生，緣生之相，即無生故。二、理無生，圓成實體，本不生故。」

〔三〕「又如釋迦牟尼入大寂定金剛三昧」，下摩訶止觀有「若爾者，常途不應云無礙道有金剛，斷道無金剛。經云佛有，豈非斷道有耶」。

〔四〕「學」，原作「覺」，據諸校本及摩訶止觀改。

〔五〕詳見智顗説、灌頂記摩訶止觀卷六下。

〔六〕按，此頌澄觀述大方廣佛華嚴經隨疏演義鈔卷三七引。「固」，通「錮」，禁錮，繫縛也。

問：以心爲宗，理須究竟。約有情界，真妄似分，不可雷同，有濫圓覺。如金鍮〔一〕共爇，真僞俄分；砂米同炊，生熟有異。未審以何心爲宗？

答：誠如所問，須細識心。此妙難知，唯佛能辯。只爲三乘慕道，見有差殊，錯指妄心，以爲真實。認妄賊而爲真子，劫盡家珍〔二〕；收魚目以作驪珠〔三〕，空迷智眼。遂使愚癡之子，陷有獄之重關；邪倒之人，溺見河之駭浪。戲熾焰於朽宅，忘苦忘疲；卧大夢於長宵，迷心迷性。皆爲執斯緣慮，作自己身，遺此真心，認他聲色，斯則出俗外道、在家凡夫之所失也。乃至三乘慕道、法學禪宗，亦迷此心，執佛方便，致使教開八綱〔四〕，乘對四機〔五〕。越一念而遠驟三祇，功虚大劫；離寶所而久淹化壘，跡困長衢。斯即權機小果乃至禪宗不得意者之所失也。

校注

〔一〕鍮：鍮石，一種類似於金的礦石，或謂爲合金。慧琳一切經音義卷一五：「鍮石，吐侯反。案，偷石者，金之類也，精於銅，次於金，上好者與金相類，出外國也。」卷三九：「鍮石，上湯樓反。考聲云：鍮石似金。又云：西域以銅鐵雜藥合爲之。古今正字：從金，偷省聲。」

〔二〕大方廣圓覺修多羅了義經：「譬如有人認賊爲子，其家財寶，終不成就。」

〔三〕驪珠：極珍貴的寶珠。文選卷四〇任昉到大司馬記室牋「惟此魚目」句李善注引韓詩外傳：「白骨類象，魚目似珠。」

〔四〕教開八綱：即天台所立八教，分爲化法四教與化儀四教。三藏教、通教、別教、圓教，是教化衆生的法門，故名化法四教；頓教、漸教、秘密教、不定教，是教化衆生的儀式，故名化儀四教。天台四教儀：「言八教者，頓、漸、祕密、不定、藏、通、别、圓，是名八教。頓等四教，是化儀，如世藥方；藏等四教，名化法，如辨藥味。」詳參本書卷三五。

〔五〕四機：指人天、二乘、菩薩、佛等四類機緣、根機。人天機，謂諸惡莫作，衆善奉行；二乘機，謂厭惡生死，欣求涅槃；菩薩機，謂先人後己，慈悲仁讓；佛機，謂於一切諸法中，觀中道實相，以頓斷諸惑而出離生死。

所以首楞嚴經云：「佛告阿難：一切衆生，從無始來，種種顛倒，業種自然，如惡叉聚〔一〕。諸修行人，不能得成無上菩提，乃至別成聲聞、緣覺，及成外道、諸天魔王及魔眷屬，皆由不知二種根本，錯亂修習，猶如煮砂欲成嘉饌，縱經塵劫，終不能得。云何二種？阿難，一者、無始生死根本，則汝今者與諸衆生用攀緣心爲自性者；二者、無始菩提涅槃元清淨體，則汝今者識精元明，能生諸緣緣所遺者。由諸衆生遺此本明，雖終日行而不自覺，枉入諸趣。」〔二〕

釋曰：此二種根本，即真妄二心：一者、無始生死根本者，即根本無明，此是妄心。最初迷一法界，不覺忽起而有其念，忽起即是無始。如晴勞華現〔三〕、睡熟夢生，本無元起之由，非有定生之處，皆自妄念，非他外緣。從此成微細業識，則起轉識，轉作能心，後起現識，現外境界〔四〕。一切衆生，同用此業、轉、現等三識，起内外攀緣，爲心自性，因此生死相續以爲根本。二者、無始菩提涅槃元清淨體者，此即真心，亦云自性清淨心，亦云清淨本覺。以無起無生，自體不動，不爲生死所染，不爲涅槃所淨，目爲清淨。此清淨體，是八識之精元，本自圓明，以隨染不覺不守性故，如虚谷任響，隨緣發聲。此亦如然，能生諸法，則立見相二分，心境互生，但隨染淨之緣，遺此圓常之性，如水隨風，作諸波浪。由此衆生失本逐末，一向沉淪，都不覺知，枉受妄苦。雖受妄苦，真樂恒存，任涉昇沉，本覺不動，如水作波，不失濕性。唯知變心作境，以悟爲迷。從迷積迷，空歷塵沙之劫；因夢生夢，永昏長夜之中。故經云：「當知一切衆生，從無始來，生死相續，皆由不知常住真心、性淨明體，用諸妄想。此想不真，故有輪轉。」〔五〕以不了不動真心，而隨輪迴妄識，此識無體，不離真心。元於無相真原，轉作有情妄想。如風起澄潭之浪，浪雖動而常居不動之源；似瞖生空界之華，華雖現而匪離虚空之性。瞖消空淨，浪息潭清，唯一真心，周徧法界。

校注

〔一〕惡叉：樹名。其果實多聚集於一處，故名惡叉聚。玄應一切經音義卷二二：「惡叉聚，惡叉，樹名，其子形如無食子，彼國多聚以賣之，如此間杏人，故以喻也。」子璿集首楞嚴義疏注經卷一：「無始無明熏習成種，種必有果，子子相生，熏習不斷，如線貫珠，次第相連，名惡叉聚。惡叉，梵語，此云『線貫珠』。（中略）應法師云：『惡叉，樹名，其子形如没食子，彼國多聚以賣之，如此間杏仁，故以爲喻。』喻惑業苦也。」

〔二〕見大佛頂如來密因修證了義諸菩薩萬行首楞嚴經卷一。

〔三〕大佛頂如來密因修證了義諸菩薩萬行首楞嚴經卷二：「譬如有人以清浄目觀晴明空，唯一晴虚，迥無所有。其人無故，不動目睛，瞪以發勞，則於虚空別見狂花，復有一切狂亂非相。」

〔四〕業識：有情衆生流轉之根本識，謂依根本無明之惑而始動本心者。轉識：即轉變之識，轉變業識根本無明爲能見之識。現識：即阿賴耶識，一切諸法皆依阿賴耶識而顯現境界之相故。真諦譯大乘起信論：「一者、名爲業識，謂無明力不覺心動故。二者、名爲轉識，依於動心能見相故。三者、名爲現識，所謂能現一切境界，猶如明鏡現於色像，現識亦爾，隨其五塵對至即現，無有前後，以一切時任運而起常在前故。」

〔五〕見大佛頂如來密因修證了義諸菩薩萬行首楞嚴經卷一。

又，此心不從前際生，不居中際住，不向後際滅，昇降不動，性相一如，則從上稟受，以此真心爲宗。離此修行，盡縈魔罥〔一〕；別有所得，悉陷邪林。是以能動深慈，倍生憐愍。故二祖求此妄心不得，初祖於是傳衣〔二〕。阿難執此妄心，如來所以呵斥。如經云：「佛告阿難：『汝今欲知奢摩他〔三〕路，願出生死，今復問汝。』即時如來舉金色臂，屈五輪指，語阿難言：『汝今見不？』阿難言：『見。』佛言：『汝何所見？』阿難言：『我見如來舉臂屈指，爲光明拳，耀我心目。』佛言：『汝將誰見？』阿難言：『我與大衆同將眼見。』佛告阿難：『汝今答我：如來屈指爲光明拳，耀汝心目，汝目可見。以何爲心，當我拳耀？』阿難言：『如來現今徵心所在，而我以心推窮尋逐，即能推者，我將爲心。』佛言：『咄！阿難，此非汝心。』阿難矍然避座，合掌起立白佛：『此非我心，當名何等？』佛告阿難：『此是前塵虚妄相想〔四〕，惑汝真性。由汝無始至于今生，認賊爲子，失汝元常，故受輪轉。』阿難白佛言：『世尊，我佛寵弟，心愛佛故，令我出家。我心何獨供養如來，乃至徧歷恒沙國土，承事諸佛及善知識，發大勇猛，行諸一切難行法事，皆用此心。縱令謗法永退善根，亦因此心。若此發明不是心者，我乃無心，同諸土木。離此覺知，更無所有。云何如來説此非心？我實驚怖，兼此大衆無不疑惑，唯垂大悲，開示未悟。』

「爾時，世尊開示阿難及諸大衆，欲令心入無生法忍，於師子座摩阿難頂而告之言：『如來常説諸法所生，唯心所現。一切因果、世界微塵，因心成體。阿難，若諸世界一切所有，其中乃至草葉縷結，詰其根元，咸有體性。縱令虚空，亦有名貌。何況清淨妙淨明心、性一切心而自無體〔五〕？若汝執吝分别覺觀所了知性必爲心者，此心即應離諸一切色、香、味、觸諸塵事業，別有全性。如汝今者承聽我法，此則因聲而有分別，縱滅一切見聞覺知，内守幽閑，猶爲法塵分別影事，我非敕汝執爲非心，但汝於心微細揣摩。若離前塵有分別性，即真汝心；若分別性離塵無體，斯則前塵分別影事。塵非常住，若變滅時，此心則同龜毛兔角，則汝法身同於斷滅，其誰修證無生法忍？』」〔六〕

古釋云：能推者，即是妄心，皆有緣慮之用，亦得名心，然不是真心。妄心是真心上之影像，故云：「汝身汝心，皆是妙明真精妙心中所現物。」〔七〕若執此影像爲真，影像滅時，此心即斷。故云：若執緣塵，即同斷滅。以妄心攬塵成體，如鏡中之像、水上之泡。迷水執波，波寧心滅；迷鏡執像，像滅心亡。心若滅時，即成斷見。若知濕性不壞，鏡體常明，則波浪本空，影像元寂。故知諸佛境智徧界徧空，凡夫身心如影如像。若執末爲本，以妄爲真，生死現時，方驗不實。故古聖云：「見鑛不識金〔八〕，入爐始知錯。」〔九〕

校注

〔一〕魔罥：喻指各種擾亂身心、障礙善法、破壞勝事者。慧琳一切經音義卷一二：「魔罥，決縣反，亦作『羂』，或作『䍦』。考聲云：以繩捕也，纏縮也，彎板反。韻英云：繫取也。從冈肙，一縣反，聲也。經云『魔羂』者，五欲也，魔王以此繫縛衆生也。」

〔二〕二祖：指慧可。景德傳燈録卷三：「別記云：師初居少林寺九年，爲二祖說法，秖教曰：『外息諸緣，内心無喘，心如牆壁，可以入道。』慧可種種説心性，理道未契，師秖遮其非，不爲説無念心體。慧可曰：『我已息諸緣。』師曰：『莫不成斷滅去否？』可曰：『不成斷滅。』師曰：『何以驗之，云不斷滅？』可曰：『了了常知故，言之不可及。』師曰：『此是諸佛所傳心體，更勿疑也。』」

〔三〕奢摩他：意譯「止」，即禪定。慧琳一切經音義卷二六：「奢摩他，亦云『三摩地』，亦云『三昧』，此云『定』也、『止』也。『定』有多名，此總稱也。或名『三摩鉢底』也。」

〔四〕「相想」，原作「想相」，據嘉興藏本及經文改。仁岳述楞嚴經熏聞記卷一：「虚妄相想者，相即前塵，想即分別，影事二俱不實，故曰虚妄。」懷遠録首楞嚴經義疏釋要鈔卷三：「相想者，相即六塵，想即分別妄心第六識也。此是虚妄相家之想也。」

〔五〕子璿集首楞嚴義疏注經卷一：「『清浄』揀異妄染。『妙浄明心』，即三德具足，靈鑒無昧也。雖能隨緣成一切法，而一切法不能變動，若變動者，即無諸法，以不變故，爲諸法性。如鏡現像，不爲像變，若爲像變，則不能現一切諸像，以不變故，爲像所依。此亦如是，故云『性一切』也。豈得妄想不實，真亦無體，故此責云『而自無體』也。」思坦集注楞嚴經集注：「『性一切心』，即常住真心，能爲九界妄心之本性也。」

〔六〕見大佛頂如來密因修證了義諸菩薩萬行首楞嚴經卷一。

〔七〕見大佛頂如來密因修證了義諸菩薩萬行首楞嚴經卷二。

〔八〕大般涅槃經卷一〇：「譬如有人先識金鑛，後不識金。」

〔九〕出龐居士偈，見于頔編集龐居士語録卷中。此偈亦見本書卷四〇引。

問：真妄二心，各以何義名心？以何爲體？以何爲相？

答：真心以靈知寂照爲心，不空無住爲體，實相爲相；妄心以六塵緣影爲心，無性爲體，攀緣思慮爲相。此緣慮覺了能知之妄心，而無自體，但是前塵，隨境有無。境來即生，境去即滅，因境而起，全境是心。又，因心照境，全心是境，各無自性，唯是因緣。

故法句經云：「燄光無水，但陽氣耳；陰中無色，但緣氣耳。以熱時炎氣，因日光爍，遠看似水，但從想生，唯陽氣耳。此虚妄色心，亦復如是，以自業爲因，父母外塵爲緣，和合似現色心，唯緣氣耳[一]。」故圓覺經云：「妄認六塵緣影爲自心相。」[二]

校注

〔一〕敦煌本法句經觀三處空得菩提品第四：「意法與心，虚空無礙，譬如陽炎，遠視似水，無智之人，爲渴所逼，急走向之，轉近轉滅。炎邊住者，知此地中本來無水，見彼走人，知其妄相，便生嗤笑，語走人言：『此中無水，但陽氣耳，誑汝眼根。』彼人聞已，熱渴心息。色亦如是，凡夫無智，謂呼有實，爲欲渴所逼，生貪求相，熾然起心，趣向奔走，色相屬緣，轉觀轉滅。證實相者，知此陰中本來無色，本來無識，見凡夫人貪色疾走，知其妄想，便生嗤笑，爲説實法，語衆人言：『陰中無陰，心中無心，念中無念，但緣氣耳，誑汝眼根。』」

〔二〕見大方廣圓覺修多羅了義經。「相」，原作「性」，據諸校本及圓覺經改。

故知此能推之心，若無因緣，即不生起，但從緣生。緣生之法，皆是無常。如鏡裏之形無體，而全因外境；似水中之月不實，而虚現空輪。認此爲真，愚之甚矣！所以慶喜執而無據，七處茫然〔一〕；二祖了而不生，一言契道〔二〕。則二祖求此緣慮不安之心〔三〕不得，即知真心徧一切處。悟此爲宗，遂乃最初紹於祖位〔四〕。阿難因如來推破妄心，乃至於五陰〔五〕、六入〔六〕、十二處〔七〕、十八界〔八〕、七大性〔九〕，一一微細窮詰，徹底唯空，皆無自性。既非因緣、自他和合而有，又非自然、無因而生，悉是意言識想分別，因兹豁悟妙明真心，廣大含容，徧一切處，即與大衆俱達此心，同聲讚佛。

故經云：「爾時，阿難及諸大衆蒙佛如來微妙開示，身心蕩然，得無罣礙。是諸大衆各各自知心徧十方，見十方空，如觀手中所持葉物。一切世間諸所有物，皆即菩提妙明元心，心精徧圓，含裹十方。反觀父母所生之身，猶彼十方虚空之中吹一微塵，若存若亡；如湛巨海流一浮漚，起滅無從。了然自知，獲本妙心，常住不滅。禮佛合掌，得未曾有，於如來前，説偈讚佛：妙湛總持不動尊，首楞嚴王世希有，消我億劫顛倒想，不歷僧祇獲法身。」〔一〇〕即同初祖直指人心，見性成佛。

校　注

〔一〕慶喜：阿難的意譯。七處：佛於楞嚴會上徵詰阿難心目所在之處，謂在内、在外、潛根、在闇内、隨所合處、在中間、無著。「七處茫然」者，詳見大佛頂如來密因修證了義諸菩薩萬行首楞嚴經卷三。

〔二〕二祖了而不生，一言契道：見前「二祖」注。

〔三〕緣慮不安之心：即緣慮心，是攀緣境界、思慮事物的心。

〔四〕景德傳燈録卷三：「光曰：『諸佛法印，可得聞乎？』師曰：『諸佛法印，匪從人得。』光曰：『我心未寧，乞師與安。』師曰：『將心來，與汝安。』曰：『覓心了不可得。』師曰：『我與汝安心竟。』（中略）最後慧可禮拜後，依位而立。師曰：『汝得吾髓。』乃顧慧可而告之曰：『昔如來以正法眼付迦葉大士，展轉囑累而至於我。我今付汝，汝當護持。并授汝袈裟以爲法信，各有所表，宜可知矣。』」按，光指神光，即慧可。達摩改神光名爲慧可。

〔五〕五陰：又稱五藴，色、受、想、行、識。陰者，積聚之義。增一阿含經卷二七：「色如聚沫，受如浮泡，想如野馬，行如芭蕉，識爲幻法。」

〔六〕六入：又稱六處，指眼、耳、鼻、舌、身、意等六根（内六入），或色、聲、香、味、觸、法等六境（外六入）。入者，涉入。此六根、六境互相涉入而生六識，故稱「入」；爲生六識之所依，故稱「處」。隋慧遠大乘義章卷四十二因緣義八門分别：「言六入者，生識之處，名之爲入。入别不同，離分六種，所謂眼、耳、鼻、舌、身、意。」

〔七〕十二處：又稱十二入，内六入和外六入。

〔八〕十八界：内六根界（眼界、耳界、鼻界、舌界、身界、意界），外六塵界（色界、聲界、香界、味界、觸界、法界），六識界（眼識界、耳識界、鼻識界、舌識界、身識界、意識界）。若心色俱迷，則心色各開，數爲十八界。界即界限，隔别之義。

〔九〕七大性：謂地、水、火、風、空、覺、識。地性，粗爲大地，細爲微塵，更析鄰虚，即實空性；水性不定，流息無恒；火性無我，寄於諸緣；風性無體，動静不常；空性無形，因色顯發；覺見無知，因色空有；識性無源，因於六種根塵妄出。

〔一〇〕見大佛頂如來密因修證了義諸菩薩萬行首楞嚴經卷三。

問：真心行相，有何證文？

答：持世經云：「菩薩觀心，心中無心相。是心從本以來，不生不起，性常清淨。客塵〔一〕煩惱染，故有分别。心不知心，亦不見心。何以故？是心空性自空故，根本無所有。是心無有一定法，定法不可得故。是心無法，若合若散，是心前後際不可得。是心無形，無能見者，心不自見，不知自性。乃至〔二〕是人爾時不分别是心是非心，但善知心無生相，通達是心無生性。何以故？心無決定性，亦無決定相。乃至不得心垢相，不得心淨相，但知是心常清淨相。」〔三〕

校　注

〔一〕客塵：即煩惱。維摩詰所説經卷中文殊師利問疾品：「菩薩斷除客塵煩惱。」鳩摩羅什注曰：「心本清淨，無有塵垢。塵垢事會而生，於心爲客塵也。」僧肇注曰：「心遇外緣，煩惱横起，故名客塵。」

〔二〕乃至：表示引文中間有删略。下二「乃至」同。

〔三〕見持世經卷三四念處品第六。

大般若經云：「於一切法雖無所取，而能成辦一切事業。」〔一〕釋曰：若了自心，無事不辦。或妄取前境界，卻成内自不足。

所以金剛三昧經云：「菩薩觀本性相，理〔二〕自滿足。千思萬慮，不益道理，徒爲動亂，失本心王。」〔三〕論釋云：「無量功德，即是一心。一心爲主，故名心王。生滅動亂，違此心王，不得還歸，故言失也。」〔四〕

校注

〔一〕見大般若波羅蜜多經卷二七。

〔二〕「理」，原作「謂」，據金剛三昧經改。

〔三〕見金剛三昧經無相法品第二。

〔四〕見元曉述金剛三昧經論卷上。

又，心者，統攝諸法，一切最勝，無一法而不攝；王者，統御四海，八表朝宗，無一民而不臣〔一〕。故如幻三昧經云：「不求諸法，是名己身。」〔二〕進趣大乘方便經云：「真如實觀者，思惟心性無生無滅，不住見聞覺知，永離一切分別之想。」〔三〕

校注

〔一〕澄觀述大方廣佛華嚴經隨疏演義鈔卷七六：「心者，統攝諸法，一切最勝故；王者，統御四海，爲最勝故。」

〔二〕見如幻三昧經卷下。

〔三〕見占察善惡業報經卷下。據開元釋教録卷七，占察善惡業報經「出六根聚經，亦名大乘實義經，亦名地藏菩薩經，亦直云占察經」，然未見有云稱進趣大乘方便經者。諸經録中，亦未見進趣大乘方便經之名。占察善惡業報經卷下開頭云：「爾時，堅浄信菩薩摩訶薩問地藏菩薩摩訶薩言：『云何開示求向大乘者進趣方便？』」末尾云：「佛告堅浄信菩薩摩訶薩言：此法門名爲占察善惡業報，亦名消除諸障增長浄信，亦名開示求向大乘者進趣方便顯出甚深究竟實義，亦名善安慰説令離怯弱速入堅信決定法門，依如是名義，汝當受持。」「進趣大乘方便」，當即「開示求向大乘者進趣方便顯出甚深究竟實義」之略。本書凡四引進趣大乘方便經，皆見占察善惡業報經卷下。

問：心能作佛，心作衆生，以了真心故成佛，以執妄心故成衆生。若成佛，皆具圓通五眼〔一〕、無漏五陰。故經云：「滅無常色，獲得常色。」〔二〕又云：「妙色湛然常安住。」〔三〕又云：「善能分別諸法相。」〔四〕云何説真心「不住見聞覺知，永離一切分別之想」？答：若是妄心見聞，須假因緣，能、所生起，如云「眼具九緣生」〔五〕等，若無色空和合之緣，見性無由得發。五根〔六〕亦然，皆仗緣起。斯則緣會而生，緣散而滅，無自主宰，畢竟性空。如楞伽經偈云：「心爲工技兒，意如和技者，五識爲伴侣，妄想觀技衆。」〔七〕如歌舞立技之人，隨他拍轉，拍緩則步緩，拍急則步急。五根亦如是，但隨意轉。如云：身非念輪，隨念而轉〔八〕。何者？意地若生，身輪動作；意地若息，根境寂然。真心則不爾，常照常現，鐵圍不能匿其輝；徧界徧空，穹蒼不能覆其體；非純非雜，萬法不能隱其真；無住無依，塵勞不能易其性。豈假前塵發耀、對境生知？自然寂照靈知，湛然無際。

校注

〔一〕五眼：照了諸法事理的五種眼，即肉眼（肉身所具之眼）、天眼（色界諸天修禪定而得者，此眼遠近、内外、晝夜皆能看見）、慧眼（二乘人之眼，能輕易洞察一切現象皆爲空相、定相）、法眼（菩薩爲救度一切衆生，能照見一切法門之眼）和佛眼（具足前四種眼之作用，聞見互用，無所思惟，一切皆見）。

〔二〕大般涅槃經卷三九：「如來已滅無常之色至無常識，是故身常。」仁王護國般若經疏卷五：「聖人滅無常色，獲得常色。」

〔三〕見大般泥洹經卷一長者純陀品第三。

〔四〕見方廣大莊嚴經卷一二。
〔五〕窺基撰成唯識論述記卷七：「眼識依肉眼具九緣生，謂空、明、根、境、作意——五同小乘，若加根本第八、染浄第七、分别俱六、能生種子，九依而生。」眼具九緣，詳見本書卷五五。
〔六〕五根：眼根、耳根、鼻根、舌根、身根。阿毗達磨俱舍論卷一：「言五根者，所謂眼、耳、鼻、舌、身根。」
〔七〕見楞伽阿跋多羅寶經卷四。
〔八〕大佛頂如來密因修證了義諸菩薩萬行首楞嚴經卷一〇：「由汝念慮，使汝色身。身非念倫，汝身何因？隨念所使，種種取像。心生形取，與念相應。」

故首楞嚴經云：「佛告阿難：如是六根，由彼覺明，有明明覺，失彼精了，黏妄發光〔一〕。是以汝今離暗離明，無有見體；離動離静，元無聽質；無通無塞，齅性不生；非變非恬，嘗無所出；不離不合，覺觸本無；無滅無生，了知安寄？汝但不循動静、合離、恬變、通塞、生滅、暗明，如是十二諸有爲相，隨拔一根，脱黏内伏〔二〕，伏歸元真，發本明耀，耀性發明，諸餘五黏應拔圓脱〔三〕，不由前塵所起知見，明不循根，寄根明發，由是六根互相爲用。阿難，汝豈不知，今此會中，阿那律陁無目而見〔四〕，跋難陁龍無耳而聽〔五〕，殑伽神女非鼻聞香〔六〕，驕梵鉢提異舌知味〔七〕，舜若多神無身有觸，如來光中映令暫現，既爲風質，其體元無〔八〕。諸滅盡定，得寂聲聞，如此會中，摩訶迦葉久滅意根，圓明了知，不因心念。

阿難，今汝諸根若圓拔已，内瑩發光，如是浮塵及器世間〔九〕諸變化相，如湯消冰，應念化成無上知覺。阿難，如彼世人聚見於眼，若令急合，暗相現前，六根黤〔一〇〕然，頭足相類。彼人以手循體外繞，彼雖不見，頭足一辯，知覺是同〔一一〕，緣見因明，暗成無見。不明自發，則諸暗相永不能昏。根塵既消，云何覺明不成圓妙？」〔一二〕

釋曰：「如彼世人聚見於眼」者，此先明世見，非眼莫觀，若令急合，則無所見，與耳等五根相似。「彼人以手循體外繞」，雖不假眼而亦自知，此況真見不藉外境。「緣見因明，暗成無見」者，此牒世間眼見，須仗明暗因緣，根塵和合，方成於見、無見。「不明自發」者，此正明真見之時，見性非眼，既不屬眼，又何假明暗根塵所發？則不明之明、無見之見，自然寂照靈知，何曾間斷？且世間明暗虚幻出没之相，又焉能覆蓋乎！是以明不能明、暗不能暗也，故云「則諸暗相永不能昏」。真性天然，豈非圓妙？所以學人問先德云：「如何是大悲千手眼？」答云：「如人夜裏摸得枕子。」〔一三〕

校注

〔一〕思坦集注楞嚴經集注卷四：「『由彼覺明』，真明也。『有明明覺』，妄明也。迷彼真明，故云『失彼精了』。成此妄明，故云『黏妄發光』。謂染著妄境，發生妄明。」

〔二〕仁岳述楞嚴經熏聞記卷三：「如於耳根不循動静，即是脱黏；智契於理，名爲内伏。」

〔三〕子璿集首楞嚴義疏注經卷四：「『圓脱』，圓銷也。執境成根，因根有礙，執心不起，諸境自亡，既不相纏，自然圓脱。」

〔四〕子璿集首楞嚴義疏注經卷四：「阿那律陀，云『無滅』，白飯王子。以多睡故，如來呵之，從此精進，七日不眠，則失雙目。佛令修天眼，繫念在緣，四大浄色半頭而發，見障内外明暗皆矚，照三千界如觀掌果，故云『無目而見』。」

〔五〕子璿集首楞嚴義疏注經卷四：「跋難陀，云『賢喜』，與難陀龍常護摩伽陀國，雨澤以時，國無饑年。瓶沙王年設大會，報龍之恩，人皆歡喜，從此得名。難陀，云『歡喜』，爲目連所降。『無耳而聽』，未詳緣起。」

〔六〕殑伽：即恒河。子璿集首楞嚴義疏注經卷四：「殑伽，亦恒伽，此云『天堂來』。此河從無熱惱池南面銀象口出，流入東印度。主河之神是女，故云『神女』。『非鼻聞香』，未見其緣。」

〔七〕子璿集首楞嚴義疏注經卷四：「（驕梵鉢提）正云『笈房鉢底』，此云『牛相』。今經云：我有口業，於過去世輕弄沙門，世世生生有牛呞病。呞者，牛凡食後，常事虚哨，時人稱爲牛呞也。『異舌』者，未見別緣。或可既云『牛相』，即其牛舌也。而能辨了人所食味，故云『異舌知味』。」

〔八〕子璿集首楞嚴義疏注經卷四：「舜若多，云『空』，即主空神也。無色界天亦是此類，隨其所主亦無色質。『既爲風質』者，此約體不可見，故云『元無』，以佛力故，故能暫現，亦顯有定自在色，無業色也。無色界天淚下如雨，正是此事。」

〔九〕器世間：指一切衆生居住的國土世界。因其能容納衆生居住，如器物故。

〔一〇〕「黤」，嘉興藏本及首楞嚴經作「黯」。「黤」，同「黯」，深黑色。

〔一一〕子璿集首楞嚴義疏注經卷四：「此則近以世人六根隔越，不相通用，尚有知覺同者，豈況真覺須假根塵耶？六根無辨，故云『黯然』。頭足不分，故云『相類』。若以手摸，頭足明辨，與見無異，故云『知覺是同』。」

〔一二〕見大佛頂如來密因修證了義諸菩薩萬行首楞嚴經卷四。

〔一三〕景德傳燈録卷一四前藥山惟儼禪師法嗣：「潭州雲巖曇晟禪師，鍾陵建昌人也，姓王氏。（中略）道吾問：『大悲千手眼，那個是正眼？』師曰：『如無燈時，把得枕子怎麽生？』道吾曰：『我會也，我會也！』師曰：『怎麽生會？』道吾曰：『通身是眼。』」故知「學人」者，道吾也；「先德」者，曇晟也。釋曇晟，傳見宋高僧傳卷一一唐澧陽雲巖寺曇晟傳；道吾，傳見宋高僧傳卷一一唐潭州道吾山圓智傳。

問：妄心行相，有何證文？

答：勝天王般若波羅蜜經云：佛言：「菩薩行般若波羅蜜念心，作是思惟：此心無常而謂常住，於苦謂樂，無我謂我，不净謂净，數動不住，速疾轉易，結使根本諸惡趣門，煩惱因緣壞滅善道，是不可信貪、瞋、癡主。一切法中，心爲上首。若善知心，悉解衆法。種種世間，皆由心造，心不自見。若善若惡，悉由心起。心性迴轉，如旋火輪，易轉如馬，能燒如火，暴起如水。作如是觀，於念不動，不隨心行，令心隨己。若能伏心，則伏衆法。」〔一〕

校注

〔一〕見勝天王般若波羅蜜經卷二念處品第四。

大涅槃經云：「佛言：善男子，心若常者，亦復不能分別諸色，所謂青、黄、赤、白、紫色。善男子，心若常者，諸憶念法，不應忘失。善男子，心若常者，凡所讀誦，不應增長。復次，善男子，心若常者，不應説言已作、今作、當作。若有已作、今作、當作，當知是心必定無常。善男子，心若常者，則無怨、親、非怨、非親。心若常者，則不應言我物、他物，若死、若生。心若常者，雖有所作，不應增長。善男子，以是義故，當知心性各各別異故，當知無常。」〔二〕

又云：「云何現喻？如經中説，衆生心性，猶如獼猴。獼猴之性，捨一取一。衆生心性，亦復如是，取著色、聲、香、味、觸、法，無暫住時，是名現喻。」〔三〕

可驗即今衆生之心，如猿猴之處高樹，上下不停；猶彌泥〔三〕之泛迅流，出入無礙；似幻士之遊衆會，名相皆虚；若技兒之出戲場，本末非實。

所以正法念處經云：「又彼比丘，次復觀察心之猿猴，如見猿猴。如彼猿猴躁擾不停，種種樹枝、華果林等，山谷巖窟迴曲之處，行不障礙。心之猿猴，亦復如是，五道差別如種種林，地獄、畜生、餓鬼諸道猶如彼樹，衆生無量如種種枝，愛如華葉，分别愛聲諸香味等以爲衆果，行三界山，身則如窟，行不障礙，是心猿猴。此心猿猴，常行地獄、餓鬼、畜生生死之地。又彼比丘，依禪觀察心之技兒，如見技兒。如彼技兒取諸樂器，於戲場地作種種戲。心之技兒，亦復如是，種種業化，以爲衣服；戲場地者，謂五道地；種種裝飾、種種因緣、種種樂器，謂自境界。技兒戲者，生死戲也；心爲技兒種種戲者，無始無終長生死也。又彼比丘，依禪觀察心彌泥魚，如見彌泥。如彌泥魚，在於河中，若諸河水急速亂波，深而流疾，難可得行，能漂無量種種樹木，勢力暴疾不可遮障，山澗河水峻速急惡，彼彌泥魚能入能出、能行能住。心之彌泥，亦復如是，於欲界河急疾波亂，能出能入，能行能住。」〔四〕

校注

〔一〕見大般涅槃經卷一四，南本見卷一三。

〔二〕見大般涅槃經卷二九，南本見卷二七。

〔三〕彌泥：魚名，疑即「坻彌」之類。玄應撰一切經音義卷二一：「坻彌，三蒼音低，下諸律中皆作『迷』，應言『帝彌祇羅』，謂大身魚也。其類有四種，此則第四最小者也。法炬經中『低迷宜羅』，即第三魚也，皆次第互相吞噉也。」

〔四〕見正法念處經卷五生死品之三。

大智度論云：「如佛説：『凡夫人或時知身無常，而不能知心無常。若凡夫人言身有常猶差，以心爲常是大惑。何以故？身住或十歲、二十歲，是心日日過去，生滅各異，念念不停，欲生異生，欲滅異滅，如幻事，實相不可得。』如是無量因緣故，知心無常，是名心念處。行者思惟：是心屬誰？誰使是心？觀已，不見有主。一切法因緣和合故不自在，不自在故無自性，無自性故無我。若無我，誰當使是心？」〔一〕

校注

〔一〕見龍樹造、鳩摩羅什譯大智度論卷一九。

止觀云：起一念慮知之心，隨善惡而生十道：一、若其心念念專貪、瞋、癡，攝之不還，拔之不出，日增月甚，起上品十惡〔二〕，如五扇提羅者〔三〕，此發地獄之心，行火塗道〔三〕。二、若其心念念欲多眷屬，如海吞流，如火焚薪，起中品十惡，如調達誘衆者〔四〕，此發畜生心，行血塗道〔五〕。三、若其心念念欲得名聞、四遠八方稱揚欽詠，内無實德，虚比賢聖，起下品十惡，如摩犍提者〔六〕，此發鬼心，行刀塗道〔七〕。四、若其心念念常欲勝彼，不耐下人，輕他珍己，如鵄高飛下視，而外揚仁義禮智信，起下品善心〔八〕，行阿脩羅道。五、若其心念念欣世間樂，安其臭身，悦其癡心，此起中品善心，行於人道。六、若其心念念知三惡苦多、人間苦樂相間、天上純樂，爲天上樂折伏麤惡，此上品善心，行於天道。七、若其心念念欲大威勢，身口意纔有所作，一切弭從，此發欲界主心，行魔羅道〔九〕。八、若其心念念欲得利智辯聰，高才勇哲，鑒達六合，十方顒顒，此發世智心，行尼乾道〔一〇〕。九、若其心念念五塵六欲外樂蓋微，三禪之樂猶如石泉，其樂内重，此發梵心，行色無色道〔一一〕。十、若其心念念知善惡輪環，凡夫躭湎，賢聖所訶，破惡由浄慧，浄慧由浄禪，浄禪由浄戒，尚此三法，如飢如渴，此發無漏心，行二乘道。此上十心，或先起非心，或先起是心，或是非並起，譬象、魚、風並濁池水，象譬諸非自外而起；魚譬内觀羸弱，爲二邊所動；風譬内外合雜，穢濁混和。前九種心是生死，如蠶自縛；後一種心是涅槃，如麞獨跳，雖得自脱，未具佛法。俱非故，雙簡〔一二〕。

校注

〔一〕十惡：一、殺生，二、偷盜，三、邪婬，四、妄言，五、綺語，六、兩舌，七、惡口，八、貪欲，九、瞋恚，十、邪見。詳見下「下品善心」注。

〔二〕扇提羅：意譯「石女」，即無男女根者。按，「如五扇提羅」者，詳見未曾有因緣經卷下。唐湛然述止觀輔行傳弘決卷一之三：「『言『五扇提羅』等者，未曾有經下卷云：昔五比丘懶墮懈怠，不修經書，時世穀貴，爲人所輕，不供養之。五人議曰：夫人生計，隨其形儀，人命至重，不可守死。各共乞求，辦具繩床，坐曠野中，掃灑莊嚴，依次而坐，外形似禪，内思邪濁。見者謂聖，因此招供，飽足有餘。有一女人，名曰提韋，聞之心喜，莊嚴往詣，禮供請還，五人便許。提韋有十頃園林，流泉、浴池、堂舍供養，令住終身。五人又念：夫人生計，種種方宜，求覓財物。雖受施主如是供給，日富歲貧。迭差一人，遊諸聚落，宣告衆人：彼四比丘，成阿羅漢。種種稱歎。諸人聞已，齎持供養，如是多年。提韋直心供養福故，經八千劫，償其施主。雖復爲人，諸根暗鈍，無男女根，名爲石女。經爾所劫，償施主已。佛告匿王：時提韋者，今皇后是。五比丘者，隨從擔輿五人者是。」

〔三〕火塗道：即地獄道，謂地獄中受火牀、爐炭等苦。

〔四〕湛然述止觀輔行傳弘決卷一之三：「『如調達者』，具如大經、大論及諸律文。今且略依大論，附諸文意。謂教王害父而爲新王，我當害佛而爲新佛。依於修陀，得有漏通。爲誘王故，化爲小兒，坐王膝上，王因以唾飴其口中。害蓮華尼，推山壓佛，具三十相，唯少白毫、千輻而已。便以鐵輪燒令極熱，用印足下作千輻文。足熱腫痛，苦不可忍。阿難白佛：『我兄如是，願爲救護。』世尊憐愍，至其住房，以手摩之，苦痛即除。謂世尊曰：『浄飯王種，如此道術，足得養身。』後平復已，從佛索衆。佛訶之曰：『癡人無知，我尚不以衆付身子及目連等，況汝癡人食人涕唾！』因兹結恨，別構五法，以誘佛衆。」

〔五〕血塗道：即畜生道，謂畜生常被互相吞啖之苦。

〔六〕湛然述止觀輔行傳弘決卷一之三：「『如摩揵提者』，大論第二云：『是人生時，作偈難佛云：決定諸法中，横生種種想，悉捨爲内滅，云何説此道？佛答云：非見聞知覺，非持戒所得，亦非不見聞，非不持戒得。如是論悉捨，亦捨我我所。又難佛云：若非見聞等，非持戒所得，亦非不見聞，非不持戒得。如我心觀察，行瘂法得道。佛答云：汝依邪見門，我知汝癡道。若不見諸相，汝爾時自瘂。』又第三云：『摩揵提死，弟子移其屍著床上，向市中多人處唱：若有眼見摩揵提屍者，是人皆得清淨道，況禮拜供養者！時有多人信受。諸弟子聞是事已，白佛。佛言：小人眼見求清淨，如是無利無實道，諸結煩惱滿心中，云何眼見得清淨？若有眼見得清淨，何用智慧功德寶？從被驅逼爲名，故名刀途。』」

〔七〕刀塗道：即餓鬼道，謂餓鬼中常受刀杖逼迫之苦。

〔八〕下品善心：十善（不殺生、不偷盜、不邪婬、不妄語、不兩舌、不惡口、不綺語、不貪欲、不瞋恚、不邪見）有上、中、下三品，下品者，於作善之時，即生悔心；中品者，於作善已後，起少悔心；上品者，於十善欲作、正作、作已三時之中，心俱不悔。

〔九〕魔羅道：魔羅，意譯「能奪命」，謂能奪人智慧之命，即天魔。玄應一切經音義卷二三：「梵言『魔羅』，此譯云『障』，能爲修道作障礙也。亦名煞者，論中釋斷慧命，故名爲魔，常行放逸而自害身故名魔。魔是位處，即第六天主也。」

〔一〇〕尼乾：苦行外道。玄應一切經音義卷二四：「離繫，亦云『不繫』，梵言『尼乾』，亦『泥揵連』，其外道拔髮露形，無所貯畜，以手乞食，隨得即噉也。」

〔一一〕龍樹造、鳩摩羅什譯大智度論卷八：「是樂二種：内樂、涅槃樂，是樂不從五塵生。譬如石泉，水自中出，不從外來；心樂亦如是，行等心，修梵行，得十善業道，清淨無穢，是名内樂。」

〔一二〕詳見智顗說、灌頂記摩訶止觀卷一上。

明知三界無别理，但是妄心生，爲八倒〔一〕之根株，作四流〔二〕之源穴，疾如掣電，猛若狂風。瞥起塵勞，速甚瀑川之水；欻生五欲〔三〕，急過旋火之輪。是以結構四魔〔四〕，驅馳十使〔五〕，沈二死〔六〕之河底，投八苦〔七〕之燄中。醉迷衣裏之珠，徒經艱險〔八〕；闕没頟中之寶，空自悲嗟〔九〕。皆因妄心，迷此真覺；終無别失，有出斯文。

校注

〔一〕八倒：八種顛倒妄見，分爲有爲四倒、無爲四倒。於生死之無常、無樂、無我、無浄，執常、樂、我、浄，爲有爲四倒，又名凡夫四倒；於涅槃之常、樂、我、浄，執無常、無樂、無我、無浄，爲無爲四倒，又名二乘四倒。大乘義章卷五八倒義九門分别：「所言倒者，邪執翻境，名之爲倒。倒隨境别，難以限算，今據一門，且論八種。八名是何？謂常、樂、我、浄、無常、無樂、無我、無浄，是其名也。八中前四，迷於生死有爲之法，名有爲倒。若從所立，名無爲倒。後四迷於涅槃無爲，名無爲倒。若從所立，名有爲倒。前四如何？生死無常，妄謂是常；生死實苦，妄謂是樂；生死無我，妄謂有我；生死不浄，妄謂是浄。是名顛倒。（中略）無爲四者，涅槃實是常、樂、我、浄，妄謂無之，故名倒倒。問曰：涅槃實是常、樂、我、浄之法，衆生何緣起此四倒？釋言：如來隨化世間，示同有爲，衆生不解，執應迷真，故起此倒。」

〔二〕四流：見流，三界見惑；欲流，欲界一切諸惑，但除見及無明；有流，色界、無色界一切諸惑，但除見及無明；無明流，三界之無明。有情衆生爲此四法漂流而不息，故名爲流。

〔三〕五欲：色、聲、香、味、觸，能起人貪欲之心，故稱五欲。智顗説、灌頂記摩訶止觀卷四下：「五塵非欲，而其中有味，能生行人須欲之心，故言五欲。」

〔四〕四魔：煩惱魔、五衆魔、死魔和自在天子魔。大智度論卷五六：「魔有四種：一者、煩惱魔，二者、五衆魔，三者、死魔，四者、自在天子魔。」煩惱魔者，貪等煩惱，能惱害身心；五衆魔者，又稱陰魔、蘊魔，色等五陰，能生種種苦惱；死魔者，死能斷人命根；自在天魔者，欲界第六天（即他化自在天）之魔王，能害人善事。

〔五〕十使：十種煩惱，貪欲、瞋恚、無明、慢、疑、身見（我見）、邊見、邪見、見取、戒取。使，驅役，謂貪等煩惱能驅役行者心神，令其流轉三界生死。

〔六〕二死：分段生死、變易生死。詳參本書卷四注。

〔七〕八苦：衆生六道輪回中所受逼惱身心的八種苦。大般涅槃經卷一二：「八相名苦，所謂生苦、老苦、病苦、死苦、愛别離苦、怨憎會苦、求不得苦、五盛陰苦。」

〔八〕妙法蓮華經卷四五百弟子受記品：「譬如有人，至親友家，醉酒而卧。是時親友官事當行，以無價寶珠繫其衣裏，與之而去。其人醉卧，都不覺知。起已遊行，到於他國。爲衣食故，勤力求索，甚大艱難；若少有所得，便以爲足。於後親友會遇見之，而作是言：『咄哉，丈夫！何爲衣食乃至如是？我昔欲令汝得安樂、五欲自恣，於某年日月，以無價寶珠繫汝衣裏。今故現在，而汝不知。勤苦憂惱，以求自活，甚爲癡也！汝今可以此寶貿易所須，常可如意，無所乏短。』」

〔九〕大般涅槃經卷七：「譬如王家有大力士，其人眉間有金剛珠，與餘力士捔力相撲，而彼力士以頭抵觸其額上，珠尋没膚中，都不自知是珠所在。（中略）憂愁啼哭。是時良醫慰喻力士：『汝今不應生大愁苦，汝因鬭時，寶珠入體，今在皮裹，影現於外。汝曹鬭時，瞋恚毒盛，珠陷入體，故不自知。』」

如上依教所説，真妄二心，約義似分，歸宗匪別。何者？真心約理體，妄心據相用。今以理恒是心，不得心相；心恒是理，不動心相。如水即波，不得波相；波即是水，不壞波相。是以動静無際，性相一原。當凡心而見〔一〕佛心，觀世諦而成真諦。所以華嚴經云：菩薩摩訶薩觀一切法，皆以心爲自性，如是而住〔二〕。若攝境爲心，是世俗勝義；心之自性，即是真如，是勝義勝義〔三〕。如是而住，以無所得而爲方便，雙照真俗，無住住故。

校　注

〔一〕「見」，諸校本作「是」。

〔二〕實叉難陀譯大方廣佛華嚴經卷二二：「恒以智慧，知諸世間如幻、如影、如夢、如化，一切皆以心爲自性，如是而住。」

〔三〕世俗勝義：即世間勝義，又稱體用顯現諦，即指於五蘊、十二處、十八界等虚妄之法説真如勝妙之義。事相粗顯，猶可破壞，故曰世間；爲聖者所知，異於世間世俗諦，故名勝義。勝義勝義：又稱廢詮談旨，即唯一真實的法界。玄奘譯成唯識論卷九：「勝義諦，略有四種：一、世間勝義，謂藴、處、界等；二、道理勝義，謂苦等四諦；三、證得勝義，謂二空真如；四、勝義勝義，謂一真法界。此中勝義依最後説，是最勝道所行義故。爲簡前三，故作是説：此諸法勝義，亦即是真如。真謂真實，顯非虚妄；

如謂如常，表無變易。謂此真實於一切位常如其性，故曰真如，即是湛然不虛妄義。亦言顯此復有多名，謂名法界及實際等。」

音義

恬，徒兼反，靜也。　慊，苦簟反，慊恨也。　邅〔一〕，直連反，行也。　摸，慕各反，摸索也。　菔，蒲北反。　箕，居之反。　瓮，烏貢反。　唄，薄邁反。　粖，末音。　龐，薄江反，姓也。　嵐，盧含反，山嵐也。　嶽，五角反。　詎，其呂反。　豁，呼活反。　儡，魯回反，儡同也。　濫，盧暫反，叨濫也。　鍮，託侯反，鍮石也。　陷，户鑒反，入地也。　駭，侯楷反。　驟，鋤祐反，疾也。　淹，英廉反。　壘，力軌反。　罥，姑泫反。　戄，許縛反，驚懼也。　詰，去吉反。　悋，良刃反。　揣，初委反，度也。又音摶。　鑛，古猛反，金璞也。　統，他綜反。　技，渠綺反。　黏，女廉反。　黤，於檻反，黑色也。　擾，而沼反，亂也，順也。　揵，居偃反。　耐，奴代反，忍也。　鴟，處脂反，鳶也。　弭，綿婢反，弓末也。　顒，魚容反。　躭，丁含反。　羸，力爲反，瘦也。　麞，諸良反。　跳，徒聊反，躍也。　掣，征例反，作也。　撇，普篾反，擊也。　瀑，蒲木反。　　欻，許勿反，暴起也。

校注

〔一〕「踸」，文中作「躔」，異體。

丙午歲分司大藏都監開板

宗鏡録卷第四

慧日永明寺主智覺禪師延壽集

夫所言心法者，云何是心？云何是心法？

答：了塵通相，説名心王，由其本一心是諸法之揔原也；取塵别相，名爲數法，良因其根本無明迷〔一〕平等性故也。辯中邊論云：若了塵通相，名心；取塵别相，名爲心法〔二〕。

問：此一心法，幾義而成？

答：心法總有四義：一是事，隨境分别見聞覺知。二是法，論體唯是生滅法數。此二義，論俗故有，約真故無。三是理，窮之空寂。四是實，論其本性，唯是真實如來藏法〔三〕。

校注

〔一〕「迷」，元曉撰起信論疏卷上作「違」。參後注。

〔二〕世親造、玄奘譯辯中邊論卷上辯相品第一：「唯能了境總相，名心；亦了差别，名爲受等諸心所法。」真諦譯中邊分别論卷上相品第一：「心者，但了别塵通相。若了塵别相，説名爲心法。」又，新羅元曉撰起信論疏卷上：「取塵别相，名爲數法，良由其根本無明違平等性故也。其所相心，隨所至處，每作總主。

了塵通相，説名心王，由其本一心是諸法之總源故也。如中邊論云：唯塵智名心，差別名心法。長行釋云：若了塵通相，名心；取塵别相，名爲心法。」

〔三〕澄觀撰大方廣佛華嚴經疏卷三四：「心法有四：一、事，二、法，三、理，四、實。謂隨境分别見聞覺知，名之爲事；論體唯是生滅法數，故名爲法；窮之空寂，説以爲理；論其本性，唯是真實如來藏法，故名爲實。」

問：心四義之中，前二義是緣慮妄心，後二義是常住真心。約真心，則本性幽玄，窮理空寂，既無數量，不更指陳。只如妄心，既涉見聞，又言生滅。此緣慮心，有其幾種行相？

答：有五種心：一、率爾心，謂聞法創初，遇境便起；二、尋求心，於境未達，方有尋求；三、決定心，審知法體而起決定；四、染净心，法詮欣厭而起染净；五、等流心，念念緣境，前後等故〔一〕。

法苑義林云：「辯五心相者，且如眼識初墮於境，名率爾墮心，同時意識先未緣此，今初同起，亦名率爾。故瑜伽論云：『意識任運散亂，緣不串習境時，無欲等生，爾時意識，名率爾墮心。』〔二〕有欲生時，尋求等攝故。又，解深密經及決擇論説五識同時，必定有一分别意識俱時而轉〔三〕，故眼俱意名率爾心，初卒墮境故。此既初緣，未知何境爲善、爲惡，爲了知故，次起尋求，與欲俱轉，希望境故。既尋求已，識知先境，次起決定，印〔四〕解境故。決定已，識界差別，取正因等相，於怨住惡，於親住善，於中住捨，染淨心生。由此染淨意識爲先，引生眼識，同性善染，順前而起，名等流心。如眼識生，耳等識亦爾。」〔五〕

校注

〔一〕玄奘譯瑜伽師地論卷一本地分中五識身相應地第一：「由眼識生，三心可得，如其次第，謂率爾心、尋求心、決定心。初是眼識，二在意識。決定心後，方有染淨，此後乃有等流。」大明三藏法數卷一七：「一、率爾心，率爾，猶卒然也，謂人一念之心初對於境，卒然任運而起，未分別善惡，是名率爾心；二、尋求心，謂人一念之心既對於境明了，即推尋求覓而生分別，是名尋求心；三、決定心，謂人一念之心於所緣境法既能分別，則審知善惡，決定不謬，是名決定心；四、染淨心，謂人一念之心於法既審知是善、是惡，則染淨自然而分，是名染淨心；五、等流心，等謂平等，流即流類，謂人一念之心於善惡法染淨既分，則各隨類相續，於善法則繼淨想，於惡法則繼染想，念念相續，前後無異，是名等流心。」

〔二〕見玄奘譯瑜伽師地論卷三。

〔三〕解深密經卷一心意識相品第三：「若於爾時一眼識轉，即於此時唯有一分別意識，與眼識同所行轉。若於爾時二、三、四、五諸識身轉，即於此時唯有一分別意識與五識身同所行轉。」唐圓測撰解深密經疏卷三：「此明眼識起時，必有分別意識同時隨行，同緣一境。」　又，「及決擇論」，大乘法苑義林章作「又決擇七十六」，成唯識論述記作「及七十六」，故此決擇論者，當即瑜伽師地論攝決擇分。瑜伽師地論卷七六攝決擇分中菩薩地之五：「六識身轉，謂眼識、耳、鼻、舌、身、意識，此中有識，眼及色爲緣生眼識，與眼識俱隨行，同時同境，有分别意識轉。有識，耳、鼻、舌、身及聲、香、味、觸爲緣，生耳、鼻、舌、身識，與耳、鼻、舌、身識俱隨行，同時同境，有分别意識轉。廣慧，若於爾時一眼識轉，即於此時唯有一分别意識與眼識同所行轉。若於爾時二、三、四、五諸識身轉，即於此時唯有一分别意識與五識身同所行轉。」

〔四〕「印」，原作「即」，據磧砂藏、嘉興藏本及大乘法苑義林章改。

〔五〕見窺基撰大乘法苑義林章卷一五心章。

先德問：五心於八識中各有幾心？

答：前五識有四心，除尋求心，無分别故。第六具五心，第七無率爾、尋求二心，有決定、染淨、等流三心，謂第七常緣現在境故，無率爾也。

問：第七現有計度分别，何無尋求心？

答：夫尋求心皆依率爾後尋求方生，第七既無率爾，尋求亦無。

問：前五既有率爾，何無尋求？

答：尋求有二緣方有：一即率爾心引，二即計度分别心。前五種雖有率爾，而無計度分别。第八有三心：率爾、決定、等流，無染淨、尋求。

問：第八同第七，常緣現在境，何得有率爾？

答：第七緣境，即無間斷。第八緣境，境有間斷。第八初受生時，創緣三界三種境〔一〕故。

校注

〔一〕三種境：種子、根身和器世間境。大明三藏法數卷八：「三類境者，謂第八阿賴耶識緣三種境，種子、根身，即内境也；器世間，即外境也。一、種子境，謂第八識能遍任持世間、出世間諸法種子故，名種子境；二、根身境，謂第八識覺明能了之心，發起内外塵勞之相，於一圓湛析出根塵，聚内四大而爲身分故，名根身境；三、器世間境，世界如器，名器世間，謂從第八識轉相而成現相，即有山河、大地等境界，故名器世間境。」

問：初受生時，第七亦創緣三界第八識，何無率爾心？

答：第七隨所繫，常緣當界第八識也。今助一解，第七常内緣一境，即無率爾。第八外緣多境，而有率爾。無分别故，即無尋求。

問：五心之中，何心熏種？何心不熏種？

答：率爾心有二説：一云不熏種，任運緣境，不强盛故。二云若緣生境，即不熏種；若緣曾聞熟境，即熏種。由串習力故，餘心總熏種。今解：且如率爾聞聲境時，不簡生、熟聲境，皆熏實聲種子。更有九心成輪，廣略不同，真理是一，其心如輪，隨境而轉。故經云：身非念輪，隨念而轉〔一〕。其義如何？上座部師立九心輪〔二〕者，一、有分，二、能引發，三、見，四、尋求，五、貫徹，六、安立，七、勢用，八、返緣，九、有分體。且如初受生時，未能分別，心但任運，緣於境轉，名有分；若有境至，心欲緣時，便生警覺，名能引發；其心既於此境上轉，見照矚彼；既見彼已，便成尋求，察其善惡；既察彼已，遂貫徹；識其善惡，而安立心；起語分別説其善惡，隨其善惡，便有動作勢用；動作既興，欲休廢道，故返緣前所作事；既返緣已，還歸有分。任運緣境，名爲九心，可成輪義。其中見心通於六識，餘唯意識。有分心通生死，返緣心唯得死。若離欲者，死唯有分心。既無我愛，無所返緣，不生顧戀。未離欲者，以返緣心而死，有戀愛故。若有境至，即心可生。若無異境，恒住有分，任運相續。然見與尋求，前後不定〔三〕。

校注

〔一〕大佛頂如來密因修證了義諸菩薩萬行首楞嚴經卷一〇：「由汝念慮，使汝色身。身非念倫，汝身何因？隨念所使，種種取像。心生形取，與念相應。」按，身非念倫，「謂身之與念，色、心兩殊，且非倫類」（楞嚴經熏聞記卷五）。倫，指同類。此處引作「輪」，取「輪轉」義。

〔二〕上座部：小乘十八部之一，釋迦牟尼入滅後一百年分出，其教義與大衆部直接對立。九心輪：謂衆生一念之心隨緣塵境，有九種相周而復始，無有休息，如輪旋轉。上座部認爲，有情衆生通過九心輪輪回流轉。

〔三〕「上座部師立九心輪者」至此，詳見窺基撰成唯識論掌中樞要卷下。

問：若隨分別，立真妄心。約此二心，揔有幾種？

答：大智度論云：有二種道：一、畢竟空道，二、分別好惡道〔一〕。若畢竟空道，尚不得一，何況説多？若分別好惡道，理從義別，事乃恒沙。且約一心，古釋有四：一、紇利陁耶，此云「肉團心」，身中五藏心也，如黄廷經所明〔二〕。二、緣慮心，此是八識俱能緣慮自分境故。色是眼識境，根身、種子、器世界〔三〕是阿賴耶識之境，各緣一分，故云自分。三、質多耶，此云「集起心」，唯第八識積集種子生起現行。四、乾栗陁耶，此云「堅實心」，亦云「貞實心」，此是真心也。然第八識無別自體，但是真心，以不覺故，與諸妄想有和合、不和合義。和合義者，能含染浄，目爲藏識；不和合者，體常不變，目爲真如，都是如來藏故。楞伽經云：「寂滅者，名爲一心。一心者，即如來藏。」〔四〕如來藏，亦是在纏法身。經云：隱爲如來藏，顯爲法身〔五〕。故知四種心本同一體，但從迷悟分多。經偈云：「佛説如來藏，以爲阿賴耶，惡慧不能知，藏即賴耶識。」〔六〕「佛説如來藏」者，即法身在纏之名。「以爲阿賴耶」，即是藏識。「惡慧不能知，藏即賴耶識」，有執真如與賴耶體別者，是惡慧也。

然雖四心同體，真妄義别，本末亦殊，前三是相，後一是性，性相無礙，都是一心〔七〕。即第四真心以爲宗旨。

校注

〔一〕龍樹造、鳩摩羅什譯大智度論卷八八：「菩薩有二法門：一者、畢竟空法門，二者、分别好惡法門。入空法門，則得等觀；入分别法門，諸阿羅漢、辟支佛尚不及佛，何況畜生？爲其輕衆生，不憐愍布施故，教不分别。」

〔二〕黄廷經：即黄庭經。黄庭經内景經心神章第八：「心神丹元字守靈，肺神皓華字虚成。肝神龍煙字含明，翳鬱導煙主濁清。腎神玄冥字育嬰，脾神常在字魂停。膽神龍曜字威明，六腑五臟神體精。皆在心内運天經，晝夜存之自長生。」

〔三〕根身：眼等諸根。　種子：指能生一切諸法的潛在功能。　器世界：即衆生居住的國土世界，以世界如器故。

〔四〕見入楞嚴經卷一請佛品第一。

〔五〕隋慧遠大乘起信論義疏卷上之下：「藏識在染名之隱，藏識在果名之顯，非是先染後隨對治爲浄法也。故勝鬘言：『隱爲如來藏，顯爲法身。』此之體義，非用義也。」勝鬘師子吼一乘大方便方廣經如來藏章第七：「聖諦者，説甚深義，微細難知，非思量境界。是智者所知，一切世間所不能信。何以故？此説甚深如來之藏。如來藏者，是如來境界，非一切聲聞、緣覺所知。如來藏處，説聖諦義。如來藏處甚深故，説聖諦亦甚深，微細難知，非思量境界，是智者所知，一切世間所不能信。」法身章第八：「若於無量煩惱藏所纏如來藏不疑惑者，於出無量煩惱藏法身亦無疑惑。（中略）世尊，非壞法故，名爲苦滅。所言苦滅者，名無始無作、無起無盡、離盡常住、自性清浄，離一切煩惱藏。世尊，過於恒沙不離、不脱、不異，不思議佛法成就，説如來法身。世尊，如是如來法身不離煩惱藏，名如來藏。」

〔六〕見大乘密嚴經卷下阿賴耶微密品第八。

〔七〕宗密禪源諸詮集都序卷上之一：「汎言心者，略有四種，梵語各别，翻譯亦殊：一、紇利陀耶，此云『肉團心』，此是身中五藏心也。（原注：具如黄庭經五藏論説也。）二、緣慮心，此是八識，俱能緣慮自分境故。（原注：色是眼識境，乃至根身、種子、器世界是阿賴耶識之境，各緣一分，故云自分。）此八各有心所、善惡之殊。諸經之中，目諸心所總名心也，謂善心、惡心等。三、質多耶，此云『集起心』，唯第八識積集種子生起現行故。（原注：黄庭經五藏論目之爲神，西國外道計之爲我，皆是此識。）四、乾栗陀耶，此云『堅實心』，亦云『貞實心』，此是真心也。然第八識無别自體，但是真心，以不覺故，與諸妄想有和合、不和合義。和合義者，能含染浄，目爲藏識；不和合者，體常不變，目爲真如，都是如來藏。故楞伽云：寂滅者名爲一心，一心者即如來藏。如來藏亦是在纏法身，如勝鬘經説。故知四種心本同一體，故密嚴經云：佛説如來藏，（原注：法身在纏之名。）以爲阿賴耶。（原注：藏識。）惡慧不能知，藏即賴耶識。（原注：有執真如與賴耶體别者，是惡慧。）如來清浄藏，世間阿賴耶。如金與指鐶，展轉無差别。（原注：指鐶等喻賴耶，金喻真如，都名如來藏。）然雖同體，真妄義别，本末亦殊，前三是相，後一是性，依性起相，蓋有因由，會相歸性，非無所以，性相無礙，都是一心。迷之即觸面向牆，悟之即萬法臨鏡。」

又，古德廣釋：「一心者，謂〔一〕一如來藏心，含於二義：一、約體絶相義，即真如門，謂非染非浄、非生非滅，不動不轉，平等一味，性無差别。衆生即涅槃，不待滅也。凡夫、彌勒，同一際也。二、隨緣起滅義，即生滅門，謂隨熏轉動，成於染浄，染浄雖成，性恒不動。只由不動能成染浄，是故不動亦在動門。楞伽經云：『如來藏名阿賴耶識，而與無明七識共俱，如大海波，常不斷絶。』〔二〕又云：『如來藏者，爲無始虚僞惡習所熏，名爲識藏。』」〔三〕

校注

〔一〕「謂」，原作「望」，據大乘起信論義記改。

〔二〕見入楞嚴經卷七佛行品第十一。

〔三〕見法藏撰大乘起信論義記卷中本。楞伽阿跋多羅寶經卷四：「爲無始虚僞惡習所薰，名爲識藏。生無明住地，與七識俱。如海浪身，常生不斷。」

若此一心推末歸本者，謂證第一義則得解脱。第一義是緣之性，若見緣性，則脱緣縛。華嚴經云：皆一心作〔一〕。論云：「但是一心者，一切三界唯心轉故。」〔二〕諸教同引，證成唯心。云何一心而作三界？有三：一、二乘，謂有前境，不了唯心，縱聞一心，但謂真諦之一，或謂由心轉變，非皆是心；二、異熟賴耶，名爲一心，簡無外境，故説一心；三、如來藏性，清淨一心，理無二體，故説一心〔三〕。是知凡聖二法，染淨二門，無非一心矣。

校　注

〔一〕佛馱跋陀羅譯大方廣佛華嚴經卷二五：「三界虚妄，但是一心作，十二緣分是皆依心。」實叉難陀譯本卷三七：「三界所有，唯是一心。如來於此分別演説十二有支，皆依一心，如是而立。」

〔二〕見天親造、菩提流支譯十地經論卷八。

〔三〕「證第一義則得解脱」至此，詳見澄觀撰大方廣佛華嚴經疏卷四〇。

又，此一心，約性相、體用、本末、即入等義，更有十門：

一、假説一心，則二乘人，謂實有外法，但由心變動，故説一心。下之九門，實唯一心。

二、相、見俱存，故説一心。此通八識及諸心所并所變相分，本影具足，由有支等熏習力故〔一〕，變現三界依正等報。

三、攝相歸見，故説一心。亦通王、數〔二〕，但所變相分無別種生，能見識生，帶彼影起。

四、攝數歸王，故説一心。唯通八識，以彼心所依王無體，亦心變故。

釋云：「攝相歸見」者，唯識偈云：「唯識無境界，以無塵妄見，如人目有瞖，見毛月等事。」〔三〕凡作論有三義：一者、立義，即初句；二者、引證，即第二句；三者、譬喻，即下二句。所緣緣論云：「内識如外現，爲識所緣緣。許彼相在識，及能生識故。」〔四〕意云：内識似外境現，爲所緣緣，許眼等識，帶彼相起及從彼生識故。結云：諸識唯内境相，爲所緣緣，理極成也，則非全無相，相全屬識，故云「歸見」。

「攝數歸王」者，如莊嚴論偈云：「自界及二光，癡共諸惑起，如是諸分別，二實應遠離。」〔五〕釋曰：「自界，謂自阿賴耶識種子。二光，謂能取光、所取光。此等分別，由共無明及諸餘惑，故得生起。『如是諸分別，二實應遠離』，二實，謂所取實及能取實。如是二實染汙，應求遠離。」〔六〕所以論偈云：「能取及所取，此二唯心光。貪光及信光，二光無二法。」〔七〕釋曰：「求唯識人，應知能取、所取。此之二種，唯是心光。」〔八〕

五、以末歸本説一心，謂七轉識皆是本識〔九〕差別功能，無別體故。經偈云：「譬如巨海浪，無有若干相。諸識心如是，異亦不可得。」〔一〇〕

六、攝相歸性説一心，謂此八識皆無自體，唯如來藏平等顯現，餘相皆盡，一切衆生即涅槃相。經云：「不壞相有八，無相亦無相。」〔一一〕

七、性相俱融説一心，謂如來藏舉體隨緣，成辦諸事，而其自性本不生滅，即此理事混融無礙，是故一心二諦，皆無障礙。

八、融事相入説一心，謂由心性圓融無礙，以性成事，事亦鎔融不相障礙，一入一切，一一塵内各見法界、天人、脩羅不離一塵。

九、令〔一三〕事相即説一心，謂依性之事，事無別事。心性既無彼此之異，事亦一切即一，一即是多，多即一等。

十、帝網無礙説一心，謂一中有一切，彼一切中復有一切，重重無盡，皆以心識如來藏性圓融無盡〔一三〕，以真如性畢竟無盡故，觀一切法即真如故，一切時處皆帝網故。如漩洑頌云：「若人欲識真空理，身内真如還徧外。情與非情共一體，處處皆同真法界。不離幻色即見空，此即〔一四〕真如含一切。一念照入於多劫，一一念劫收一切。於一境内一切智，於一智中諸境界。只用一念觀諸境，一切諸境同時會。時處帝網現重重，一切智通無罣礙。」〔一五〕

漩洑者，水之漩流洄洑之處，一、甚深故；二、迴轉故；三、難渡故。法海漩洑亦然，一、唯佛能究故；二、真妄相循，難窮初後；三、聞空謂空，聞有謂有，則沉於漩洑。若不了斯宗，難超有海。隨善惡之浪，漂苦樂之洲，不遇慈航，焉登覺岸？如偈云：真如淨法界，一泯未嘗存〔一六〕。隨於染淨緣，遂成十法界〔一七〕。

校注

〔一〕有支：十二因緣之一，指能招引當來因果之業。熏習：指一種法對於另一種法連續熏染而留下的影響。真諦譯大乘起信論：「熏習義者，如世間衣服，實無於香，若人以香而熏習故，則有香氣。」

〔二〕王、數：心王、心數。心王者，萬法皆由心生，心即萬法之王；心數者，新譯「心所」，是「心所有法」的簡稱，從屬於心王，是爲心所有的種種精神作用。成唯識論卷五：「恒依心起，與心相應，繫屬於心，故名心所。如屬我物，立我所名。」

〔三〕見天親造、般若流支譯唯識論。

〔四〕見陳那造、玄奘譯觀所緣緣論。所緣緣，即所緣之緣，指一切認識對象。詳參本書卷五三注。

〔五〕見大乘莊嚴經論卷四。

〔六〕見大乘莊嚴經論卷四。

〔七〕見大乘莊嚴經論卷五。

〔八〕見大乘莊嚴經論卷五。

〔九〕本識：第八阿賴耶識。八識中，其餘七識謂之轉識，即七轉識。

〔一〇〕見楞伽阿跋多羅寶經卷一。

〔一一〕見楞伽阿跋多羅寶經卷一。

〔一二〕「令」，原作「全」，據大方廣佛華嚴經疏卷四〇及心賦注改。

〔一三〕按，上説十門，即「一、假説一心」至此，見澄觀撰大方廣佛華嚴經疏卷四〇。

〔一四〕「此即」，房山石經第二十八册收漩澓偈作「即此」。
〔一五〕漩洑頌：杜順撰。杜順，即釋法順，傳見續高僧傳卷二六唐雍州義善寺釋法順傳。漩洑頌，房山石經第二十八册收，首題漩澓偈，署「杜順法師作」。偈文之後，是用頌的形式對漩澓偈逐句的解釋，最後有「讚曰」，爲「通頌前文」，尾題作「釋花嚴漩澓偈」，是後唐惟勁對漩澓偈所作的注釋。惟勁，傳見宋高僧傳卷一七後唐南嶽般舟道場惟勁傳。
〔一六〕「存」，磧砂藏、嘉興藏本作「有」。
〔一七〕按，此偈宋本嵩述注華嚴經題法界觀門頌卷下引，云「經曰」。元、明文獻中引，亦有云「晉譯華嚴云」者，然華嚴經中未見有類此者。

隨染緣成六凡法界，隨淨緣成四聖法界。六凡法界者，一、天法界，二、人法界，三、脩羅法界，四、地獄法界，五、餓鬼法界，六、畜生法界。四聖法界者，一、聲聞法界，二、緣覺法界，三、菩薩法界，四、佛法界。衆生於真性上，以情想自異，則六趣昇沉；諸聖於無爲法中，以智行爲差，則四聖高下。然凡聖迹雖昇降，縛脱似殊，於一真法界之中，初無移動。

又，依華嚴宗，一心隨理、事立四種法界：一、理法界者，界是性義，無盡事法同一性故；二、事法界者，界是分義，一一差〔一〕別有分劑故；三、理事無礙法界者，具性分義，圓融無礙；四、事事無礙法界者，一切分劑事法，一一如性融通，重重無盡故〔二〕。

以此十法界，因理事四法界、性相、即入，真俗融通，遰出無窮，成重重無盡法界，然是全一心之法界，全法界之一心。隨有力無力，而立一立多；因相資相攝，而或隱或顯。如一空徧森羅之物像，似一水收萬疊之波瀾。入宗鏡中，坦然顯現。

校注

〔一〕「差」，原作「義」，據注華嚴法界觀門改。

〔二〕宗密注華嚴法界觀門：「法界，清涼新經疏云：統唯一真法界，謂總該萬有，即是一心。然心融萬有，便成四種法界：一、事法界，界是分義，一一差别有分齊故；二、理法界，界是性義，無盡事法同一性故；三、理事無礙法界，具性分義，性分無礙故。四、事事無礙法界，一切分齊事法，一一如性融通，重重無盡故。」清涼新經疏，即澄觀貞元新譯華嚴經疏，十卷，又名華嚴經行願品疏。華嚴經行願品疏卷一：「然其法界，非界非不界，非法非不法，無名相中强爲立名，是曰無障礙法界。寂寥虚曠，沖深包博，總該萬有，即是一心。體絶有無，相非生滅，莫尋終始，豈見中邊？爲聖智境而二智不知，唯證所見而五目亡照。解之則廓爾大悟，迷之則生死無窮。諸佛出世，本欲開示，令其悟入，於此無障礙法界，開爲事、理二門：色心等相謂之事也，體性空寂謂之理也。事理相融即無有障礙，故於法界略分三種：一、事法界，二、理法界，三、無障礙法界。無礙有二，則分四種法界，謂事理無礙法界、事事無礙法界。古德立五種法界，亦不出此，謂一、有爲法界，即事界也；二、無爲法界，即理界也；三、亦有爲亦無爲法界，雙具事理；四、非有爲非無爲法界，即雙非顯理；五、無障礙法界，即第三所攝。從一至五，並不出無障礙法界。」又，澄觀大華嚴經略策：「問：何名法界？法界何義？答：法者，軌持爲義。界者，有二義：一、約事説，界即分義，隨事分別故；二者、性義，約理法界，爲諸法性不變易故。此二交絡，成理事無礙法界，事攬理成，理由事顯。二互相奪，即事理兩亡；若互相成，則常事常理。四、事事無礙法界，謂由以理融彼事故，義如前説謹對。」

又，有所入、能入二種法界。如清涼疏〔一〕云：「先明所入。總唯一真無礙法界，語其性相，不出事、理，隨其義別，略有五門：一、有爲法界，二、無爲法界，三、俱是，四、俱非，五、無障礙。然五各二門。

「初、有爲二者，一、本識能持諸法種子，名爲法界。如論云『無始時來界』〔二〕等，此約因義。而其界體，不約法身。二、三世之法差別邊際，名爲法界。不思議品云『一切諸佛，知過去一切法界，悉無有餘』〔三〕等，此即分劑之義。

「二、無爲法界二者，一、性淨門，在凡位中，性恒淨故；真空一味，法無差別故。二、離垢門，謂由對治方顯淨故，隨行淺深分十種故。

「三、亦有爲亦無爲法界二者，一、隨相門，謂受、想、行蘊及五種色并八無爲〔四〕，此十六法，唯意所知，十八界中，名爲法界。二、無礙門，謂一心法界，具含二門：一、心真如門，

二、心生滅門。雖此二門皆各揔攝一切諸法，然其二位恒不相雜，其猶攝水之波非静，攝波之水非動，故迴向品云：『於有爲界示無爲法，而不滅壞有爲之相；於無爲界示有爲法，而不分别無爲之性。』〔五〕此明事理無礙。

「四、非有爲非無爲法界二門者，一、形奪門，謂緣無不理之緣，故非有爲；理無不緣之理，故非無爲。法體平等，形奪雙泯。大品經云：『須菩提白佛言：「是法平等，爲是有爲？爲是無爲？」佛言：「非有爲法，非無爲法。何以故？離有爲法，無爲法不可得；離無爲法，有爲法不可得。須菩提，是有爲性、無爲性，是二法不合不散。」』〔六〕此之謂也。二、無寄門，謂此法界離相離性，故非此二，又非二諦故，又非二名言所能至故，是故俱離。解深密經云『一切法者，略有二種：所謂有爲、無爲。是中有爲，非有爲非無爲；無爲，非無爲非有爲』〔七〕等。

「五、無障礙法界二門者，一、普攝門，謂於上四門，隨一即攝餘一切故。是故善財或覩山海，或見堂宇，皆名入法界。二、圓融門，謂以理融事故，令事無分劑。微塵非小，能容十刹；刹海非大，潛入一塵也。以事顯理故，令理非無分。謂一多無礙，或云一法界，或云諸法界。然由一非一故即諸，諸非諸故即一，乃至重重無盡。是以善財暫時執手，遂經多劫，纔入樓閣，普見無邊，皆此類也。上來五門十義，總明所入法界，應以六相融之。

「二明能入，亦有五門：一、浄信，二、正解，三、修行，四、證得，五、圓滿。此五於前所入法界，有其二門：一、隨一能入，通五所入；隨一所入，徧五能入。二、此五能入，如其次第各入一門。此上心境，二義十門，六相圓融，總爲一聚無障礙法界。」〔八〕

校注

〔一〕清涼疏：即澄觀撰大方廣佛華嚴經疏。清涼，澄觀號。澄觀俗姓夏侯，會稽人。唐德宗誕節，召對内殿，能以妙法清涼帝心，遂賜號「清涼法師」。後憲宗問華嚴法界宗旨，豁然有得，加號「大統清涼國師」。傳見宋高僧傳卷五唐代州五臺山清涼寺澄觀傳。

〔二〕見玄奘譯成唯識論卷二等。

〔三〕見佛陀跋陀羅譯大方廣佛華嚴經卷三一。

〔四〕澄觀述大方廣佛華嚴經隨疏演義鈔卷八三：「五種色，即雜集第一云法界處所攝色者，略有五種，謂極略色、極迥色、受所引色、遍計所起色、定自在所生色。極略色者，謂極微色；極迥色者，謂離餘礙觸色；受所引色者，謂無表色；遍計所起色者，謂影像色；定自在所生色者，謂解脱静慮所行境色。」卷四五：「雜集第二云，無爲法有八種，謂善法真如、不善法真如、無記法真如、虚空、擇滅、非擇滅、不動及想受滅。」無爲者，謂真空寂滅之理，本無造作，故名無爲。真如者，不妄曰真，不異曰如。無記法者，不善不惡之法。虚空無爲者，真空之理，離諸障礙，猶如虚空，無所作爲。擇滅無爲者，擇，揀擇；滅，斷滅。以智斷惑，所顯真理，無有作爲。非擇滅無爲者，不假智力斷滅諸惑，性本清浄，無所作爲。不動無爲者，不動即第四禪天，此天所修禪定之理，無所作爲。想受滅無爲者，想受心滅，所顯真理無所作爲。

〔五〕見實叉難陀譯大方廣佛華嚴經卷二四。
〔六〕見摩訶般若波羅蜜經卷二六平等品。
〔七〕見解深密經卷一勝義諦相品。
〔八〕見澄觀撰大方廣佛華嚴經疏卷五四。

百門義海云：「入法界者，即塵緣起是法，法隨智顯，用有差別是界。此法以無性故，則無分劑，融無二相，同於真際，與虚空等，徧通一切，隨處顯現，無不明了。然此一塵，與一切法各不相見，亦不相知。何以故？由各各全是圓滿法界，普攝一切，更無別法可知見也。經云：『即法界無法界〔一〕，法界不知法界。』〔二〕若如是，更無別法可知見者，云何言入？以悟了之處，名爲入故。又，雖入而無所入，若有所入，則失諸法性空義，以無性理同故，則處處入法界。

前約情智凡小所見，隨染浄緣成十法界者，即成其過。今依華嚴性起法門，悉爲真法界，若成若壞，若垢若浄，全成法界。如經云「分别諸色無量壞相，是名上智」〔三〕者，古釋云：「六道之色，壞善壞定。二乘之色，壞因壞果。菩薩之色，壞有壞無。佛色者，壞上諸壞。壞爲法界，非壞非不壞悉是法界。」〔四〕

校　注

〔一〕「經云」者，見寂調音所問經。「即法界無法界」，寂調音所問經作「法界即無法界」。
〔二〕見法藏述華嚴經義海百門緣生會寂門第一。
〔三〕大般涅槃經卷一三：「分别諸色，有無量壞相，悉是諸苦，非諸聲聞緣覺所知，是名上智。」
〔四〕見灌頂大般涅槃經疏卷一五。

問：心分四名，義開十種。識之名義，約有幾何？

答：若約同門自相，不可分别；若約異門共相，隨義似分。名約性相有九，義包内外具五。名有九者，一、眼識〔一〕，二、耳識〔二〕，三、鼻識〔三〕，四、舌識〔四〕，五、身識〔五〕，六、意識〔六〕，七、末那識〔七〕，八、阿賴耶識〔八〕，九、浄識〔九〕。義具五者，一、識自相，謂識自證分；二、識所變故，一切境界，從心現起；三、識相應故，同時受、想等心法；四、識分位故，識上四相等；五、識實相故，謂二空真如，是識實性。自上諸法，皆不離識，總名唯識。故知若相、若性，若境、若心，乃至差别分位，皆是唯識，卷舒匪離，總别同時，猶雲霧之依空，若波瀾之涌海。

校　注

〔一〕眼識：以眼根爲所依而生起，了别色境者。玄奘譯成唯識論卷一：「識謂了别。」智顗説摩訶止觀卷二上：「對境覺知，異乎木石名爲心，次心籌量名爲意，了了別知名爲識。」大明三藏法數卷二四：「眼識，謂眼以色爲緣，而生眼識。眼識依根而生，眼根因識能見，而能見者，是名眼識。」

〔二〕耳識：以耳根爲所依而生起，分别聲境者。大明三藏法數卷二四：「耳識，謂耳以聲爲緣，而生耳識。耳識依根而生，耳根因識能聽，而能聽者，是名耳識。」

〔三〕鼻識：以鼻根爲所依而生起，分别香境者。大明三藏法數卷二四：「鼻識，謂鼻以香爲緣，而生鼻識。鼻識依根而生，鼻根因識能齅，而能齅者，是名鼻識。」

〔四〕舌識：以舌根爲所依而生起，分别味境者。大明三藏法數卷二四：「舌識，謂舌以味爲緣，而生舌識。舌識依根而生，舌識因識能嘗，而能嘗者，是名舌識。」

〔五〕身識：以身根爲所依而生起，分别觸境者。大明三藏法數卷二四：「身識，謂身以觸爲緣，而生身識。身識依根而生，身根因識能覺，而能覺者，是名身識。」

〔六〕意識：以意根爲所依而生起，了别法境之心。眼、耳、鼻、舌、身等前五識各緣色、聲、香、味、觸等五種對境，由單純感覺作用攀緣外境，不具有認識、分别對境的作用，第六意識具有認識、分别現象界所有事物之作用，故又稱分别事識。大明三藏法數卷二四：「意識，謂意以法爲緣，而生意識。意識依根而生，意根因識而能分别，以能分别前五根所緣色等五塵境界，是名意識。」

〔七〕末那識：唯識宗所立八種有情心識中之第七識，是恒執第八阿賴耶識爲「我」之染污識，爲與第六意識區别而特用梵語稱「末那識」。此識恒與我癡、我見、我慢、我愛等四煩惱相應，恒審第八阿賴耶識之見分爲我、我所而執著，故其特質爲恒審思量。又此識爲我執之根本，若執著迷妄則造諸惡業，反之則斷滅煩惱惡業，徹悟人、法二空，故稱染浄識，又稱思量識、思量能變識。大明三藏法數卷二四：「末那識，梵語『末那』，華言『意』，亦名『相續識』，又名『分別識』。此識本無定體，即第八識之染分，依第八識自證分而生，緣第八識見分而執爲我，爲第六識之主，執轉第六識所緣善惡之境而爲染浄，皆由此識也。前第六識名意識，今此識亦名意者，謂第六識依根而得名，此識當體而立號。第六識雖能分別五塵好惡，而由此識傳送相續執取也。」

〔八〕阿賴耶識：有情根本之心識，意譯「無没」，執持其人可受用的一切事物而不没失之義；又譯曰「藏」，含藏一切事物種子之義。法藏撰大乘起信論義記卷中本：「阿梨耶識，又『阿梨耶』及『阿賴耶』者，但梵言訛也。梁朝真諦三藏訓名翻爲『無没識』，今時奘法師就義翻爲『藏識』，但藏是攝藏義，無没是不失義，義一名異也。」大明三藏法數卷二四：「梵語『阿賴耶』，華言『藏識』，以其無法不含，無事不攝故也。此識染浄同源，生滅和合，而具有四分。如摩尼珠，體本清浄。又如明鏡，能含萬像。若以染分言之，無明依之而起，結業由之而生，具足煩惱塵勞，變現根身、世界，即前七種識境皆是也。若以浄體言之，即本覺心源，離念清浄，在聖不增，在凡不減也。」

〔九〕浄識：又稱清浄識等。大明三藏法數卷二四：「菴摩羅識，梵語『菴摩羅』，華言『清浄識』，亦云『白浄無垢識』。此識乃一切衆生清浄本源心地，諸佛如來所證法身果德，在聖不增，在凡不減，非生死之能羈，非涅槃之能寂，染浄俱泯，纖塵不立，明同皎月，湛若太虚，是名清浄識。」

又，古德廣釋唯識，義有十門，明此「唯識」二字，先離解，次合解。

先且離解，初「唯」後「識」。初「唯」字者，有三義：一者、揀持之義。揀之謂揀去我法所執；持謂持取，持取依、圓二性〔一〕。唯識論云：唯言爲遣離識我、法，非無不離識心所、無爲等〔二〕。二者、決定義，決無離心之境，定有内識之心，謂小乘離心有境，清辯破無内心。三者、顯勝義，謂心王勝，心所等劣。今但顯勝，不彰於劣。瞿波論師二十唯識云：此説唯識，但舉王勝，理兼心所。如言王來，非無臣佐〔三〕。次解「識」字者，即了別義，謂八種心王〔四〕，是識自性等。五位百法〔五〕，理之與事，皆不離識。不爾，真如應非唯識，攝餘歸識，揔立識名〔六〕。經云：「三界唯心。」

次合釋「唯識」者，「唯」謂揀去，遮無外境，境無非有；「識」能了別，詮有内心，心有非無。合名「唯識」，「唯」謂遮無是用，「識」表詮有是體。攝用歸體，唯即識，持業釋。

校注

〔一〕依、圓二性：即依他起性與圓成實性。

〔二〕玄奘譯成唯識論卷七：「唯言爲遮，離識實物，非不離識心所法等。」窺基撰成唯識論述記卷七：「言唯心者，心、識是一。唯言爲遣所取境義，由彼無故，能取亦無，不遮心所，不相離故。」

〔三〕窺基撰大乘法苑義林章卷一唯識義林第三：「梵云『摩咀刺多』，此翻爲『唯』。唯有三義：一、簡持義。簡去遍計所執生、法二我，持取依他、圓成識相識性。成唯識云：唯言爲遮離識我、法，非不離識心、心所等。二、決定義。故舊中邊頌云：此中定有空，於彼亦有此。謂俗事中定有真理，真理中定有俗事。識表之中此二決定，顯無二取。三、顯勝義。瞿波論師二十唯識釋云：此説唯識，但舉主勝，理兼心所。如言王來，非無臣佐。今此多取簡持解唯。識者，心也。由心集起、綵畫，爲主之根本，故經曰『唯心』。分別了達之根本，故論稱『唯識』。或經義通因果，總言『唯心』。論説唯在因，但稱『唯識』。識了別義，在因位中識用强故，説識爲唯，其義無二。二十論云：心、意、識、了，名之差別。」

〔四〕心王：即心。心爲萬法之王（萬法皆由心而生），故稱心王。「八種心王」者，即八識之識體自身。

〔五〕五位百法：心法八、心所五十一、色法十一、不相應二十四、無爲法六。日僧良光撰略述法相義卷中五位百法：「一、心法，二、心所有法，三、色法，四、心不相應行法，五、無爲法，謂之五位。心法有八，心所有法有五十一，色法有十一，心不相應行有二十四，無爲有六，是其百法也。」詳見玄奘譯大乘百法明門論。

〔六〕窺基撰大乘法苑義林章卷一唯識義林第三：「梵云『毗若底』，此翻爲『識』。識者，了別義。識自相、識相應、識所變、識分位、識實性，五法事理皆不離識，故名唯識。不爾，真如應非唯識，亦非唯一心更無餘物。攝餘歸識，總立識名，非攝歸真，不名如也。」

夫六釋之文，簡法爲妙。今欲性相俱辯，且略引持業、依主二釋，可稱今文。

第一、持業釋者，有二：一、持業，二、同依。且持業者，持謂任持，業謂業用。若法體能持用，用能顯體，名爲持業。如言藏識，識是體，藏是用，識體能持藏用，即名持業。又如妙法即蓮華等。二、同依釋者，即多用同依一體，如言分段生死即身，變易生死〔一〕即身等是。所以一切萬法，以心爲體，萬法是用，法不離心，用不離體。心體能持萬法，法即是心，用即是體，名持業釋。若一切法不得自心之任持，無一法可立。又，若無法則無業用，無用不能顯體。故知一切法是心，心是一切法。體用相成，非一非二。

第二、依主釋者，有二：一、依主釋，二、依士釋。依主者，有法以勝釋劣，將劣就勝以彰名。如言眼識，眼是所依即勝，識是能依即劣。以勝眼釋劣識故，將劣就勝以彰其名。眼之識故，依主釋也。或以別簡通，依主即別名勝，通名劣。二、依士釋者，謂劣法是勝法之士用故，今將劣法解於勝法，勝法從劣法以彰名。如言擇滅無爲〔二〕，擇滅是有爲即劣，無爲即勝。將勝就劣以彰名，依士釋。是知心王爲勝，一切法盡是心法。又，心是所依即勝，法是能依即劣。以劣顯勝，心之法故，即依主釋。無有一法不屬心者，若以一切法顯心，以劣彰勝，法之心故，即依士釋。所以宗鏡內，於持業、有財、依主、依士、鄰近、帶數六釋〔三〕之中，不出持業、依主等二釋，下文不更一一廣明。以一例諸，自然無惑。

校注

〔一〕分段生死：六道輪回的凡夫的生死。分即分限，段即形段。謂六道衆生隨其業力所感果報，身則有長有短，命則有壽有夭，皆流轉生死。　變異生死：謂聲聞、緣覺、菩薩離分段生死，出生方便等土，如初位爲因，後位爲果，又後位爲因，後後位爲果，以其因移果易，是爲變易生死。隋慧遠大乘義章卷八二種生死六門義别：「一、分段生死，二、變易生死。言分段者，六道果報，三世分異，名爲分段。分段之法，始起名生，終謝稱死。言變易者，汎釋有三：一者、微細生滅無常念念遷異，前變後易，名爲變易，變易是死，名變易死。故地持中生滅壞苦名變易苦。此通凡聖。二者、緣照無漏所得法身，神化無礙，能變能易，故名變易。變易是死，名變易死。此該大小。三者、真證法身隱顯自在，能變能易，故言變易。變易非死，但此法身未出生滅，猶爲無常死法，所隨變易身上，有其生死，名變易死。此唯在天。（中略）分段生死，勝鬘亦名有爲生死。變易生死，勝鬘亦名無爲生死。蓋乃從人以别名矣。凡夫多起有漏諸業，建集有果，名曰有爲。有爲衆生所受生死，名有爲生死。無爲生死翻前立稱，聖人不起有漏諸業，受分段報，名曰無爲。無爲聖人所有生死，名無爲生死。」

〔二〕擇滅無爲：六種無爲（虚空、擇滅、非擇滅、不動、想受滅和真如）之一。擇即揀擇，滅即寂滅。玄奘譯大乘五藴論：「云何虚空？謂若容受諸色。云何非擇滅？謂若滅非離繫。此復云何？謂離煩惱對治而諸藴畢竟不生。云何擇滅？謂若滅是離繫。此復云何？謂由煩惱對治故，諸藴畢竟不生。云何真如？謂諸法法性、法無我性。」詳見本書卷五八。

〔三〕按，「六釋」指持業釋、依主釋、有財釋、鄰近釋、帶數釋、相違釋。持業釋、依主釋（依士釋屬依主釋）如上文所言。有財釋者，謂從他所有，以得其名，如言金剛，金剛本是護法之神，因執金剛實杵，得金剛名。將他名以顯己，是爲有財釋。鄰近釋者，謂從鄰近爲名，如説四念住本是以慧觀察身受心法，今云念者，慧即揀擇照了，念即明記不忘，以念與慧其義鄰近，故隱慧之名而言四念，所謂隱己從他，故名鄰近釋。

帶數釋者，謂法上度量，以數顯義，如説五藴，因數有五，帶起本數，即名五藴。體帶數量，故名帶數釋。相違釋者，謂如説眼及耳等，體性各别，皆自爲主，猶如水火，不相隨順，兩别雙舉，故名相違釋。「六釋」之釋，詳見窺見大乘法苑義林章卷一總料簡章。

問：此言唯遮外境不有，爲遮離心之境？爲遮不離心之境？

答：設爾何失？難：二俱有過。若遮離心之境是無，餘有不離心相分在，何以但言唯識，不言唯境識？若遮不離心境是無，應但有能變三分，闕所變相分過，如何通釋？答：所言唯識者，遮心外境無，不遮内境不離識相分是無。

問：内境與識，既並非無，如何但言唯識，不言唯境識耶？

答：以護法菩薩云：境名通於内外，謂有離心境、不離心境，恐濫外境，但言唯識。所以唯識論云：謂諸愚夫迷執外境，起煩惱業，生死輪迴，不解觀心。非謂内境相分，如外都無〔一〕。

校注

〔一〕玄奘譯成唯識論卷一〇：「内境與識，既並非虚，如何但言唯識非境？識唯内有，境亦通外，恐濫外故，但言唯識。或諸愚夫迷執於境，起煩惱業，生死沈淪，不解觀心，勤求出離，哀愍彼故，説唯識言，令自觀心，解脱生死。非謂内境，如外都無。」

問：唯識性與唯識有何同異？

答：各有二義。且唯識性二義者，一者、虚妄唯識性，即偏計性〔一〕所遣清淨；二者、真實唯識性，即圓成實性〔二〕所證清淨。若言唯識者，有二義：一者、世俗唯識，即依他起〔三〕所斷清淨；二者、勝義唯識，即圓成實所得清淨。又言唯識性相不同，相是依他，唯是有爲，通漏無漏；性即圓成，唯是真如，無爲無漏。

又云：唯言識者，是了别義。意云：五位一百法，理之與事不離識。今攝歸識，揔言識名，以萬法由心起故。然即非唯一人之識，亦非唯一識，更無餘識等。

出唯識體者，一、所觀出體〔四〕者，即取五位一百法爲體，以通觀有爲、無爲法故，即以識相、識性合爲唯識體，皆不離識故；二、能觀出體者，即唯取心、心所爲體，心所與識常相應故，即唯能非所。若約唯識觀，即取於境中慧爲體，於所觀境，觀察勝故。

校注

〔一〕偏計性：即偏計所執性，謂衆生迷惑，不了諸法本空，妄於我身及一切諸法周偏計度。

〔二〕圓成實性：謂真如之性，不遷不變，圓滿成就。

〔三〕依他起：即依他起自性，謂染净所有諸法，皆依衆緣相應而起，都無自性。
〔四〕出體：提出諸法之體，也就是在解釋經典的時候，提出應該解釋的問題的主體。體，本體、體性。

又，明唯識差别，總攝諸緣及理，有其十種〔一〕：

一、遣虚存實義者。遣爲除遣，虚爲虚妄，觀徧計所執，唯虚妄起，都無體用，應正除遣，爲情有理無故；存者留義，實謂實有，即觀依、圓〔二〕法，體是實有，是本、後二智境，應正存留，爲理有情無故。良由一切異生、小乘無始時來妄執我、法爲有，清辯菩薩等妄撥理、事爲空，今於唯識觀中，遣虚者，空觀，對遣有執；存實者，有觀，對遣空〔三〕執。非有非空，法無分别，離言詮故。

二者、捨濫留純義。捨爲捨離，濫即相濫，留謂存留，純爲無雜。雖觀事理，有境、有心。爲心不孤起，仗境方生；境不自生，識變方起。由境有濫，捨之不稱唯；心體既純，留説唯識。故唯識論云：「我〔四〕唯内有，境亦通外。恐濫外境〔五〕，但言唯識。非爲内境，如外都無。」〔六〕華嚴經云：「三界唯心故。」

三、攝末歸本義。攝謂縮攝，末即見、相二分，歸即向，本謂識自證分，是所依體故。今攝末見、相分，歸本自證分體，故言唯識。故解深密經云：「諸識所緣，唯識所現。」〔七〕

四、隱劣顯勝義。謂王、所俱能示現，心所即劣，依他起故，隱劣不取。心王即勝，所依體故，故言唯識，即名顯勝故。莊嚴論云：「許心似二現，如是似貪等。」〔八〕

五、遣相證性義。識言所表，具有事、理。事謂相用，遣而不取；理爲體性，應求作證。故攝論偈云：依繩起蛇解，見繩知是無。證見彼分明，方知明性亂〔九〕。

六、境義。境謂所觀境，識即能觀心。此所觀境，由識變現，境不離識，立境唯識義。阿毗達磨經云：鬼、人、天等，所見各異〔一〇〕。

七、教義。即能詮教，説有唯識義故。楞伽經偈云：「由自心執著，心似外境轉。彼所見非有，是故説唯心。」〔一一〕

八、理義。道理唯識。唯識頌云：「是諸識轉變，分別所分別。由此彼皆無，故一切唯識。」〔一二〕

九、行義。行謂觀行，即菩薩在定位，作四尋伺觀〔一三〕等。即觀行及定，俱不離識故。瑜伽論偈云：菩薩於定位，觀境唯是心等〔一四〕。

十、果義。謂佛果四智〔一五〕，菩薩所有功德，皆不離識故。莊嚴論云：真如無境識，是净無漏界等〔一六〕。

如上十義，性、相、境、智、教、理、行、果等，皆唯是識，無有一法而非所標，故稱群經了義中王，諸聖所依之父。若有遇者，頓息希望，無一法而可求，無一事而不足。全獲如來無上之珍寶，寧同荆岫璞中？已探教海秘密之靈珠，豈比驪龍頷下？遂得盡衆生之苦際，斷煩惱之病原，一念功全，千途自正。是以法華經云：「如清涼池，能滿一切諸渴乏者。如寒者得火，如祼者得衣，如賈人得主，如子得母，如渡得船，如病得醫，如闇得燈，如貧得寶，如民得王，如賈客得海，如炬除闇。此法華經亦復如是，能令衆生離一切苦、一切病痛，能解一切生死之縛。」〔一七〕故知唯此真實，萬法皆空，以此標宗，更無等等。

校注

〔一〕按，後「十種」名及其釋義，參見窺基撰大乘法苑義林章卷一唯識義林。

〔二〕依、圓：謂依他起性、圓成實性。

〔三〕「空」，原作「虚」，據諸校本及大乘法苑義林章改。

〔四〕「我」，唯識論作「識」。

〔五〕「境」，唯識論作「故」。

〔六〕見玄奘譯成唯識論卷一〇。

〔七〕見解深密經卷三分别瑜伽品第六。

〔八〕見玄奘譯成唯識論卷七。

〔九〕無性造、玄奘譯攝大乘論釋卷六：「於繩謂蛇智，見繩了義無。證見彼分時，知如蛇智亂。」

〔一〇〕玄奘譯成唯識論卷七：「鬼、人、天等，隨業差別，所見各異。」阿毗達磨經，諸經録中未見著録，無漢譯本。

〔一一〕大乘入楞伽經卷六陀羅尼品：「執著自心現，令心而得起。所見實非外，是故説唯心。」成唯識論卷二：「如入楞伽伽他中説：由自心執著，心似外境轉。彼所見非有，是故説唯心。」

〔一二〕見玄奘譯成唯識論卷七。

〔一三〕尋伺：或云尋思、覺觀。玄奘譯成唯識論卷九：「四尋思者，尋思名、義、自性、差別，假有實無。」澄觀述大方廣佛華嚴經隨疏演義鈔卷三三：「四尋伺者，一、名，二、義，三、自性，四、差別。」日真興撰唯識義卷二：「四尋思者，推求云『尋』，籌度云『思』，於名等四推求籌度，名四尋思。」

〔一四〕玄奘譯攝大乘論本卷中入所知相分第四：「如分別瑜伽論説：菩薩於定位，觀影唯是心。義想既滅除，審觀唯自想。如是住内心，知所取非有。次能取亦無，後觸無所得。」

〔一五〕四智：四種智慧。佛果四智，爲唯識宗所立，即將有漏的第八識、第七識、第六識，及前五識依次轉變爲四種無漏智——大圓鏡智、平等性智、妙觀察智和成所作智。詳見本書卷八八。

〔一六〕玄奘譯成唯識論卷三：「如契經説：如來無垢識，是浄無漏界，解脱一切障，圓鏡智相應。」成唯識論述記卷三：「此即如來功德莊嚴經頌也。」

〔一七〕見妙法蓮華經卷六藥王菩薩本事品。

如觀法經〔一〕云：「彼有菩薩名曰上首，作一乞士，入城乞食。時有比丘名曰恒伽，謂乞士言：『汝從何來？』答：『我從真實中來。』又問：『何謂真實？』答曰：『寂滅故名爲真實。』又問：『寂滅相中，有所求？無所求耶？』答曰：『無所求。』又問：『無所求者，何用求耶？』答言：『無所求中，吾故求之。』又問：『無所求中，何用求耶？』答：『有所求者，一切皆空，得者亦空，著者亦空，實者亦空，來者亦空，語者亦空，問者亦空。寂滅涅槃，一切虚空分界，亦復皆空，吾爲如是次第空法而求真實。』」〔二〕

故知若能於法法上求空，則於門門中解脱。若人法問答、言語往來，如宗鏡中像；若般若智照、寂滅涅槃，如宗鏡中明。所以若像若明，一切皆空，唯有鏡體，恒常披露，徧一切處，未嘗出没，故云：「吾爲如是次第空法而求真實。」即知一切法皆真實故，無所求中，吾故求之矣。亦是夫求法者，於一切法，應無所求。故融大師〔三〕云：若有一法可得，即是非時求也。

校注

〔一〕觀法經，諸經録中未見著録，此實非經名，轉引者誤以爲經名耳。詳見後注。

〔二〕出湛然述止觀輔行傳弘決卷二之二。按，此説詳見北涼法衆譯大方等陀羅尼經卷一。大方等陀羅尼經，或名方等檀持陀羅尼經，或名方等陀羅尼經，未見有稱觀法經者。此段引文前，止觀輔行傳弘決卷二之二云：「『經言』下，次明觀法。經云：佛爲雷音説於華聚昔因緣已，又云：過去有佛，名栴檀華，彼佛去世甚久，我於彼時，如汝無異。」「經云」者，詳見大方等陀羅尼經卷一。這是對智顗説摩訶止觀卷二上「經言：吾從真實中來。真實者，寂滅相。寂滅相者，無有所求。求者亦空，得者、著者、實者、來者、語者、問者悉空，寂滅涅槃亦復皆空，一切虚空分界亦復皆空」的解釋。「觀法經」顯然係「次明觀法」與「經云」的誤合。

〔三〕融大師：釋法融，傳見續高僧傳卷二一唐潤州牛頭沙門釋法融傳。

所以浄名經云：「空當於何求？答曰：當於六十二見中求。又問：六十二見，當於何求？答曰：當於諸佛解脱中求。又問：諸佛解脱，當於何求？答曰：當於一切衆生心行中求。」〔一〕古釋云：「空智因於見生，則空智無性，無性故智空，故名空智。邪見因諸佛解脱而有，邪因正生，邪見亦空矣。諸佛解脱，因悟衆生心行，則解脱空矣。即約其空體無二，所以互求，理無不徧。」〔二〕

釋曰：邪正既體，本同空理，又未曾暫隱，若於此平等性中，即不須求，爲未知者説求耳。如無生義〔三〕云：如經云：「願求諸佛慧，亦不著願求。」〔四〕求佛慧尚不令貪著，何況其餘善法？又，菩薩以離願求，但衆生不知求佛道，菩薩故發願，只云我願求佛道，衆生因此方知發心而求佛道，得意自知無所求也。

校注

〔一〕見維摩詰所説經卷中文殊師利問疾品。六十二見：外道的六十二種錯誤見解。諸説不一。知禮述金光明經文句記卷二上云：「起六十二者，五陰各起四見，共成二十，歷三世成六十，而其所計不出斷、常二見，故有六十二也。」謂外道於色、受、想、行、識五陰中，每一陰起常、無常、亦常亦無常、非常非無常等四種邪見，五陰則成二十見。約過去、現在、未來三世論之，則成六十見。此六十見，以斷、常二見爲根本，總成六十二見。

〔二〕見澄觀述大方廣佛華嚴經隨疏演義鈔卷六六引，爲三種古釋之一。

〔三〕按，據雙林善慧大士小録，傅大士去世後，「率境道俗於寺設無遮會，請智瓚法師結集平生所説法要及無生義、偈頌等」，則傅大士有「無生義」。又據日僧圓珍日本比丘圓珍入唐求法目録、智證大師請來目録等著録無生義二卷（傳教大師將來越州録中著録爲一卷），其中智證大師請來目録注云佛窟撰。佛窟，即釋遺則，牛頭慧忠法嗣。宋高僧傳卷一〇唐天台山佛窟巖遺則傳：「釋遺則，俗氏長孫，京兆長安人也。（中略）善屬文，始授道於鍾山，序集融祖師文三卷，爲寶誌釋題二十四章，南遊傅大士遺風序，又無生等義。凡所著述，辭理粲然。其他歌詩數十篇，皆行於世。」「遺則」，景德傳燈録卷四、傳法正宗記卷九等，皆作「惟則」。又，印順認爲，「傳教大師將來越州録（八〇五）中，無生義僅一卷。二卷本可能經過弟子的補充。在遺則的著作名稱中，可看出與傅大士的關係」（見中國禪宗史，第三七五頁）。不僅著作名稱，内容上也可看出「與傅大士的關係」。宗鏡録中所引無生義，或即遺則無生義。參見本書後引無生義。

〔四〕見思益梵天所問經卷三志大乘品。

如上所解，則念念與實相相應，更無餘念也。所以楞伽經云：「一一相相應，遠離諸見過。」〔一〕是知若於諸相常與實相相應，自然遠離諸過，會第一義清淨真心，朗然明徹而無念著，即事即如，唯心直進，即佛之所許，自覺之境矣。故論偈云：「自知不隨他，寂滅無戲論〔二〕。無異無分別，是則名實相。」〔三〕

校注

〔一〕見楞伽阿跋多羅寶經卷一。

〔二〕戲論：指違反實理，對增進善法毫無益處的言論。一行大毗盧遮那成佛經疏卷一九：「戲論者，如世戲人，以散亂心、動作、種種身口，但悦前人而無實義，今妄見者所作者，亦同於彼，故名戲論也。」

〔三〕見龍樹造、鳩摩羅什譯中論卷三觀法品。

問：此唯識大約有幾種？

答：略有二種：一、具分，二、不具分。且具分唯識者，以無性理故，成真如隨緣義，則不生滅與生滅和合，非一非異，名阿賴耶識，即是具分。若不全依真心，事不依理故，唯約生滅，便非具分。有云「影外有質爲半頭唯識，質影俱影爲具分」者，此乃唯識宗中之具分耳〔一〕。

校注

〔一〕「以無性理故」至此，見澄觀述大方廣佛華嚴經隨疏演義鈔卷一〇。鮮演述華嚴經談玄抉擇卷八：「鈔『有云影外有質名半頭唯識』等者，小乘宗中，除正量部，餘十九部説似自相如鏡中影，得名唯識，本質識外，不名唯識，取之不全，故號其半。大乘之義，若相若質，皆從心變，咸名唯識，乃號其具。」

又，若決定信入此唯識正理，速至菩提，如登車而立至遐方，猶乘舟而坐昇彼岸。如成唯識寶生論云：「謂依大乘，成立三界，但唯是識。釋云：如經所説，言大乘者，謂是菩提薩埵所行之路及佛勝果。爲得此故，修唯識觀，是無過失方便正路。爲此類故，顯彼方便，於諸經中種種行相而廣宣説，如地水火風，并所持物，品類難悉，方處無邊。由此審知自心相現，遂於諸處捨其外相，遠離欣慼。復觀有海，喧静無差，棄彼小途，絶大乘望，及於諸有躭著之類，觀若險崖，深生怖畏，正趣中道。若知但是自心所作，無邊資糧〔一〕，易爲積集，不待多時，如少用功，能成太〔二〕事，善遊行處，猶若掌中。由斯理故，所有願求，當能圓滿，隨意而轉。」〔三〕

校注

〔一〕資糧：長養、資益菩提因之諸善法。如人遠行，必假糧食以資助其身，欲證三乘之果者，宜以善根功德之糧以資助其身。資爲資助，糧爲糧食。

〔二〕「太」，磧砂藏、嘉興藏本及成唯識寶生論作「大」。

〔三〕見護法造、義浄譯成唯識寶生論卷一。

音義

串，古患反，穿也，習也。　紇，佷曷反。又，下〔一〕没反〔二〕。　鎔，餘封反。

淀〔三〕，祥緣反，又辭戀反。　洑，房六反。　劑，在詣反。　遰，特計反，迢遰。

疊，徒恊反。　綰，烏板反，繫也。　岫，似祐反，山有穴曰岫也。　璞，疋角反，玉

璞也。　賨，式羊反，賈也。

丙午歲分司大藏都監開板

校注

〔一〕「下」，原闕，據磧砂藏本補。

〔二〕「反」，原作「也」，據磧砂藏本改。

〔三〕「淀」，文中作「漩」。按，「漩」是後起字。

宗鏡録卷第五

慧日永明寺主智覺禪師延壽集

夫真心靡易，妙性無生，凡聖同倫，云何説妄？

答：本心湛寂，絶相離言，性雖自爾，以不守性故，隨緣染淨。且如一水，若珠入則清，塵雜則濁。又如一空，若雲遮則昏，月現則淨。故大智度論云：「譬如清淨池水，狂象入中，令其渾濁。若清水珠入，水即清淨，不得言水外無象、無珠。心亦如是，煩惱入故，能令心濁。諸慈悲等善法入心，令心清淨。」〔一〕然垢淨不定，真妄從緣，若昧之，則念念輪迴，遺失真性；若照之，則心心寂滅，圓證涅槃。

故知真妄無因，空有言説，約真無説，約説無真，皆是狂迷，情想建立。千途競起，空迷演若〔二〕之頭；一法纔生，唯現闥婆〔三〕之影。以含生不窮實際，但徇狂情，則諸聖俯順機宜，悉同其事。以楔出楔，説妄而從妄旋真；將麤接麤，舉相而因相通性〔四〕。若不執妄，尚不説真，幻影纔消，智光息談。

校　注

〔一〕見龍樹造、鳩摩羅什譯大智度論卷三六。

〔二〕演若：即演若達多之略，首楞嚴經中愛鏡中頭而瞋責己頭的狂者。詳見本卷後引經文。

〔三〕闥婆：即「乾闥婆」之略，又稱「揵闥婆城」等，意譯「尋香城」「蜃氣樓」等，即所謂海市蜃樓者。龍樹造、鳩摩羅什譯大智度論卷六：「日初出時，見城門、樓櫓、宫殿、行人出入，日轉高轉滅。此城但可眼見而無有實，是名揵闥婆城。」

〔四〕解深密經卷三：「譬如有人，以其細楔出於麁楔。如是菩薩，依此以楔出楔方便，遣内相故，一切隨順雜染分相皆悉除遣。相除遣故，麁重亦遣。」

首楞嚴經云：「佛告阿難：精真妙明，本覺圓淨，非留生死及諸塵垢〔一〕，乃至虚空，皆因妄想之所生起，斯元本覺妙明真精，妄以發生諸器世間，如演若多迷頭認影〔二〕。妄元無因，於妄想中，立因緣性。迷因緣者，稱爲自然。彼虚空性，猶實幻生，因緣、自然，皆是衆生妄心計度。阿難，知妄所起，説妄因緣。若妄元無，説妄因緣元無所有，何況不知推自然者？」〔三〕

校　注

〔一〕子璿集首楞嚴義疏注經卷一〇：「精真，法身也；妙明，般若也；圓淨，解脱也。三德圓融，唯一本覺。

生死，苦道也；塵垢，業煩惱也。斯則妙性圓明，離諸名相耳。」

〔二〕大佛頂如來密因修證了義諸菩薩萬行首楞嚴經卷四：「室羅城中演若達多，忽於晨朝以鏡照面，愛鏡中頭眉目可見，瞋責己頭不見面目，以爲魑魅，無狀狂走。」子璿集首楞嚴義疏注經卷一〇：「不更具敘色之與心三種相續，故云『乃至』。虛空無爲尚是妄生，豈況有爲一切諸法，狂癡故有，故如認影。」

〔三〕見大佛頂如來密因修證了義諸菩薩萬行首楞嚴經卷一〇。

肇法師窮起妄之由，立本際品云：「夫本際者，即一切衆生無礙涅槃之性。何爲〔一〕忽有如是妄心及種種顛倒者？但爲一念迷心〔二〕。此一念者，從一而起。又此一者，從不思議起。不思議者，即無所起。故經云：道始生一。一者，謂無爲。一生二，二謂妄心。乃至〔三〕三生萬法也。既緣無爲而有心，復緣有心而有色，故經云：『種種心色。』〔四〕是以心生萬慮，色起萬端，和合業緣，遂成三界種子。所以有三界者，爲執本迷真一故，即有濁辱生其妄氣者。澄清微〔五〕爲無色界，所謂心也；澄濁辱〔六〕爲色界，所謂身也；散滓穢爲欲界，所謂塵境也。故經云：三界虛妄，唯一妄心變化〔七〕。夫內有一生，即外有無爲；內有二生，即外有有爲；內有三生，即外有三界。既內外相應，遂生種種諸法及恒沙煩惱也。」〔八〕

校注

〔一〕「爲」，寶藏論作「謂」。
〔二〕「心」，寶藏論作「也」。
〔三〕乃至：表示引文中間有删略。
〔四〕見楞伽阿跋多羅寶經卷一等。
〔五〕「澄清微」，寶藏論作「妄氣澄清」。
〔六〕「辱」，寶藏論作「現」。
〔七〕佛陀跋陀羅譯大方廣佛華嚴經卷二五：「三界虚妄，皆是一心作。」
〔八〕見寶藏論本際虚玄品。肇法師，即僧肇。寶藏論舊署後秦僧肇著，但學者們多疑其爲託名。詳參賈晉華古典禪研究：中唐至五代禪宗發展新探（修訂版），第一八八—一九二頁，上海人民出版社，二〇一三年。

故知三界内，無有一法不從自心生。因心想念，分别造作，如幻術力，變化萬物。於外似有發現，現無現性，唯自心生。迷倒之人，執爲外境。隨境了别，妍醜自分。纔生忻猒之情，便起塵勞之迹。故遠法師云：「本端竟何從，起滅有無際。一微涉動境，成此頹山勢。」[一]但内一不生，則無諸有欲，塞煩惱之窟穴，截生死之根株，但能内觀一念無生，則空華三界，如風卷煙；幻影六塵，猶湯沃雪。廓然無際，唯一真心矣。

校注

〔一〕見高僧傳卷六釋慧遠傳。

進趣大乘方便經云：「佛言：一實境界者，謂衆生心體，從本已來，不生不滅。乃至〔二〕一切衆生心、一切二乘心、一切菩薩心、一切諸佛心，皆同不生不滅，真如相故。乃至盡於十方虚空一切世界，求心形狀，無一區分而可得者，但以衆生無明癡闇熏習因緣，現妄境界，令生念著。所謂此心不能自知，妄自謂有，起覺知想，計我、我所，而實無有覺知之相，以此妄心畢竟無體，不可見故。若無覺知能分別者，則無十方三世一切境界差別之相，以一切法皆不能自有，恒依妄心分別故有。所謂一切境界，各各不自念爲有，知此爲自，知彼爲他。是故一切法不能自有，則無別異。唯依妄心，不了不知，内自無故，謂有前外所知境界，妄生種種法想，謂有謂無，謂好謂惡，謂是謂非，謂得謂失，乃至生於無量無邊法想。當如是知一切諸法，皆從妄想生，依妄心爲本。

「然此妄心無自相故，亦依境界而有，所謂緣念覺知前境界故，説名爲心。又，此妄心與前境界雖俱相依，起無前後，而此妄心能爲一切境界原主。所以者何？謂依妄心不了法界一相故，説心有無明。依無明力因故，現妄境界；亦依無明滅故，一切境界滅。非依一切境界自不了故，説境界有無明；亦非依境界故，生於無明，以一切諸佛於一切境界不生無明故。又，復不依境界滅故，無明心滅，以一切境界從本已來，體性自滅，未曾有故。因如此義，是故但説一切諸法依心爲本。當知一切諸法，悉名爲心，以義、體不異，爲心所攝故。又，一切諸法，從心所起，與心作相，和合而有，共生共滅，同無有住。以一切境界，但隨心所緣，念念相續故，而得住持，暫時而有。」〔二〕

校注

〔一〕乃至：表示引文中間有删略。下二「乃至」同。

〔二〕見占察善惡業報經卷下。進趣大乘方便經者，詳參本書卷三注。

如上廣引佛言，委曲周細，只爲成後學之信，明我自心。寶藏論云：「古鏡照精，其精自形；古教照心，其心自明。」〔三〕當知一心偏一切心，無塵可異；一切性含一性，有法皆同。無形而廓徹虛空，誰分彼此？搜迹而任窮法界，莫得纖毫。何故衆生界中，即今顯現？斯則皆因妄念積集熏成。如鏡上之塵，似遮光影；若空中之霧，暫混清虛。但有一法現前，皆是自心分別；設當一念纔起，盡因幻境牽生。起滅同時，更無前後。若知能、所無體，頓悟人空、法空；忽了物、我無依，始信境寂、心寂。又乃心生非是因彼，境未曾生；心滅亦不因他，境未曾滅。當知境因心起，還逐心亡。但心生非境生，心滅非境滅。似魚母念魚子〔二〕，如蜂王攝衆蜂〔三〕；若魚母不念則魚子亡，蜂王不攝而衆蜂散。

校注

〔一〕見寶藏論廣照空有品。

〔二〕龍樹造、鳩摩羅什譯大智度論卷三七：「譬如魚子，母念故得生，不念則壞。」心賦注卷一：「如魚散子，魚母不憶持，其子即爛壞。魚母若憶，子即生長。如獨影境，過去等諸法，心若不緣，境不現前。一切諸法，皆是心緣識變，若無心，即無法。」

〔三〕龍樹造、鳩摩羅什譯大智度論卷二八：「佛説三昧門，入一門中，攝無量三昧。如牽衣一角，舉衣皆得。亦如得蜜蜂王，餘蜂盡攝。」

是以有心緣想，萬境摐〔一〕然；無念憶持，纖塵不現。終無心外法，能與心爲緣，但是自心生，還與心爲相〔二〕。是以楞伽經云：不覺自心所現分劑〔三〕。不覺内識轉變外現爲色，但是自心所現，不通達如此分劑，名惡見論。以不知心現，起差別見，故云「分劑」。是知若不於宗鏡正義之中所有知解，皆是邪道宗黨，設形言説，悉墮惡見論議。此宗鏡法義，可以憑准，正理無差；可以依行，現前得力。萬邪莫迴其致，千聖不改其儀，遂能洗惑塵，消滯慮，湛幽抱，豁神襟，獨妙絶倫，故無等等。

校注

〔一〕「摐」，原作「縱」，據卷末者義及磧砂藏、嘉興藏本改。摐然，紛繁雜亂貌。

〔二〕法藏述華嚴經義海百門緣生會寂門第一：「如見塵時，此塵是自心現。由自心現，即與自心爲緣。由緣現前，心法方起，故名塵爲緣起法也。經云：『諸法從緣起，無緣即不起。』沈淪因緣，皆非外有，終無心外法，能與心爲緣。縱分别於塵，亦非攀緣。」

〔三〕楞伽阿跋多羅寶經卷一：「大慧，云何外道論惡見共？所謂自境界妄想見，不覺識自心所現，分齊不通。」宗泐、如玘楞伽阿跋多羅寶經注解卷一：「外道修行，亦發邪慧，所見境界，不知惟心發現，妄自分别有無故，言『妄想見』也。言『分齊不通』者，謂所現境界之相，不能通達也。」

問：若言有真、有妄，是法相宗；若言無真、無妄，是破相宗。今論法性宗，云何立真、立妄，又説非真、非妄？

答：今宗鏡所論，非是法相立有，亦非破相歸空，但約性宗圓教，以明正理。即以真如不變，不礙隨緣，是其圓義。若法相宗，一向説有真、有妄；若破相宗，一向説非真、非妄。此二門各著一邊，俱可思議。今此圓宗，前空、有二門俱存，又不違礙，此乃不可思議。若定説有、無二門，皆可思議。今以不染而染，則不變隨緣；染而不染，則隨緣不變。實不可以有、無思，亦不可爲真、妄惑，斯乃不思議之宗趣，非情識之所知。

今假設文義對治，只爲破其邪執。若情虛則智絶，病差則藥消〔一〕，能窮始末之由，方洞圓常之旨。故復禮法師問天下學士真妄偈云：「真法性本浄，妄念何由起？從真有妄生，此妄安可止？無初即無末，有終應有始。無始而有〔二〕終，長懷懵兹〔三〕理。願爲開玄妙，析之出生死。」〔四〕澄觀和尚答云：「迷真妄念生，悟真妄則止。能迷非所迷，安得全相似？從來未曾悟，故説妄無始。知妄本自真，方是恒常理。分別心未亡，何由出生死？」〔五〕

校注

〔一〕正法華經卷七如來現壽品：「病即得愈，毒藥消滅。」

〔二〕「有」，原作「無」，據嘉興藏本、大方廣佛華嚴經隨疏演義鈔改。按，宗密撰圓覺經大疏釋義鈔卷六之上亦作「有」，此句後子注曰：「正述法相宗所説煩惱無始有終」。

〔三〕「兹」，大方廣佛華嚴經隨疏演義鈔作「斯」。

〔四〕宋高僧傳卷一七唐京兆大興善寺復禮傳：「釋復禮，京兆人也，俗姓皇甫氏。（中略）深綜玄機，特明心契，作真妄頌問天下學士，擊和者數人。當草堂宗密師銓擇臻極，唯清涼澄觀得其旨趣，若盧郎之米粒矣。」此偈文，見澄觀述大方廣佛華嚴經隨疏演義鈔卷五八引。

〔五〕見澄觀述大方廣佛華嚴經隨疏演義鈔卷五八。

宗密禪師釋云：大乘經教，統唯三宗：一、法相宗，二、破相宗，三、法性宗〔一〕。今此問，是法性宗中齧鏃〔二〕關節，不問二宗。若法相宗，所説一切有漏妄法、無漏浄法，無始時來，各有種子在阿賴耶識中，遇緣熏習，即各從自性起，都不關真如，誰言從真生妄也？彼説真如，一向無爲寂滅，無起無止，不可難他「從真有妄生」也。若破相宗，一向説凡聖、染浄一切皆空，本無所有，設見一法過涅槃者，亦如幻夢。彼且本不立真，何況於妄？故不難云「從真有妄」也。唯疑法性宗，以此宗經論，言依真起妄者，如云「法身流轉五道」「如來藏受苦樂」〔三〕等；言悟妄即真者，如云「初發心時，即成阿耨菩提」〔四〕、「知妄本自真，見佛即清浄」〔五〕等；又言凡聖混融者，如云一切衆生，本來成正覺、般涅槃。毗盧遮那身中，具足六道衆生等〔六〕。真妄相即，雖説煩惱菩提，無有始終。又説煩惱終盡，方名妙覺。華嚴、起信等經論，首末之文，義宗有礙，自語相違。擬欲揀之，不可取一捨一。欲合之，又難會；俱用之，又相違〔七〕。

校注

〔一〕宗密圓覺經大疏卷上之一：「大乘教總有三宗，謂法相、破相、法性。」宗密判大乘爲法相、破相和法性三宗，各宗具體涵義，參見後文。

〔二〕齧鏃：咬住射來的箭鏃，是學射的最核心技術，喻指關鍵環節，最核心的部分。酉陽雜俎續集卷四貶誤：「隋末，有昝君謨善射，閉目而射，應口而中。云志其目則中目，志其口則中口。有王靈智學射於謨，以爲曲盡其妙，欲射殺謨，獨擅其美。謨執一短刀，箭來輒截之。惟有一矢，謨張口承之，遂齧其鏑，笑曰：『學射三年，未教汝齧鏃法。』」

〔三〕澄觀撰大方廣佛華嚴經疏卷四六：「法身流轉五道，名爲衆生。如來藏受苦樂與因俱。」不增不減經：「即此法身，過於恒沙無邊煩惱所纏，從無始世來隨順世間，波浪漂流，往來生死，名爲衆生。」大乘入楞伽經卷五剎那品：「五識身非流轉，不受苦樂非涅槃因，如來藏受苦樂與因俱有生滅。」

〔四〕見實叉難陀譯大方廣佛華嚴經卷一七梵行品。阿耨菩提：「阿耨多羅三藐三菩提」之略，意譯「無上正等正覺」，佛陀具有的覺知一切的最高智慧。注維摩詰經卷一：「肇曰：『阿耨多羅』，秦言『無上』；『三藐三菩提』，秦言『正遍知』。道莫之大，無上也；其道真正無法不知，正遍知也。」

〔五〕見大方廣佛華嚴經卷一六須彌頂上偈讚品。

〔六〕宗密圓覺經大疏卷下之二：「出現品如來成正覺時，普見一切衆生成正覺、般涅槃也。」「出現品」云者，見實叉難陀譯大方廣佛華嚴經卷五〇。

〔七〕「宗密禪師釋云」至此，詳見高麗義天集圓宗文類卷二二讚頌雜文類收終南山草堂寺沙門宗密申明禮法師意。禮法師，即復禮，京兆人，俗姓皇甫，傳見宋高僧傳卷一七唐京兆大興善寺復禮傳。

試問天下學士，有達者即知真入道。若諸師所答，悉迷問意，皆約泯相歸理而説，都不識他所問，從真起妄之由，修妄證真之理。然迷真起妄，蓋有因由；息妄歸真，非無所以。復禮法師豈不知真妄俱寂，理事皆如，如寂之中，何有問答？然有二門，義理易辯，即無違妨：一者、一向説有妄可斷，有真可證；二者、一向説非真非妄，無凡無聖。此二門，皆可思議。故勝鬘經云：衆生自性清浄心，無煩惱所染。不染而染，染而不染，皆云難可了知〔一〕。復禮正問此義，諸師所答，但説無垢染耳。唯觀和尚所答，約真如不變，不礙隨緣，方爲契當。今宗密試答曰：「本浄本不覺，由斯妄念起。知真妄即空，知空妄即止。止處名有終，迷時號無始。因緣如幻夢，何終復何始？此是衆生原，窮之出生死。」〔二〕

校注

〔一〕勝鬘師子吼一乘大方便方廣經自性清浄章：「自性清浄心而有染污，難可了知。有二法難可了知，謂自性清浄心難可了知，彼心爲煩惱所染亦難可了知。」

〔二〕「試問天下學士」至此，詳見高麗義天集圓宗文類卷二二讚頌雜文類收終南山草堂寺沙門宗密申明禮法師意。

又，人多謂真能生妄，故疑妄不窮盡。爲決此理，重答前偈：「不是真生妄，妄迷真而〔一〕起。知妄本自真，知真妄即止。妄止似終末，悟來似初始。迷悟性皆空，性空無終始。生死由此迷，達此出生死。」〔二〕

校注

〔一〕「而」，磧砂藏、嘉興藏本作「如」。

〔二〕「人多謂真能生妄」至此，詳見高麗義天圓宗文類卷二二讚頌雜文類收學人多謂真能生妄故疑妄不窮盡爲決此理更述一番還答前偈。

又約始終，有四句分別：一、有始無終，即是始覺；二、有終無始，即是無明；三、無終無始，謂實際；四、有始有終，是一期生死。

又釋云：「無始而有終，長懷懵斯理」者，即法相事，而例難之。今云有妄即真，則同無終始。若分別説，應有四句：真理，則無終無始；妄念，則無始有終；真智，則無終有始；瞥起妄念，有終有始。若約圓融，同無終始。既無終始，亦復無有無終無始。唯亡言絶想，可會斯玄〔一〕。

校注

〔一〕「又釋云」至此，詳見澄觀述大方廣佛華嚴經隨疏演義鈔卷五八。

詳上答意，深合圓宗。於隨緣門，初即迷真起妄，後乃悟妄即真，於迷悟中，似分終始；約不變門，妄自本空，誰論前後？真俗無性，凡聖但名。譬如迷繩作虵，疑杌爲鬼。真諦非有，世諦非無，二諦相成，不墮邪見。是以俗諦不得不有，有常自空；真諦不得不空，空恒徹有。今時學者，多迷空、有二門，盡成偏見。唯尚一切不立，拂迹歸空，於相違差別義中，全無智眼。既不辯惑，何以釋疑？故云：「涅槃心易曉〔一〕，差別智難明。」〔二〕若能空、有門中雙遮雙照，真、俗諦内不即不離，方可弘法爲人，紹隆覺位。

校注

〔一〕「曉」，諸校本作「得」。

〔二〕宗密圓覺經道場修證儀卷一〇：「古德云：涅槃心易得，差別智難成。」

問：法相、法性二宗，如何辯別？

答：法相多説事相，法性唯談理性。如法相宗，離第八識，無眼等諸識。若法性宗，離如來藏，無有八識。若真如不守自性，變識之時，此八識即是真性上隨緣之義。或分宗辯相，事則兩分。若性相相成，理歸一義。以不變隨緣、隨緣不變故，如全波之水、全水之波，動静似分，濕性無異。

清涼記〔一〕引密嚴經偈云：「如來清浄藏，世間阿賴耶，如金與指鐶，展轉無差别。」〔二〕即賴耶體是如來藏，與妄染合，名阿賴耶，更無别體〔三〕。

校注

〔一〕清涼記：即澄觀述大方廣佛華嚴經隨疏演義鈔。清涼，澄觀號。

〔二〕見地婆訶羅譯大乘密嚴經卷下阿賴耶微密品。

〔三〕「引密嚴經偈云」至此，詳見澄觀述大方廣佛華嚴經隨疏演義鈔卷三一。

又，金色如指鐶，金體即金。然此上不〔一〕異，總有四句：一、以本成末，本隱末存。此即存隱不異，故云「以妄無體，攬真而起，則真無不隱，唯妄現也」〔二〕。二、攝末歸本，末盡本顯。此即顯滅明不異故，故云「以真體實，妄無不盡，唯真現也」。三、攝本從末末存，攝末歸本本顯。此則兩法俱存，但真妄有異，即有真有妄，明不異故，故云「是即無體之妄，不異體實之真，故云無有異也」。四、攝本從末本隱，是不無義；攝末歸本末盡，是不有義。

此則不有不無明不異，亦是末後二句。又，非異故非邊，不一故非中，非中非邊，是無寄法界。妙智所證，湛然常住，無所寄也。又，非一即非異故，恒居邊而即中等。又，非一即生死，非異即涅槃，非一即非異故，恒住生死，即處涅槃等〔三〕。

亦可衆生迷故，成阿賴耶；如來悟故，成如來藏〔四〕。如金隨工匠緣成時，展作指鐶；如指鐶隨爐火緣壞時，卻復爲金。成壞展轉，但是一金，更無差別。如來藏心，亦復如是，但隨染緣之時，迷作阿賴耶；隨浄緣之時，悟成如來藏。本末展轉，唯是一心，畢竟無別。

校注

〔一〕「不」，原無，據大方廣佛華嚴經隨疏演義鈔補。
〔二〕見澄觀撰大方廣佛華嚴經疏卷二一。下兩處引文同。
〔三〕「金色如指鐶」至此，詳見澄觀述大方廣佛華嚴經隨疏演義鈔卷四一。
〔四〕「亦可衆生迷故」至此，見澄觀述大方廣佛華嚴經隨疏演義鈔卷三一。

如無生義〔一〕云：衆生身中有涅槃，即是末中含有本；衆生是涅槃家用，即是本中含有末。貪欲即是道，即是末中含有本；貪欲即是道家用，即是本中含有末。故經言：一切凡夫，常在於定。問言：常在何定？答言：以不壞法性三昧故〔二〕。此是末中含有本；法性中含有衆生，即是本中含有末。大品經言：不可離有爲説無爲，不離無爲説有爲〔三〕。又，末即是本，本即是末，義如淩〔四〕即是水，水即是淩。如經言：「生死是涅槃，無滅無生故。」〔五〕

校注

〔一〕無生義：據智證大師將來目録，二卷（傳教大師將來越州録中著録爲一卷），注云佛窟撰。佛窟，即釋遺則，或作惟則，牛頭慧忠法嗣。傳見宋高僧傳卷一〇唐天台山佛窟巖遺則傳。詳見本書卷四注。

〔二〕思益梵天所問經卷二難問品：「普華言：『是故當知一切凡夫，常在於定。』舍利弗言：『以何定故，一切凡夫常在定耶？』普華言：『以不壞法性三昧故。』」法性即諸法真實體性，也就是宇宙一切現象具有的真實不變的本性。法性三昧，就是領悟諸法本性不改不變而安住於禪定。

〔三〕摩訶般若波羅蜜經卷二三假品：「離有爲不可説無爲，離無爲不可説有爲。」

〔四〕「淩」，諸校本作「波」。下同。

〔五〕見思益梵天所問經卷二如來五力説品。

又，楞伽經云：「真識、現識，如泥團、微塵等。乃至〔一〕大慧，若泥團、微塵異者，非彼所成，而實彼成，是故不異。若不異者，泥團、微塵應無差別〔二〕。如是，轉識、藏識真相若異者，藏識非因；若不異者，轉識滅，藏識亦應滅，而自真相實不滅。是故，非自真相滅，但

業相滅耳。」〔三〕

此中真相是如來藏，轉識是七轉識，藏識是賴耶〔四〕。又云：「諸識有三種相，謂轉相、業相、真相。」〔五〕此三種相，通於八識。謂起心名轉，八俱起故，皆有生滅，故名轉相。動則是業，如三細〔六〕中初業相故，八識皆動，盡名業相。八之真性，盡名真相。故經云：「略説有三種識，廣説有八種相。何等爲三？謂真識、現識、分別事識。」〔七〕約不與妄合如來藏心以爲真識，現即第八。經云：「譬如明鏡，持衆色像。現識處現，亦復如是。」餘七皆名分別事識。經云「若異者，藏識非因」者，謂三若異藏識，則應不用真相及轉識爲因。既以轉識熏故，真識隨緣而成藏識，則知不異，非以藏識爲二識因。故經云：「非自真相滅，但業相滅。」斯則三事備矣。經喻中有三：一、塵，二、水，三、泥。以水和塵，泥團方成，以業熏真相，業識便生。經云「若自真相滅者，藏識則滅」者，反顯藏識，以真妄和合而成，但其妄滅而真體不無〔八〕。

校注

〔一〕乃至：表示引文中間有删略。

〔二〕宗泐、如玘楞伽阿跋多羅寶經注解卷一：「泥團，喻轉識。微塵，喻藏識。藏識是真，轉識是妄。泥團因微塵而成，其體是一，故不可言異。泥團、微塵若定是一，則無所分別，故不可言非異。乃喻從真起妄，妄滅真顯。」

〔三〕見楞伽阿跋多羅寶經卷一。

〔四〕法藏撰大乘起信論義記卷中本：「此中真相是如來藏，轉識是七識，藏識是梨耶。」按，此句澄觀述大方廣佛華嚴經隨疏演義鈔卷三一前有「賢首解云」。賢首，即法藏。又，宋正受楞嚴經集注卷一：「轉識，五、六、七識；藏識，八識。轉識因藏識而有，若異，則不因藏識而有，既因藏識而有，則不異矣。」「藏識真相既實不滅，則與轉識異矣。此明非異非不異也。」

〔五〕見楞伽阿跋多羅寶經卷一。

〔六〕三細：指業相（無明業相）、轉相（能見相）、現相（境界相）。詳參本書卷五六。

〔七〕見楞伽阿跋多羅寶經卷一。下四處引文同。

〔八〕「此中真相是如來藏」至此，詳見澄觀述大方廣佛華嚴經隨疏演義鈔卷三一。

又，自真相者，曉法師釋云：「本覺之心，不藉妄緣，性自神解，名自真相，約不一義說。又，隨無明風作生滅時，神解之性與本不異，亦名自真相，是依不異義說。」〔一〕

又，經云：「如來藏爲無始惡習所熏，名爲藏識。」〔二〕又云：「大慧，如來藏是善不善因，能徧興一切趣生。譬如技兒，變現諸趣。」是以諸教皆如來藏爲識體。故知心性即如來藏，此外無法。

唯識論偈云：「又諸法勝義，亦即是真如。常如其性故，即唯識實性。」〔三〕明知天親亦用如來藏而成識體，但後釋論之人，唯立不變，則過歸後人。以要言之，總上諸義，皆是真妄和合，非一非異，能成一心二諦之門，不墮斷常。處中妙旨，事理交徹，性相融通，無法不收，盡歸宗鏡。

校注

〔一〕見元曉起信論疏卷上。

〔二〕見楞伽阿跋多羅寶經卷四。下一處引文同。

〔三〕見玄奘譯成唯識論卷九。

問：真妄二心，行相各異，如何融會，得入法性之圓宗？

答：但了妄念無生，即是真心不動。此不動之外，更無毫氂法可得。如經云：「預流、一來果、不還、阿羅漢，如是諸聖人，皆依心妄有。」〔一〕大般若經云：「復次，善現，甚深般若波羅蜜多，分析諸法，過極微量，竟不見有少實可得，故名般若波羅蜜多。」〔二〕

又，真妄無體，但〔三〕有名字。名字無體，皆依言說。言說性空，俱無起處。則一切言語，悉皆平等；一切諸法，悉皆真實。所以勝思惟梵天所問經云：「梵天謂文殊言：『仁者所説，皆是真實？』文殊曰：『善男子，一切言説，皆是真實。』問曰：『虚妄言説，亦真實耶？』答曰：『如是。何以故？善男子，是諸言説，皆爲虚妄，無處無方。若法虚妄，無處無方，即是真實。以是義故，一切言説，皆是真實。善男子，提婆達多所有言説，與如來語無異無別。何以故？諸有言説皆是如來言説，不出如故。諸有言語所説之事，一切皆以無所説故，得有所説。』」〔四〕

校注

〔一〕見大乘入楞伽經卷三。預流，「須陀洹果」的意譯，即初果，謂此人斷三界見惑盡，預入聖道法流，故名預流。一來果，「斯陀含果」之意譯，謂此人於欲界九品思惑中斷前六品盡，後三品猶在，須更來欲界一番受生，故名一來。不還，「阿那含果」的意譯，謂此人斷欲界後三品思惑盡，更不來欲界受生，故名不來。阿羅漢，意譯「無學」，謂此人斷色界無色界思惑盡，四智已圓，已出三界，已證涅槃，無法可學，故名無學。

〔二〕見大般若波羅蜜多經卷四六三。

〔三〕「但」，磧砂藏本作「俱」。

〔四〕見勝思惟梵天所問經卷四。

又，輔行記釋：「一念心以成觀境，此有二義：一者、以禪爲境，不同世心；二者、即此境心，復須離著，向辯禪心。既言一念，一多相即，爲是何等一心能具？故簡示云：不得同於妄計一念，能了妄念無一異相。達此無相，具一切心。三千具足，方能照於一多相即。此據初心習觀之人，恐濫於妄情境觀，是故應須簡示入門。若據理論，無非法界，亦何隔於取著妄情？」〔一〕以念本自空，妄不可得故，爲執有者令觀空耳。

又，先德云：未念之時，念則未生，未生則是不有。不有之法，亦無自相。現在之念，從緣而生，念若自有，不應待緣，待緣生故，即無自體。故知心無自性，緣起即空。如欲斷其流，但塞其源；欲免其生，但斷其根。不用多功，最爲省要。

故通心論〔二〕云：夫縛從心縛，解從心解。縛解從心，不關餘處。出要之術，唯有觀心。觀心得悟，一切俱了。是故智者先當觀心，觀心得浄，返觀自心。欺誑不實，如幻如化。躁擾不住，又〔三〕如猿猴。騰躍奔擲，猶〔三〕如野馬。無始無明，歷劫流浪，不知何由得出〔四〕。若能如是觀心過患，又推諸境，境無自性，由見而有，不見即無。又推見處，見無自性，由心有動，不動即無；又推動心，動無自性，獨由不覺，覺則不動；又推不覺，無有根

校注

〔一〕見湛然述止觀輔行傳弘決卷九之三。

本，直是無始虚習，念念自迷，無念真心，一無所有。

論云：「如人迷故，謂東爲西，方實不轉。衆生亦爾，無明迷故，謂心爲動，心實不動。若能觀心，知心無起，即得隨順入真如門。」〔五〕當知所有皆是虚妄心念而生，心有即有，心無即無。有無從心，彌須自覺。勿不自覺，爲心自欺。既知心誑，更勿留心。好惡是非，一時都放，則心無住處。心無住處，則無有心。既無有心，亦無無心。有無總無，身心俱盡。身心盡故，泯齊萬境。萬境無相，合本一冥。冥然玄照，照無不寂。以寂爲體，體無不虚。虚寂無窮，通同法界。法界緣起，無不自然。來無所從，去無所至。

校注

〔一〕通心論：不詳。按，本書卷九七引「縛從心縛，解從心解」等，云「法照禪師云」。此處云「通心論云」，則通心論或爲法照所撰著。法照，傳見宋高僧傳卷二一唐五臺山竹林寺法照傳。

〔二〕「又」，清藏本作「猶」。

〔三〕「猶」，清藏本作「又」。

〔四〕大般涅槃經卷三一：「不修心者，不能觀心，輕躁動轉，難捉難調，馳騁奔逸，如大惡象。念念迅速，如彼電光。躁擾不住，猶如獼猴。如幻、如炎，乃是一切諸惡根本，五欲難滿，如火獲薪，亦如大海吞受諸流，如曼陀山草木滋多。不能觀察生死虚妄，耽惑致患，如魚吞鉤。常先引導諸業隨從，猶如貝母引導諸子。貪著五欲，不樂涅槃，如駝食蜜，乃至於死，不顧芻草。深著現樂，不觀後過，如牛貪苗，不懼杖楚。馳騁周遍二十五有，猶如疾風，吹兜羅毦。所不應求，求無厭足，如無智人，求無熱火，常樂生死，不樂解脱。如紝婆虫，樂紝婆樹。迷惑愛著生死臭穢，猶如獄囚樂獄卒女，亦如厠猪樂處不浄。若有不能如是觀者，名不修心。」

〔五〕見真諦譯大乘起信論。

又，法無定相，真妄由心。起盡同原，更無別旨。所以古師廣釋真妄交徹之義云：「夫真妄者，若約三性：圓成是真，偏計爲妄，依他起性，通真通妄。浄分同真，染分爲妄。約偏計爲妄者，情有即是理無，妄徹真也；理無即是情有，真徹妄也。若染分依他爲妄者，緣生無性，妄徹真也；無性緣成，真徹妄也。若約隨俗説真妄者，真妄本虚，則居然交徹；真妄皆真，則本來一味。故知真妄常交徹，亦不壞真妄之相。則該妄之真，真非真而湛寂；徹真之妄，妄非妄而雲興。」〔一〕如水該波而非水，濕性凝停；波徹水而非波，洪濤洶涌。則不存不泯，性相歷然，一一融通，重重交徹，無障無閡，體用相收。入宗鏡中，自然法尔。故先德云：「然其真妄所以交徹者，不離一心。」

校　注

〔一〕見澄觀述大方廣佛華嚴經隨疏演義鈔卷一。下一處引文同。

故禪原集云：「謂一切凡聖根本，悉是一法界心〔一〕，性覺寶光，各各圓滿，本不名諸佛，亦不名衆生，秖以此心靈妙自在，不守自性，隨迷悟之緣，成凡聖之事〔二〕。又，雖隨緣而不失自性，常非虚妄，常無變異，不可破壞，唯是一心，遂名真如。故此一心，常具二門，未曾暫闕，秖隨緣門中，凡聖無定，謂本來未曾覺悟，故説煩惱無始。若修證即煩惱斷盡，故説有終。然實無別始覺，亦無不覺，畢竟平等。故此一心，常具真如、生滅二門。又，真妄各有二義：一、真有不變、隨緣二義，二、妄有體空、成事二義。謂由真不變故，妄體空，爲真如門；由真隨緣故，妄識成事，爲生滅門。以生滅即真如故，諸經説『無佛無衆生』〔三〕、『本來涅槃』〔四〕、『常寂滅相』〔五〕。又以真如即生滅故，經云：『法身流轉五道，號曰衆生。』〔六〕既知迷悟、凡聖在生滅門，今於此門具彰凡聖二相，即真妄和合，非一非異，名阿賴耶識。此識在凡，本來常有覺與不覺二義，覺是三乘賢聖之本，不覺是六道凡夫之本。」〔七〕今推此不覺之心無體，則真覺之性現前。

校注

〔一〕「謂一切凡聖根本，悉是一法界心」，禪源諸詮集都序卷下之一作「謂六道凡夫、三乘賢聖根本，悉是靈明清淨一法界心」。

〔二〕「成凡聖之事」，禪源諸詮集都序卷下之一作「造業受報，遂名衆生；修道證真，遂名諸佛」。

〔三〕見大方廣佛華嚴經卷五等。
〔四〕見大寶積經卷八六等。
〔五〕見妙法蓮華經卷三藥草喻品。
〔六〕澄觀撰大方廣佛華嚴經疏卷四六：「法身流轉五道，名爲衆生。如來藏受苦樂與因俱。」不增不減經：「即此法身，過於恒沙無邊煩惱所纏，從無始世來隨順世間，波浪漂流，往來生死，名爲衆生。」
〔七〕見宗密禪源諸詮集都序卷下之一。

寶積經云：「佛言：菩薩如是求心，何者是心？若貪欲耶？若瞋恚耶？若愚癡耶？若過去、未來、現在耶？若心過去，即是滅盡。若心未來，未來未至。若心現在，則無有住。是心非内、非外，亦非中間。是心無色、無形、無對、無識、無知、無住、無處。如是心者，十方三世一切諸佛，不已見、不今見、不當見。若一切佛，過去、來、今而所不見，云何當有？但以顛倒想故，心生諸法種種差别。是心如幻，以憶想分别故，起種種業，受種種身。乃至〔一〕如是，迦葉，求是心相而不可得。若不可得，則非過去、未來、現在。若非過去、未來、現在，則出三世。若出三世，非有、非無。若非有、非無，即是不起。若不起者，即是無性。若無性者，即是無生。若無生者，即是無滅。若無滅者，則無所離。若無所離者，則無來無去，無退無生。若無來無去，無退無生，則無行業。若無行業，則是無爲。若無爲者，則是

一切諸聖根本。」〔三〕

校注

〔二〕乃至：表示引文中間有删略。

〔三〕見大寶積經卷一一二。

持世經云：「菩薩爾時作是念：世間甚爲狂癡，所謂從憶想分别識起於世間，與心意識合，三界唯皆是識。是心意識，亦無形無方，不在法内，不在法外。凡夫爲虚妄相應所縛故，於識陰中，貪著於我，若我所。」〔一〕

校注

〔一〕見持世經卷二五陰品。

金剛三昧經云：「知諸名色，唯是癡心分别。癡心分别諸法，更無異事出於名色。知法如是，不隨文語，心心於義，不分别我。」〔二〕論釋云：「此明方便觀，於中有二：一、明唯識尋思。『更無異事出於名色』者，名謂四藴，色是色藴。諸不相應，皆假建立。離此名色，更無别體。故諸有爲之事，皆爲名色所攝。如是諸法，唯心所作。離心無境，離境無心，如是名爲唯識尋思。二、顯如實智。『知法如是，不隨文語』者，是名尋思所引如實智故。『心心於義，不分別我』者，是義尋思所引如實智故。人、法二我，皆無有義，所以於中不分別故。」〔二〕

校注

〔一〕見金剛三昧經如來藏品。

〔二〕見元曉述金剛三昧經論卷下如來藏品。

此真、妄二心，情、分二種，智了唯一，一二俱亡，方入宗鏡。所以維摩經云：「妙臂菩薩曰：『菩薩心、聲聞心爲二。觀心相空，如幻化者，無菩薩心、無聲聞心，是爲入不二法門。』」〔一〕故知既以無心現心，則無法現法。何者？以一切境界隨念而生，念既本空，法復何有？

如大法炬陁羅尼經云：「佛言：『憍尸迦，若人來問：今此大衆食調衆具，須功幾何？彼問如是，汝云何答？』天帝釋言：『世尊，我無所報。何以故？世尊，今我此處三十三天，凡是所須衣食衆具，隨念現前，非造作故。』佛言：『憍尸迦，一切諸法，亦復如是，皆住心中，隨所念時，即得成就。憍尸迦，猶如卵生諸衆生等，但以心念，即便受生。一切諸法，亦復如是，皆由心念，法即現前。憍尸迦，又如一切濕生之類。所謂魚、鼈、黿、虬、坘彌宜羅〔二〕，此等皆是卵生所攝，此等或唯行一由旬，或二由旬，或至三四，或復過七，達彼地已，安處己卵，不令疲乏，故能成熟。憍尸迦，此三藏教，亦復如是，隨憶念時，彼業現前，次第不亂，相續不斷，與彼句義，和合相應。』」〔三〕

校注

〔一〕見維摩詰所説經卷中入不二法門品。

〔二〕坘彌宜羅：魚名。玄應撰一切經音義卷二一：「坘彌，三蒼音佤，下諸律中皆作『迷』，應言『帝彌祇羅』，謂大身魚也。其類有四種，此則第四最小者也。法炬經中『佤迷宜羅』，即第三魚也，皆次第互相吞噉也。」「坘」，即「坻」。

〔三〕見大法炬陀羅尼經卷二〇法師弘護品。

又，佛地論云：「三十三天有一雜林，諸天和合福力所感，令諸天衆不在此林，宮殿等事、苦〔一〕樂等受，勝劣有異，有我、我所差別受用。若在此林，若事、若受，都無勝劣，皆同上妙，無我、我所。和合受用，能令平等。和合受用，故名雜林。此由諸天各修平等和合福業增上力故，令彼諸天阿賴耶識變現此林，同處同時，同一相狀。由此雜林增上力故，令彼

轉識亦同變現，雖各受用，而謂無別。」〔二〕

校　注

〔一〕「苦」，原作「共」，據佛地經論改。

〔二〕見玄奘譯佛地經論卷六。

是以若達諸法，皆心想生，即從世俗門入聖行處。如無盡意菩薩經云：「爾時，舍利弗問無盡意：『唯，善男子，從何處來？佛號何等？世界何名？去此近遠？』無盡意言：『唯，舍利弗，有來想耶？』舍利弗言：『唯，善男子，我知想已。』無盡意言：『若知想者，應無二相，何緣問言從何處來？唯，舍利弗，有來去者，爲和合義。如和合相，是無合不合。無合不合，即不去來。不去來者，是聖行處。』」〔一〕

校　注

〔一〕見大方等大集經卷二七無盡意菩薩品。

佛藏經云：「佛言：舍利弗，隨所念起一切諸想，皆是邪見。舍利弗，隨無所有，無覺無觀，無生無滅，通達是者，名爲念佛。」〔一〕

校注

〔一〕見佛藏經卷上念法品。

海龍王經云："佛言：大王，一切諸法，皆從念興。隨其所作，各各悉成。諸法無住，亦無有處。"〔一〕

校注

〔一〕見海龍王經卷四空淨品。

大智度論云："菩薩云何觀心念處？菩薩觀内外心，是内心有三相：生、住、滅。作是念：是心無所從來，滅亦無所至，但從内外因緣和合生。是心無有定實相，亦無實生、住、滅，亦不過去、未來、現在世中。是心不在内、不在外、不在中間。是心亦無性無相，亦無生者，無使生者，外有種種雜六塵因緣，内有顛倒心想生滅相續故，强名爲心。如是心中，實心相不可得。是心性不生不滅，常是淨相，客煩惱相著故，名爲不淨心。心不自知，何以故？是心心相空故。是心本末無有實法，是心與諸法無合無散，亦無前際、後際、中際，無色、無形、無對，但顛倒虚誑生。是心空，無我、無我所，無常無實，是名隨順心觀，知心相無生，入無生法中。何以故？是心無生、無性、無相，智者能知。智者雖觀是心生滅相，亦不得實生滅法，不分别垢浄而得心清浄。以是心清浄故，不爲客塵煩惱所染。如是等觀内心，觀外心、觀内外心亦如是。」〔一〕

校　注

〔一〕見龍樹造、鳩摩羅什譯大智度論卷一九。

故知法本不有，因心故生。離憶想而無法可成，除分别而無塵可現。又反觀憶想分别，畢竟無生。從三際求，求之不見；向十方覓，覓之無蹤。既無能起之心，亦無所滅之跡，起滅俱離，所離亦空，心境豁然，名爲見道。於見道中，相待之真、妄自融，對治之能、所皆絶，能、所盡處，自然成佛。

如華嚴論云：「此經云『以少方便，疾得菩提』〔二〕，不同權教菩薩，同有爲故，立能證、所證也，一念之間，無有能、所，能、所盡處，名爲正覺。亦不同小乘，滅能、所也，了能、所本無動故，此乃任法性故，動寂皆平。爲本智非動寂故，妄謂爲動，愚夫不了，棄動而求寂，爲大苦也。故維摩經云：五受陰，洞達空爲苦義〔三〕。爲小乘有忻厭故，即苦生。」〔三〕

校注

〔一〕佛陀跋陀羅譯大方廣佛華嚴經卷三三：「菩薩摩訶薩得聞是法，以少方便疾得阿耨多羅三藐三菩提。」

〔二〕見維摩詰所説經卷上弟子品：「五受陰，洞達空無所起，是苦義。」五受陰，即五陰，又稱五盛陰、五取蘊等。注維摩詰經卷三：「肇曰：有漏五陰，愛染生死，名受陰也。小乘以受陰起則衆苦生爲苦義。大乘通達受陰，内外常空，本自無起，誰生苦者？此真苦義也。生曰：夫苦之爲事，會所成也。會所成者，豈得有哉？是以言五受陰空是苦義也。五受陰，苦之宗也。」

〔三〕見唐李通玄撰新華嚴經論卷五。

問：此説真、妄二心，爲是法相宗？爲是法性宗？

答：准華嚴演義云：「『論云『三界虚妄，但是一心』〔一〕者，若取三界虚妄，即是所作，便屬世諦。今取能作，爲第一義。論釋唯是能作，今經云『三界唯心轉』者，則通能、所。然能、所有二：若法性宗中，以第一義隨緣成有即爲能作，所有心境皆通所作，以不思議熏、不思議變是現識因故；若法相宗，第一義心但是所迷，非是能作。有三能變，謂第八等。唯識論云：『又復有義，大乘經中説三界唯心。唯是心者，但有内心，無色、香等外諸境界，此云何知。』〔二〕如十地經説：『三界虚妄，但是一心作。』〔三〕故心、意與識及了别等如是四法，義一名異。此依相應心説，非不相應心説。心有二種：一、相應心，所謂一切煩惱、結、使〔四〕，受、想、行等，皆心相應，以是故言心、意與識及了別義一名異故；二、不相應心，所謂第一義諦常住不變，自性清浄心故，言三界虚妄，但一心作，是相應心。今依法性故，云第一義心以爲能作。言轉者，起作義，亦轉變義。」〔五〕

校注

〔二〕見天親造、菩提流支譯十地經論卷八。

〔二〕見天親造、般若流支譯唯識論。

〔三〕見天親造、菩提流支譯十地經論卷八。

〔四〕結、使：皆煩惱之異名。隋慧遠撰大乘義章卷五二障義兩門分别：「所言障者，隨義不同，乃有多種。或名煩惱，或名爲使，或名爲結。（中略）勞亂之義，名曰煩惱；隨逐繫縛，稱之爲使；結集生死，目之爲結。」

〔五〕見澄觀述大方廣佛華嚴經隨疏演義鈔卷六五。

問：如上所説，真、妄二心，但是文理會歸，何方便門得親見性？

答：妄息心空，真知自現。若作計校，轉益妄心。但妙悟之時，諸緣自絶。如古佛悟道頌云：因星見悟，悟罷非星。不逐於物，不是無情〔一〕。

又，寶藏論云：「非有非空，萬物之宗；非空非有，萬物之母。出之無方，入之無所。

包含萬有而不爲事〔二〕，應化萬端而不爲主。」〔三〕道性如是，豈可度量？見性之時，自然披露。所以古偈云：妄息寂則生，寂生知則現。知生寂已捨，了了唯真見〔四〕。

又，信心銘云：「前際如〔五〕空，知處迷宗。分明照境，隨照冥蒙。一心有滯，萬〔六〕法不通。去來自爾，不用〔七〕推窮。」〔八〕

校注

〔一〕祖堂集卷一釋迦牟尼佛：「故普曜經云：菩薩於二月八日明星出時大悟，便造偈曰：因星得悟，悟後非星。不隨於物，不是無情。」顯即此「古佛悟道頌」。偈之作者，或歸於祖堂集之編者静、筠二禪師（文正義祖堂集與全唐詩的輯佚及補訂，覺群・學術論文集第二輯，商務印書館，二〇〇二年），祖堂集成書雖略早於宗鏡録，然延壽已稱之爲「古佛悟道頌」，故此説恐非。

〔二〕「事」，原作「士」，據嘉興藏本、寶藏論改。

〔三〕見寶藏論離微體净品。

〔四〕按，宋集成等編宏智禪師廣録卷一泗州大聖普照禪寺上堂語録引此偈云：「古人道：妄息寂自生，寂生知自現。知生寂自滅，了了唯真見。」

〔五〕「如」，磧砂藏、嘉興藏本作「知」。

〔六〕「萬」，景德傳燈録作「諸」。

〔七〕「不用」，景德傳燈録作「胡假」。

〔八〕全文見景德傳燈録卷三〇牛頭山初祖法融禪師心銘。

如學人問黄蘗和尚〔一〕：「秖如目前虚空，可不是境，豈無指境見心？」答：「甚麽心向境上見？設爾得見，元來秖是照境心，如人以鏡照面，縱得眉目分明，元來秖是影像，何關汝事？」問：「若不因照，如何得見？」答：「若涉因，常須假物，有甚麽了時？汝不見道：撒手似君無一物，徒勞謾説數千般。」問：「他若識了，照時亦無物？」答：「若是無物，更何處得照？汝莫開眼寱語。」師云：百種多知，不如無求，最第一道人。」〔二〕

校注

〔一〕黄蘗和尚：釋希運，傳見宋高僧傳卷二〇唐洪州黄蘗山希運傳。

〔二〕按，上黄蘗和尚事，見唐裴休集黄檗山斷際禪師傳心法要。又，「最第一道人」，黄檗山斷際禪師傳心法要、古尊宿語録卷二等作「最第一也」，後有「道人是無事人」等。

音義

榍，先結反，榍楪也。　滓，阻史反，澱滓也。　頹，杜回反，又作墤，小墜也。　沃，烏哭反，灌沃也。　摐，楚江反。　懵，武亘反，悶也，不明也。　齧，五結反，噬

也。　鏃，作木反，箭鏃也。　杌，五忽反，樹無枝也。　氂，里之反，毫氂也。　坘，
洶，許容反，水勢也。　黿，愚袁反，似鼈而大也。　虬，渠幽反，無角龍也。
諸氏反，隴坂也。　又，當禮反。　寱，魚祭反，睡語也。

丙午歲分司大藏都監開板

宗鏡録卷第六

慧日永明寺主智覺禪師延壽集

夫宗鏡本懷，但論其道。設備陳文義，爲廣被群機，同此指南，終無别旨，竊不可依文失其宗趣。若悟其道，則可以承紹，可以傳衣。如有人問南泉和尚云：「黄梅門下有五百人，爲甚麽盧行者獨得衣鉢？」師云：「只爲四百九十九人皆解佛法，只有盧行者一人不解佛法，只會其道，所以得衣鉢。」〔一〕

問：只如道如何會？

答：如本師云：「如來道場所得法者，是法非法，亦非非法，我於此法，智不能行，目不能見，無有行處，慧所不通，明不能了，問無有答。」〔二〕

校注

〔一〕南泉和尚：釋普願，俗姓王，鄭州新鄭人。本傳及此處所説，參見祖堂集卷一六南泉和尚、景德傳燈録卷八懷讓禪師第三世法嗣池州南泉普願禪師、古尊宿語録卷一二池州南泉普願禪師語要。 黄梅：即五祖弘忍，黄梅人，傳見宋高僧傳卷八唐蘄州東山弘忍傳。盧行者：即六祖慧能，俗姓盧。宋高僧傳卷八唐韶州今南華寺慧能傳：「咸亨中，往韶陽遇劉志略。略有姑無盡藏，恒讀涅槃經。能聽之，即爲尼辨析中義。怪能不識文字，乃曰：『諸佛理論，若取文字，非佛意也。』尼深歎服，號爲『行者』。」

〔三〕見華手經卷一如相品。

又，古人云：此事似空不空，似有不有，隱隱常見，只是求其處所不可得。是以若定空則歸斷見，若實有則落常情，若有處所則成其境。故知此事非心所測，非智所知。如香嚴和尚〔一〕頌云：擬議前後，安置中邊，不得一法，没溺深泉，都不如是，我我現前。十方學者，如何參禪？若道如是，豈可會耶？所以古人云：直須妙會始得〔二〕。斯乃不會之會，妙契其中矣。故先聖悟道頌云：「有無去來心永息，内外中間都〔三〕總無。欲見如來真佛處，但看石羊生得駒。」〔四〕如此妙達之後，道尚不存，豈可更論知解、會不會之妄想乎？如古德偈云：「勸君〔五〕學道莫貪求，萬事無心道合頭。無心始體無心道，體得無心道也休。」〔六〕

校注

〔一〕香嚴和尚：釋智閑，青州人，傳見宋高僧傳卷一三梁鄧州香嚴山智閑傳，參見祖堂集卷一九香嚴和尚。

〔二〕按，筠州洞山悟本禪師語録中有云：「此事直須妙會，事在其妙，體在妙處。」故此「古人」者，或即洞山良价。

〔三〕「都」，善慧大士語録作「心」。

〔四〕見善慧大士語録卷三行路易十五首。善慧大士，即傅大士。「得駒」，善慧大士語録作「象兒」。

〔五〕「勸君」，景德傳燈録作「夫人」。

〔六〕按，據景德傳燈録卷二九，偈出潭州龍牙和尚頌。龍牙和尚者，即龍牙山釋居遁，俗姓郭，臨川南城人，洞山良价之法嗣。傳見宋高僧傳卷一三梁撫州疏山光仁傳附。

先洞山和尚偈云：「者箇猶不是，况復張三李！真空與非空，將來不相似。了了如目前，不容毫髮擬。」〔一〕只如云「者箇猶不是」，豈況諸餘狂機謬解？所以經云：「心不繫道，亦不結業。」〔二〕道尚不繫，降兹可知。入宗鏡中，自然冥合。

校注

〔一〕先洞山和尚：釋良价，俗姓俞，會稽諸暨人。傳見宋高僧傳卷一二唐洪州洞山良价傳。參見祖堂集卷六洞山和尚、景德傳燈録卷一五筠州洞山良价禪師。「先洞山」者，後襄州洞山守初亦被稱「洞山」而爲區別故。據新唐書藝文志等，洞山有激勵道俗頌偈一卷（已佚），本書中所引洞山頌偈，可能出此書。參見賈晉華古典禪研究：中唐至五代禪宗法藏新探（修訂版），第二五五—二五六頁。

〔二〕見四十二章經。

問：覺體不遷，假名有異。凡聖既等，衆生何不覺知？若言不迷，教中云何説有迷悟？

答：只爲因本覺真心而起不覺，因不覺故成始覺。如因地而倒，因方故迷；又因地而起，因方故悟。則覺時雖悟，悟處常空；不覺似迷，迷時本寂。是以迷悟一際，情想自分，爲有虚妄之心，還施虚妄之藥。經云：佛言：我説三乘十二分教〔一〕，如空拳誑小兒。是事不知，號曰無明〔二〕。祖師偈云：「如來一切法，除我一切心。我無一切心，何須一切法？」〔三〕故知己眼若開，真明自發，所治之迷悟見病既亡，能治之權實法藥自廢。

夫悟此法者，非假他智與異術也。或直見者，如開藏取寶，剖蚌得珠，光發襟懷，影含法界。如經頌云：「如人獲寶藏，永離貧窮苦。菩薩得佛法，離垢心清浄。」〔四〕或不悟者，自生障礙。故通心論〔五〕云：真常不易，封〔六〕生滅者自移；至理圓通，執方規而致隔。此悉迷自性，但逐依通，應須己眼圓明，不隨他轉。如融大師〔七〕頌云：「瞎狗吠茆叢，盲人唱賊虎。循聲故致迷，良由目無覩。」

校注

〔一〕十二分教：又稱十二部經，即一切佛教經典。佛典依文體與内容，分爲十二種：修多羅（契經）、祇夜（重頌、應頌）、記别（授記）、偈頌、自説、因緣、譬喻、本事、本生、方廣、未曾有法、論議。

〔二〕摩訶般若波羅蜜經卷三相行品：「佛言：諸法無所有如是有，如是無所有。是事不知，名爲無明。」龍樹造、鳩摩羅什譯大智度論卷二〇：「諸法因緣和合生故，無有自性，自性無故常空，常空中衆生不可得。如佛説：『我坐道場時，智慧不可得。空拳誑小兒，以度於一切。』」四教義卷一二：「故佛言：我坐道場時，不得一法實。空拳誑小兒，以度於一切也。」

〔三〕按，此偈禪源諸詮集都序卷下之二引，云「六祖大師云」。又，「如來一切法，除我一切心」，禪源諸詮集都序卷下之二作「佛説一切法，爲度一切心」，黄檗山斷際禪師傳心法要、景德傳燈録卷九等作「佛説一切法，爲除一切心」。

〔四〕見實叉難陀譯大方廣佛華嚴經卷二三。

〔五〕通心論：不詳，或爲法照禪師著。詳見本書卷五注。

〔六〕「封」，磧砂藏、嘉興藏本作「對」。

〔七〕融大師：釋法融，傳見續高僧傳卷二一唐潤州牛頭沙門釋法融傳。按，慧思諸法無諍三昧法門卷上：「譬如盲狗咬草叢，不見人及非人類。但聞風吹草鳴聲，高聲叫言賊虎至。」顯即「瞎狗吠茅叢，盲人唱賊虎」所本。

若得心開照理之時，諸見皆絶，不見佛法是，不見世法非，以自性中言思道斷故，如云「無所是是菩提」〔一〕，不應安佛菩提於有所是邊〔二〕。如今但不用安置，體自虚玄。「如瑠璃寶器，隨所在處，不失其性。」〔三〕若識得此事，亦復如是，任是一切凡聖勝劣之色，影現其

中，其性不動。不知此事之人，即隨前色變，分别好醜而生忻慼。所以祖師云：「隨流認得性，無喜復無憂。」〔四〕

校注

〔一〕思益梵天所問經卷二問談品：「諸所有行，皆有所是，無所是是菩提。諸所有行，皆是分别，無分别是菩提。諸所有行，皆是起作，無起作是菩提。諸所有行，皆是戲論，無戲論是菩提。」

〔二〕古尊宿語録卷二百丈禪師廣語：「教云：若人安佛菩提置有所是邊，其人得大罪。」

〔三〕出集一切福德三昧經卷下。

〔四〕按，據景德傳燈録卷二、傳法正宗記卷四等，此祖師者爲天竺第二十二祖摩拏羅。

起信論云：「心生滅門者，謂依如來藏，有生滅心轉，不生滅與生滅和合，非一非異，名阿賴耶識。有二種義，謂能攝一切法、能生一切法。復有二種義：一者、覺義，二者、不覺義。言覺義者，謂心第一義性，離一切妄念相。離一切妄念相故，等虚空界，無所不徧，法界一相，即是一切如來平等法身。依此法身，説一切如來爲本覺，以待始覺，立爲本覺。然始覺時，即是本覺，無别覺起。立始覺者，謂依本覺有不覺，依不覺故説有始覺。又，以覺心原故，名究竟覺。不覺心原故，非究竟覺。乃至〔一〕爲有妄想心故，能知名義，爲説真覺。

若無不覺之心，則無真覺自相可說。」〔二〕

疏釋云：若隨染隨流成於不覺，則攝世間法；若不變之本覺及返流之始覺，則攝出世間法〔三〕。

鈔解云：「於本、始二覺中論攝法者，若本覺所攝，即是大智慧光明義，徧照法界義，真實識知義等。若始覺所攝，即是三明〔四〕、八解脱〔五〕、五眼〔六〕、六神通〔七〕、十力〔八〕、四無畏〔九〕、十八不共法〔一〇〕等。」〔一一〕然此據實即同，義言且異。故疏云：於生滅門中，隨流不覺，返流始覺。於義用，則攝法不同。若真如門中，則鎔融含攝，染淨不殊〔一二〕。謂以一真如理融之，使染即非染，淨即非淨，即染即淨，深爲一味，故不殊也〔一三〕。如論云：「一切諸法，從本已來，離言說相，離名字相，離心緣相，畢竟平等，無有變異，不可破壞，唯是一心，故名真如。」〔一四〕是知隨覺不覺之緣，似生染淨，緣生無性，染淨俱虛。又云「離言說相」，豈可以言談？「離心緣相」，豈可以心度？實謂心言路絶，唯證相應耳。且夫凡言說者，從覺觀生，是共相和合而起；分別者，因意識生，是計度比量而起。以要言之，皆因不覺，教觀隨生。若無不覺之心，一切諸法悉無自相可說，除方便門而爲開示，究竟指歸無言之道。故論云：「若離不覺之心，則無真覺自相可說。」〔一五〕以覺對不覺說，共相而轉。若無不覺，覺無自相，如獨掌不鳴，思之可見。乃至染、淨諸法，悉亦如是，皆相待有，畢無自體可說，如離長何有短，離高何有低？若入宗鏡中，自然絶待。

校注

〔一〕乃至：表示引文中間有删略。

〔二〕見實叉難陀譯大乘起信論卷上。

〔三〕法藏撰大乘起信論義記卷上：「若隨染成於不覺，則攝世間法；不變之本覺及返流之始覺，攝出世間法。此猶約生滅門辨。若約真如門者，則鎔融含攝，染净不殊。」

〔四〕三明：宿命明、天眼明和漏盡明。詳見卷首錢弘俶宗鏡録序注。

〔五〕八解脱：是棄捨三界染法繫縛之八種禪定。詳見卷首錢弘俶宗鏡録序注。

〔六〕五眼：肉眼、天眼、慧眼、法眼和佛眼。詳見本書卷三注。

〔七〕六神通：天眼通（能見六道衆生之死此生彼苦樂之相及見一切世間種種形色無有障礙）、天耳通（能聞六道衆生語言及世間種種音聲）、知他心通（能知六道衆生心中所念之事）、宿命通（能知自身宿命及所作之事，亦能知六道衆生宿命及所作之事）、身如意通（能飛行無礙，隨意轉變自身、他身及世間所有，隨心自在）、漏盡通（煩惱盡滅，不受三界生死而得神通）。

〔八〕十力：如來所具有的十種智力：是處非處力、業力、定力、根力（諸根利鈍智力）、欲力、性力、至處道力、宿命智力、天眼智力、漏盡智力。

〔九〕四無畏：佛具十力，於大衆中説法，無所畏懼：一切智無所畏、漏盡無所畏、説障道無所畏、説盡苦道無所畏。

〔一〇〕十八不共法：唯佛所有，不與世共的十八種功德法。智顗撰法界次第初門卷下之下十八不共法初門第五十五：「十八不共法者，諸佛十力之智内充，無畏之德外顯，故所有一切功德智慧，超過物表，不與世共。」「一、身無失，二、口無失，三、念無失，四、無異想，五、無不定心，六、無不知已捨，七、欲無減，八、精進無減，九、念無減，十、慧無減，十一、解脱無減，十二、解脱知見無減，十三、一切身業隨智慧行，十四、一切口業隨智慧行，十五、一切意業隨智慧行，十六、智慧知過去世無礙，十七、智慧知未來世無礙，十八、智慧知現在世無礙。」

〔一一〕按，此段引文，見子璿起信論疏筆削記卷六。據起信論疏筆削記卷一：「此文之作，本乎石壁。石壁慈甚，蔓於章句，凡伸一義，皆先問發，次舉疏答，後方委釋。雖不忘本母之體，而有太過，大不及焉。講者用之，未至穩暢。今就其文，取要當者筆而存之，其繁緩者削以去之，仍加添改，取其得中，俾後學者不虚勞神，智照無昧也，故曰『筆則筆，削則削』，因以『筆削』命題云爾。」石壁，即唐末石壁寺沙門傳奧。宋日新盂蘭盆經疏鈔餘義：「傳奧法師，姓韓氏，并州祈縣人。先業儒，夙嘗預鄉薦，遇定惠禪師上足潛輝闍梨，剃髮受道。然其内外典籍，皆有章句。」定惠禪師即宗密，故傳奧當爲宗密的再傳弟子。據高麗義天録新編諸宗教藏總録，傳奥有大乘起信論隨疏記六卷。此外，他還著有金剛般若經纂要疏貫義意鈔六卷、大華嚴經錦冠鈔四卷（或云二卷）、盂蘭盆經鈔二卷、梵網經記二卷（見卍新續藏第三八册）、梵網經科一卷等。子璿稍晚於延壽，宗鏡録所引鈔文，當皆出於石壁之大乘起信論隨疏記。後注曰「見起信論疏筆削記」者，皆同此。

〔一二〕參見法藏撰大乘起信論義記卷上。見前引。

〔一三〕「謂以一真如理融之」至此，亦見子璿起信論疏筆削記卷六，故此説當出於傳奥大乘起信論隨疏記，參前注。
〔一四〕見真諦譯大乘起信論。
〔一五〕見真諦譯大乘起信論。

又，鈔中問：生滅、真如各攝諸法，未審攝義，爲異爲同？答曰：異也。何者？生滅門中，名爲該攝；真如門中，名爲融攝。該攝故，染、浄俱有；融攝故，染、浄俱亡。俱亡故，一味不分；俱有故，歷然差别〔一〕。

校注

〔一〕「生滅門中」至此，見起信論疏筆削記卷六。故此「鈔中問」云者，當出傳奥大乘起信論隨疏記，參前注。

摩訶衍論云：此二〔二〕覺，有二門：「一者、略説本覺安立門，二者、略説始覺安立門。本覺門中，則有二門：一者、清浄本覺門，二者、染浄本覺門。始覺門中，又有二門：一者、清浄始覺門，二者、染浄始覺門。云何名爲清浄本覺？本有法身，從無始來，具足圓滿，過恒沙德，常明浄故。云何名染浄本覺？自性清浄心，受無明熏，流轉生死，無斷絶故。云何名爲清浄始覺？無漏性智，出離一切無量無明，不受一切無明熏故。云何名爲染浄始覺？般若受無明熏，不能離故。如是諸覺，皆智眷屬，當證何理以爲體分？謂性真如及虚空理。如是二理，各有二種。云何名爲二種真如？一者、清浄真如，二者、染浄真如。虚空之理，亦復如是。云何名爲清浄真如？二種浄覺所證真如，離熏習故。云何名爲染浄真如？二染浄覺所證真如，不離熏故。虚空之理，亦復如是。以何義故，强名本覺？字事差別，其相云何？頌曰：本覺各有十，體雖同字事。各各差別故，謂根明等義。

「論曰：『本覺各有十』，云何爲十本？一者、根字事本。本有法身，能善住持一切功德，譬如樹根，能善住持一切枝葉及華果等，不壞不失故。二者、本字事本。本有法身，從無始來，自然性有，不從始起故。三者、遠字事本。本有法身，其有德時，重重久遠無分界故。四者、自字事本。本有法身，我自成我，非他成我故。五者、體字事本。本有法身，爲諸枝德作依止故。六者、性字事本。本有法身，不轉之義常建立故。七者、住字事本。本有法身，住於無住無去來故。八者、常字事本。本有法身，決定實際無流轉故。九者、堅字事本。本有法身，遠離風相，堅固不動若金剛故。十者、總字事本。本有法身，廣大圓滿，無所不徧，爲通體故。是名爲十。

「云何十覺？一者、鏡字事覺。薩般若慧〔二〕清浄明白，無塵累故。二者、開字事覺。

薩般若慧通達現了，無障礙故。三者、一字事覺。薩般若慧獨尊獨一，無比量故。四者、離字事覺。薩般若慧自性解脱，出離一切種種縛故。五者、滿字事覺。薩般若慧自具足無量種種功德，無所少故。六者、照字事覺。薩般若慧放大光明，徧照一切無量境故。七者、察字事覺。薩般若慧常恒分明，無迷亂故。八者、顯字事覺。薩般若慧清浄體中，浄品眷屬悉現前故。九者、知字事覺。薩般若慧於一切法無不窮故。十者、覺字事覺。薩般若慧所有功德，唯有覺照，無一一法而非覺故。是名爲十。

「如是十種本覺字義，唯依一種本性法身，隨義釋異，據其自體，無别而已。此中所説二本覺中，當何本覺？謂清浄本覺，非染浄本覺。染浄本覺字義差别，其相云何？頌曰：染浄本覺中，或各有十義。前説十事中，各有離性故。

「論曰：此本覺中，或各有十。所以者何？前十義中，各有不守自性義故。字事配屬，依向應知。如是二覺，同耶？異耶？非同同故，非異異故。以此義故，或同或異，或非是同，或非是異，是故皆是皆非而已。以何義故，强名始覺？字事差别，其相云何？頌曰：從無始已來，無有惑亂時。今日始初覺，故名爲始覺。

「論曰：從無始來，始覺般若，無惑亂時，而無惑時。今日始初覺，故名始覺。如是始覺，前惑後覺，則非始覺。而無惑時理常現，今常初故爲始覺。如是始覺，二始覺中當何始覺耶？謂清浄覺，非染浄覺。染浄始覺，字事差别，其相云何？頌曰：清浄始覺智，不守自性故。而能受染熏，故名染浄覺。

「雖無惑時，而不守自性故，能受染熏，隨緣流轉。以此義故，是故名爲染浄始覺。以何義故，强名真如？字事差别，其相云何？頌曰：性真如理體，平等平等一。無有多相故，故名爲真如。

「論曰：性真如理，平等平等，雖同一相，亦無一相，亦無多相。無一相故，遠離同緣；無多相故，遠離異緣。以此義故，名爲真如。如是真如，二種浄智親所内證。

「復次，真如各有十義：一者根字事真，乃至第十總字事真。如是十真，十種本義，相應俱有，不相捨離，是故同名表示而已。云何十如？一者鏡字事如，乃至第十覺字事如。如是十覺義，相應俱有，不相捨離故，是故同名表示而已。所以者何？十種真理，本有法身，有德方便。十真如理，薩般若慧，有覺方便。以此義故，更重言詞，作如是示。此中所説二真如中，當何真如？謂清浄真如，非染浄真如。染浄真如，字事差别，其相云何？頌曰：清浄真如理，不守自性故。而能受染熏，名染浄真如。

「論曰：清浄真如，從無始來，平等平等，自性清浄，不生不滅，亦無去來，亦無住所。而真如理性，不守自性故，隨緣動轉，是故名爲染浄真如。如是真如，二染浄智，親所内證，相應俱有，不相捨離。如是等義，觀前所説，比類應知。以何義故，强名虚空？字事差别，其相云何？頌曰〔三〕：虚空有十義，體〔四〕雖同義事。各各差别故，謂無礙等義〔五〕。

「論曰：性虚空理，有十種義：一者、無障礙義，諸色法中無障礙故；二者、周徧義，無所不至故；三者、平等義，無揀擇故；四者、廣大義，無分際故；五者，無相義，絶色相故；六者、清淨義，無塵累故；七者、不動義，無成壞故；八者、有空義，滅有量故；九者、空空義，離空著故；十者、無得義，不能執故。是名爲十。如是十事，義用差别。若據其體，無别而已。此虚空理，二種淨智親所内證，相應俱有，不相捨離。二虚空中，當何虚空？謂清淨虚空，非染淨虚空。染淨虚空，字事差别，其相云何？頌曰：清淨虚空理，不守自性故。而能受熏習，名染淨虚空。

「論曰：清淨虚空，具足十德，亦無染相，亦無淨相，而虚空性不守自性故，能受染淨熏，隨緣流轉，是故名爲染淨虚空。」〔六〕

校注

〔一〕「二」，磧砂藏、嘉興藏本作「一」。按，釋摩訶衍論卷三云：「於此文中，即有二門。」「此文」者，即前引大乘起信論文：「所言覺義者，謂心體離念相。離念相者，等虚空界無所不徧，法界一相即是如來平等法身。依此法身，説名本覺。何以故？本覺義者，對始覺説，以始覺者即同本覺。始覺義者，依本覺故而有不覺，依不覺故説有始覺。又以覺心原故名究竟覺，不覺心原故非究竟覺。」據之可知作「二」是。二覺者，本覺、始覺。

〔二〕薩般若慧：即佛陀的智慧。薩般若，意譯「一切種智」，就是了知内外一切法相的智慧。龍樹造、鳩摩羅什譯大智度論卷四六：「佛智慧有二種：一者、無上正智，名阿耨多羅三藐三菩提；二者、一切種智，名薩婆若。」

〔三〕「頌曰」，原無，據釋摩訶衍論補。

〔四〕「體」，原作「其體」，據釋摩訶衍論删。

〔五〕「義」，原作「事」，據釋摩訶衍論改。

〔六〕見筏提摩多譯釋摩訶衍論卷三。

又，起信論疏云：本覺者，以對始故，説之爲本。「言『離念』者，離於妄念，顯無不覺也。『等虚空』等者，非唯無不覺之闇，乃有大智慧光明義等故也。虚空有二義，以況於本覺：一、周徧義，謂横徧三際，豎通凡聖，故云『無所不徧』也；二、無差別義，謂在纏出障，性恒無二，故『法界一相』也。欲明覺義，出纏相顯，故云『即是如來平等法身』。既法身之覺，理非新成，故云『依此法身，説名本覺』。」無性攝論云：「『無垢無罣礙智，名爲法身。』〔一〕金光明經名大圓鏡智爲法身等〔二〕，皆此義也。

「何以故者？責其立名，有二責意：一云上開章中直云覺義，何故今結乃名本覺？二云此中既稱本覺，何故論中直云覺耶？進退責也。釋云：以對始故，說之爲本，答初意也。以始即同本，以至心原時，始覺即同本覺，無二相故。是故論中但云其〔三〕覺，答後意也。良以本覺隨染，生於始覺，還待此始覺，方名本覺。故云本覺者，對始覺說也。然此始覺，是本覺所成，還契心原，融同一體，方名始覺，故云『以始覺即同本』〔四〕也。

「問：若始覺異本，即不成始也。若始同本，即無始覺之異。如何說言，對始名本？

「答：今在生滅門中，約隨染義，形本不覺，說於始覺。而實始覺至心原時，染緣既盡，始本不殊，平等絶言，即真如門攝也。是故本覺之名，在生滅門中，非真如門也。」〔五〕

第二、「始覺者，牒名。依本覺有不覺者，明起始覺之所由，謂即此心體，隨無明緣，動作妄念，而以本覺内熏習力故，漸有微覺厭求，乃至究竟還同本覺，故云『依本覺』。是以『依本覺有不覺，依不覺有始覺』也〔六〕。論云『本覺隨染，生智淨相』〔七〕者，即此始覺也。是以此中大意，明本覺成不覺，不覺成始覺，始覺同本覺。同本覺故，即無不覺；無不覺故，即無本覺；無本覺故，平等平等，離言絶慮。是故佛果圓融，蕭然無寄。尚無始、本之殊，何有三身之異？但隨物心現，故說報化之用耳。」〔八〕

又，今約真如則是本覺，無明則是不覺。「真如有二義：一、不變，二、隨緣。無明亦二：一、無體即空，二、有用成事。此隨緣真如及成事無明，各有二義：一、違自順他，二、違他順自。無明中，初違自順他有二：一、能返對詮示性功德，二、能知名義而成淨用；違他順自亦二：一、覆真理，二、成妄心。真如中，違他順自有二：一、翻對妄染顯自德，二、內熏無明起淨用；違自順他亦二：一、隱自真體，二、顯現妄法。由無明中返對詮示義及真如中翻妄顯德義，從此二義，得有本覺。又由無明中能知名義及真如中內熏義，從此二義，得有始覺。又由無明中覆真義、真如中隱體義，得有根本不覺。又由無明中成妄義及真如中現妄義，得有枝末不覺。覺與不覺，若鎔融揔攝，唯在生滅一門也。真如門約體絶相說，本覺門約性德說。大智慧光明義等名本〔九〕覺，本者，性義；覺者，是智慧心。」〔一〇〕

校注

〔一〕見無性造、玄奘譯攝大乘論釋卷一總標綱要分。

〔二〕金光明經卷四捨身品：「我今應當捨離，以求寂滅無上涅槃，永離憂患無常變異，生死休息無諸塵累，無量禪定智慧功德，具足成就微妙法身，百福莊嚴諸佛所讚，證成如是無上法身，與諸衆生無量法樂。」大圓鏡智：謂能如實映現一切法之佛智。佛地經論卷三：「謂離一切我我所執、一切所取能取分別，所緣行相不可了知，不愚不忘一切境界，不分別知境相差別，一切時方無間無斷，永離一切煩惱障垢有漏種子，一切清淨無漏功德種子圓滿，能現能生一切境界諸智影像，一切身土影像所依，任持一切佛地功德，窮未來際無有斷盡，如是名爲大圓鏡智。」

〔三〕「其」，清藏本作「本」。

〔四〕真諦譯大乘起信論：「所言覺義者，謂心體離念。離念相者，等虚空界，無所不徧，法界一相，即是如來平等法身。依此法身，説名本覺。何以故？本覺義者，對始覺義説。以始覺者，即同本覺。始覺義者，依本覺故而有不覺，依不覺故説有始覺。」

〔五〕見法藏撰大乘起信論義記卷中本。

〔六〕「故云依本覺」至「依不覺有始覺也」，法藏撰大乘起信論義記卷中作「故云依本覺有不覺，依不覺有始覺也」。

〔七〕真諦譯大乘起信論：「本覺隨染分别，生二種相，與彼本覺不相捨離。云何爲二？一者、智淨相，二者、不思議業相。智淨相者，謂依法力熏習，如實修行，滿足方便故，破和合識相，滅相續心相，顯現法身，智淳淨故。此義云何？以一切心識之相皆是無明，無明之相不離覺性，非可壞，非不可壞。」

〔八〕「始覺者」至此，見法藏撰大乘起信論義記卷中本。

〔九〕「本」，原無，據大乘起信論義記補。

〔一〇〕見法藏撰大乘起信論義記卷中本。

鈔釋云：「真中不變，妄中體空，成真如門；真中隨緣，妄中成事，成生滅門。乃至〔一一〕一切淨緣分劑法相，屬於二覺；一切染緣分劑法相，屬二不覺。又，於中淨法之體，屬於本覺；浄法之用，屬於始覺。又，染法之體，屬根本不覺；染法之相，屬枝末不覺。又，始覺是末，不離本覺之本。論云：『始覺者，即同本覺。』〔一〕又云：『而實無有始覺之異，乃至平等同一覺故。』〔二〕枝末不覺，不離根本不覺。論云：『當知無明能生一切染法，以一切染法皆是不覺相故。』然斯二〔三〕覺，但是體、用之異。本、末二不覺，但是麤、細之異。豈可離體有用，離細有麤者哉？」〔四〕

校注

〔一〕乃至：表示引文中間有删略。下一「乃至」同。

〔二〕見真諦譯大乘起信論。下兩處引文同。

〔三〕「二」，磧砂藏本誤作「一」。按，「然斯二覺」，起信論疏筆削記作「然本、始二覺」，故作「二」是。

〔四〕按，此説見起信論疏筆削記卷八，故此鈔者，當即傳奥大乘起信論隨疏記，參前注。

又，衆生根本迷有二：一、迷法。謂無明住地〔一〕，迷覆法體。所言法者，謂衆生心，名爲蔽意。故此無明，迷真之初，妄惑之本。二、迷義。通四住惑〔二〕，由前癡故，迷覆因緣無我之義，妄立諸法。所迷諸法，有内有外：謂憍慢邪見，此依迷内，妄立我法，自高陵物；愛念邪見，此依迷外，妄謂我所及外境界，而生貪愛，如渴鹿馳燄〔三〕，癡猿捉月〔四〕，無而横計，枉入苦輪。揔自迷心，更非他咎。

校注

〔一〕無明住地：指三界一切無明，是一切煩惱的根本。根本煩惱能生枝末煩惱，故名住地。吉藏撰勝鬘寶窟卷中之末：「言住地者，本爲末依，名之爲住；本能生末，目之爲地。」「能生名地，令所生成立名住。（中略）此無明住地，即指妄想心體以爲無明。（中略）暗惑之心，體無慧明，故曰無明；爲彼恒沙起惑所依，名之爲住；能生恒沙，故稱爲地。」

〔二〕四住惑：即四住地，是三界一切見、思煩惱。澄觀述大方廣佛華嚴經隨疏演義鈔卷五八：「四住惑者，一、見一切處住地，二、欲愛住地，三、色愛住地，四、有愛住地。」見一切處住地者，三界一切見惑；欲愛住地者，欲界一切思惑；色愛住地，色界一切思惑；有愛住地，無色界一切思惑。

〔三〕「迷法」至此，見澄觀撰大方廣佛華嚴經疏卷三四。又，「渴鹿馳燄」者，大乘入楞伽經卷三：「譬如熱時焰，動轉迷亂心，渴獸取爲水，而實無水事。」正法念處經卷一七：「惡業持身，妄見食想，猶如渴鹿見陽焰時謂之爲水。」

〔四〕摩訶僧祇律卷七：「過去世時，有城名波羅奈，國名伽尸，於空閑處有五百獼猴，遊行林中，到一尼俱律樹。樹下有井，井中有月影現。時獼猴主見是月影，語諸伴言：『月今日死，落在井中，當共出之，莫令世間長夜闇冥。』共作議言：『云何能出？』時獼猴主言：『我知出法，我捉樹枝，汝捉我尾，展轉相連，乃可出之。』時諸獼猴即如主語，展轉相捉，小未至水，連獼猴重，樹弱枝折，一切獼猴墮井水中。」延壽心賦注卷一：「癡猿捉月而費力，渴鹿逐燄而虚尋，並喻心外取法，無有得理。」

杜正倫〔一〕云：心是如來之言，高推聖地；身即菩提之説，自隔凡倫。不悟夫功德無量，唯在方寸之中；相好〔二〕宛然，不出陰界之外。

又，碑詞云：法性平等，實慧虚通。我同於異，人異於同。不壞於有，無取於空。道非心外，佛即心中〔三〕。

校注

〔一〕杜正倫，舊唐書卷七〇、新唐書卷一〇六有傳。據宗鑑釋門正統卷八護法外傳皎然：「左溪自龍樹已還至天台四祖，事具諫議大夫杜正倫教記文。」此處引文，或即出其教記。

〔二〕相好：即三十二相、八十種好。

〔三〕按，此「碑詞」緊接前「杜正倫云」，或出杜正倫撰道信碑文（祖堂集卷二道信和尚：「中書令太子賓客襄陽公杜正倫撰碑文。」日本比丘圓珍入唐求法目録中，著録有信禪師碑文一本、杜正倫送雙峰山信禪師碑文一本。信禪師碑文一本，大正藏本智證大師請來目録中有子注「杜正倫」）。

問〔一〕：不覺妄心，元無自體。今已覺悟，妄心起時，無有初相，則全成真覺。此真覺相，爲復隨妄俱遣？爲當始終建立？

答：因妄説真，真無自相；從真起妄，妄體本虚。妄既歸空，真亦不立。起信論云：

「不覺義者，謂從無始來，不如實知真如法一故，不覺心起而有妄念。自無實相，不離本覺，猶如迷人，依方故迷，迷無自相，不離於方。衆生亦爾，依於覺故，而有不覺，妄念迷生，然彼不覺，自無實相，不離本覺。復待不覺以説真覺，不覺既無，真覺亦遺。」〔二〕此則明真覺之名，待於妄想。若離不覺，即無真覺自相可説。是明所説真覺，必待不覺。若不相待，即無自他。待他而有，亦無自相。自相既無，何有他相？是顯諸法無所得義。論云：「當知一切染法、浄法，皆悉相待。」〔三〕無有自相可説。大智度論云：「若世諦如毫氂許有實者，第一義諦亦應有實。」〔四〕此之謂也〔五〕。

又，偈云：「佛坐道場時，不得一法實。空拳誑小兒，誘度於一切。」〔六〕

校注

〔一〕「問」，原作「門」，據諸校本改。

〔二〕見實叉難陀譯大乘起信論卷上。

〔三〕見實叉難陀譯大乘起信論卷下。

〔四〕龍樹造、鳩摩羅什譯大智度論卷九五：「若凡夫顛倒少多許有實，第一義亦應有實。」

〔五〕「此則明真覺之名」至此，見元曉起信論疏卷上。

〔六〕龍樹造、鳩摩羅什譯大智度論卷二〇：「我坐道場時，智慧不可得。空拳誑小兒，以度於一切。」按，此處引文同智顗説維摩經略疏卷六引。

又，凡立真妄，皆是隨他意語，化門中收。若頓見性人，誰論斯事？如今不直悟一心者，皆爲邪曲。設外求佛果者，皆不爲正。如寒山子詩〔一〕云：「男兒大丈夫，作事莫莽鹵。徑挺鐵石心，直取菩提路。邪道不用行，行之轉〔二〕辛苦。不用求佛果，識取心王主。」

校注

〔一〕按，此詩項楚先生寒山詩注編號爲一六三。

〔二〕「轉」，寒山子詩集作「枉」。

是知若見有法可求，有道可行，皆失心王自宗之義。若直入宗鏡，萬事休息；凡聖情盡，安樂妙常。離此起心，皆成疲苦。所以傅大士頌云：「東山水上浮，西山行不住。北斗下閻浮，是真解脱處。行路易，路易人不識。半夜日頭明，不悟真疲極。」〔一〕

又，洞山和尚〔二〕悟道偈云：「向前物物上求通，只爲從前不識〔三〕宗。如今見〔四〕了渾無事，方知萬法本來空。」

校　注

〔一〕見善慧大士語録卷三行路易十五首。

〔二〕洞山和尚：釋良价，見前注。又，延壽心賦注卷一引云：「新豐和尚悟道頌云」。洞山本名新豐山，新豐和尚即良价。

〔三〕「識」，延壽心賦注卷一引作「悟」。

〔四〕「見」，延壽心賦注卷一引作「悟」。

問：真諦不謬，本覺非虚，云何同妄，一時俱遣？

答：因迷立覺，説妄標真，皆徇機宜，各無自體。約世俗有，依實諦無。但除相待之名，非滅一靈之性。性唯絶待，事有對治。遣蕩爲破執情，建立爲除斷見。苦行伏諸外道，神通化彼愚癡，三昧降衆天魔，空觀祛其相縛。見苦斷集，爲對增上慢〔一〕人；證滅修真，皆成戲論之者，盡是權智。引入斯宗，則無一法可興，無一法可遣，四魔不能減，大覺不能增，旋心而義理全消，會旨而名言自絶。

校　注

〔一〕增上慢：玄奘譯阿毗達磨俱舍論卷一九：「於未證得殊勝德中，謂已證得，名增上慢。」阿毗達磨品類足論卷一辯五事品：「增上慢者，於所未得上勝證法謂我已得，於所未至上勝證法謂我已至，於所未觸上勝證法謂我已觸，於所未證上勝證法謂我已證，由此正慢、已慢、當慢，心高舉、心恃蔑。」

問：既云真心絶迹，理出有無，云何教中廣説無生無相之旨？

答：一心之門，微妙難究。功德周備，理事圓通。知解罕窮，分別不及。目爲無相，實無有法可稱無相之名；詺作無生，亦無有法以顯無生之理。發菩提心論云：「菩薩觀一切善、不善，我、無我，實、不實，空、不空，世諦、真諦，正定、邪定，有爲、無爲，有漏、無漏，黑法、白法，生死、涅槃，如法界性，一相無相，此中無法可名無相，亦無有法以爲無相，是則名爲一切法印、不可壞印。於是印中，亦無印相，是名真實智慧。」(一)

釋曰：「一切法印」者，以此心印印一切法，楷定真實。「不可壞印」者，一切有無、内外等法，不能破壞故。「於此印中，亦無印相」者，萬法皆空，亦無所印。所印之法既無，能印之智非有，如是通達，名爲真實智慧。古德云：「顧此法，衆生之本原，諸佛之所證，超一切理，離一切相，不可以言語、智識、有無、隱顯推求而得，但心心相印，印印相契，使自證知，光明受用而已。」(二)

校注

〔一〕見發菩提心論卷下般若波羅蜜品。

〔二〕按，據佛祖歷代通載卷一六，出自圭峰宗密示寂後裴休撰傳法碑。故「古德」者，當即裴休。

問：立心爲宗，以何爲趣？

答：以信行得果爲趣。是以先立大宗，後爲歸趣。故云：「語之所尚曰宗，宗之所歸曰趣。」〔一〕遂得斷深疑，起圓信，生正解，成真修，圓滿菩提，究竟常果。又，唯識性具攝教、理、行、果四法。心能詮者，教也；心所詮者，理也；心能成者，行也；心所成者，果也。法藏法師依華嚴經，立因果緣起、理實法界以爲宗趣〔二〕，釋云：「法界、因果雙融俱離，性相渾然，無礙自在，有十義門：一、由離相故，因果不異法界，即因果非因果也。此即相爲宗，離相爲趣；或離相爲宗，亡因果爲趣。下九准思。二、由離性故，法界不異因果，即法界非法界也。三、由離性不泯性故，法界即因果時，法界宛然，則以非法界爲法界也。四、由離相不壞相故，因果即法界時，因果歷然，則以非因果爲因果也。五、離相不異離性故，因果、法界雙泯俱融，迥超言慮。六、由不壞不異不泯故，因果、法界俱存現前，煥然可見。七、由五、六存泯復不異故，超視聽之妙法，無不恒通見聞；絶思議之深義，未嘗礙於言念。八、由法界性融不可分故，即法界之因果，各同時全攝法界，無不皆盡。九、因果各全攝法界時，因果隨法界，各互於因果中現，是故佛中有菩薩，普賢中有佛也。十、因果二位，各隨差別之法，無不該攝法界。故一一法、一一行、一一位、一一德，皆各總攝無盡無盡，帝網重重諸法門海，是謂華嚴無盡宗趣。」〔三〕

以華嚴之實教，總攝群經；標無盡之圓宗，能該萬法。可謂周徧無礙，自在融通，方顯我心，能成宗鏡。

校注

〔一〕見澄觀撰大方廣佛華嚴經疏卷三。

〔二〕法藏華嚴經探玄記卷一：「今總尋名案義，以因果緣起、理實法界以爲其宗，即『大方廣』爲理實法界，『佛華嚴』爲因果緣起。因果緣起必無自性，無自性故，即理實法界；法界理實必無定性，無定性故，即成因果緣起。是故此二無二，唯一無礙自在法門，故以爲宗。」

〔三〕見澄觀撰大方廣佛華嚴經疏卷三。

問：以心爲宗，禪門正脉。且心是名，以何爲體？

答：近代已來，今時學者多執文背旨，昧體認名。認名忘體之人，豈窮實地？徇文迷旨之者，何契道原？則心是名，以知爲體。此是靈知，性自神解，不同妄識，仗緣託境，作意而知；又不同太虚空廓，斷滅無知。

故肇論云「般若無知」者，無有取相之知也。常人皆謂般若是智，智則有知也。若有知，則有取著。若有取著，則不契無生。今明般若真智，無相無緣，雖鑒真諦而不取相，故云無知也〔一〕。故經云：聖心無知，無所不知矣〔二〕。

又，經云：真般若者，清浄如虚空，無知、無見、無作、無緣。斯則知自無知矣，豈待返照然後無知者哉〔三〕？只此知性自無知矣，不待忘也〔四〕。以此真知不落有無之境，是以諸佛有秘密秘密之教，祖師有默傳密付之宗，唯親省而相應，非言詮之表示。若明宗之者，了然不昧，寂爾常知。昭昭而溢目騰輝，何假神通之顯現？晃晃而無塵不透，豈勞妙辯之敷揚？爲不達者，垂方便門，令依此知，無幽不盡。

校注

〔一〕「般若無知者」至此，見唐釋元康肇論疏卷中般若無知論。

〔二〕肇論般若無知論：「夫有所知，則有所不知。以聖心無知，故無所不知。不知之知，乃曰一切知。故經云：聖心無所知，無所不知。信矣！是以聖人虚其心而實其照，終日知而未嘗知也。故能默耀韜光，虚心玄鑒，閉智塞聰，而獨覺冥冥者矣。」元康撰肇論疏卷中：「有所知者，取相知也。若有取相知，則無無相知也。又，取相此即忘彼，知事即迷理，故知有所知者，則有所不知也。以聖心無知無所不知者，無此取相知，則有無相知也。又，取相既有所不知，即不取相則無所不知。」文才述肇論新疏卷中：「思益經第一云：以無所知故知。」思益梵天所問經卷一解諸法品：「以無所得故得，以無所知故知。」

〔三〕「經云」至此，見肇論般若無知論。

〔四〕元康撰肇論疏卷中：「『經云』下，釋經意，明所以乖聖心，失文旨也。『無知、無見』者，一往爲知，明了爲見。亦可一往爲見，明了爲知也。『無作、無緣』者，作謂起作，緣謂攀緣也。『斯知自無知矣，豈待反照然後無知哉』者，聖心無所取相，故名無知，非是實有知自忘其知，名爲無知也。（中略）非是自忘其知會，然後言無知，只此知性自無知矣，不待忘也。」「經云」者，文才述肇論新疏卷中：「大品含受品云：摩訶衍如虚空，無見、無聞、無知、無識。三假品云：般若於諸法無所見等。」

問：「諸法所生，唯心所現」〔一〕者，爲復從心而變？爲復即心自性？

答：是心本性，非但心變。華嚴經云：「知一切法，即心自性。成就慧身，不由他悟。」〔二〕法華經偈云：「三千世界中，一切諸群萌，天人阿脩羅，地獄鬼畜生，如是諸色像，皆於身中現。」〔三〕即知心性偏一切處，所以四生、九類〔四〕，皆於自性身中現，以自真心爲一切萬有之性故。隨爲色空，周徧法界；循業發現，果報不同。處異生，則業海浮沉，生死相續；在諸聖，則法身圓滿，妙用無窮。隱顯雖殊，一性不動。

校注

〔一〕大佛頂如來密因修證了義諸菩薩萬行首楞嚴經卷一：「如來常説：諸法所生，唯心所現。一切因果世界微塵，因心成體。」

〔二〕見實叉難陀譯大方廣佛華嚴經卷一七。

〔三〕見妙法蓮華經卷六法師功德品。

〔四〕九類：謂衆生居住的九類處所。隋慧遠撰大乘義章卷八九衆生居義：「欲界人天以之爲一，初禪爲二，二禪爲三，三禪爲四，無想爲五，空處爲六，識處爲七，無所有處以之爲八，非想爲九。此之九處，衆生樂住，名衆生居。」

問：若一切法即心自性，云何又説性亦非性？

答：即心自性，此是表詮〔一〕，由一切法無性故，即我心之實性。性亦非性者，此是遮詮〔二〕。若能超遮、表之文詮，泯即、離之情執，方爲見性，己眼圓明。如今若要頓悟自心，開佛知見〔三〕，但了自性徧一切處。凡有見聞，皆從心現，心外無有一毫氂法而有體性，各各不相知，各各不相到。何者？以是一法故，無法可相知、相到。若有二法，即相往來。以知若凡、若聖，若境、若智，皆同一性，所謂無性。此無性之旨，是得道之宗，作平等之端由，爲説空之所以，了便成佛，不落功夫。如華嚴經頌云：「法性本空寂，無取亦無見。性空即

是佛，不可得思量。」〔四〕

校注

〔一〕表詮：用肯定的方式表示某一意義者。表即直示自體，顯其所是。參後注。

〔二〕遮詮：用否定的方式來顯示某一意義者。遮即遣其所非。宗密述禪源諸詮集都序卷下之一：「遮謂遣其所非，表謂顯其所是。又，遮者揀卻諸餘，表者直示當體。如諸經所説真妙理性，每云不生不滅、不垢不浄、無因無果、無相無爲、非凡非聖，非性非相等，皆是遮詮。若云知見覺照、靈鑒光明、朗朗昭昭、惺惺寂寂等，皆是表詮。」

〔三〕佛知見：了知照見諸法實相理的佛智慧。得此佛知見，有開、示、悟、入之次第。初於十住位斷一分之無明，得少分之知見，謂之開佛知見。乃至於十地終斷盡無明，知見圓明，謂之入佛知見。釋迦佛出世之一大事因緣，就是開示悟入此佛知見。妙法蓮華經卷一方便品：「諸佛世尊唯以一大事因緣故，出現於世。舍利弗，云何名諸佛世尊唯以一大事因緣故出現於世？諸佛世尊欲令衆生開佛知見，使得清浄故，出現於世；欲示衆生佛之知見故，出現於世；欲令衆生悟佛知見故，出現於世；欲令衆生入佛知見道故，出現於世。舍利弗，是爲諸佛以一大事因緣故出現於世。」智顗説妙法蓮華經文句卷四上：「佛以一切種智知，佛以佛眼見，開此智眼，乃名佛知見。」

〔四〕見實叉難陀譯大方廣佛華嚴經卷一六。

若不直下信此，起念馳求，如癡人避空〔一〕，似失頭狂走〔二〕。融大師云：「分別凡聖，煩惱轉盛。計校乖常，求真背正。」〔三〕寶藏論云：「察察精勤，徒興夢慮。惶惶外覓，轉失玄路。」〔四〕是以十方諸佛，正念於此，入實性原，故能開平等大慧之門，作衆生不請之友。

校注

〔一〕大寶積經卷二九：「譬如愚癡人，怖畏於虚空。驚懼而馳走，避空不欲見。虚空遍一切，於何而得離？」

〔二〕大佛頂如來密因修證了義諸菩薩萬行首楞嚴經卷四：「室羅城中演若達多，忽於晨朝以鏡照面，愛鏡中頭眉目可見，瞋責己頭不見面目，以爲魑魅，無狀狂走。」

〔三〕出法融心銘，全文見景德傳燈録卷三〇牛頭山初祖法融禪師心銘。

〔四〕見寶藏論廣照空有品。

所以問明品云：「爾時，文殊師利菩薩問覺首菩薩言：『佛子，心性是一，云何見有種種差別？所謂往善趣、惡趣，諸根滿、缺，受生同、異，端正、醜陋，苦、樂不同，業不知心、心不知業，受不知報、報不知受，心不知受、受不知心，因不知緣、緣不知因，智不知境、境不知智。』時覺首菩薩以偈答曰：『仁今問是義，爲曉悟群蒙，我如其性答，唯仁應諦聽。諸法無作用，亦無有體性，是故彼一切，各各不相知。譬如河中水，湍流競奔逝，各各不相知，諸法亦如是。亦如大火聚，猛燄同時發，各各不相知，諸法亦如是。又如長風起，遇物咸鼓扇，各各不相知，諸法亦如是。又如衆地界，展轉因依住，各各不相知，諸法亦如是。眼耳鼻舌身，心意諸情根，以此常流轉，而無能轉者。法性本無生，示現而有生，是中無能現，亦無所現物。眼耳鼻舌身，心意諸情根，一切空無性，妄心分別有。如理而觀察，一切皆無性，法眼不思議，此見非顛倒。若實若不實，若妄若非妄，世間出世間，但有假言說。』」〔一〕

疏釋云：「問意謂明心性是一，云何見有報類種種？若性隨事異，則失真諦；若事隨性一，則壞俗諦。設彼救言，報類差別，自由業等，熏識變現，不關心性故，無相違者。爲遮此救，故重難云：『業不知心』等，謂心業互依，各無自性，自性尚無，何能相知而生諸法？既離真性，各無自立，明此皆依心性而起，心性既一，事應不多；事法既多，性應非一。此是本末相違難。准此問意，離如來藏，不許八識能、所熏等，別有自體，能生諸法。唯如來藏，是所依生。文殊欲顯實教之理，故以心性而爲難本，欲令覺首以法性示生，決定而答，海會同證。心性是一者，謂心之性故，是如來藏也。又，心即性故，是自性清浄心也。又，妄心之性，無性之性，空如來藏也；真心之性，實性之性故，不空如來藏也。皆平等無二，

故云一也。」〔二〕

又，妄心之性，成心之性，妄心是相，以性相不同故。真心之性，真心即性故。又云：前二心之性，别明二藏。前之二性，皆具二藏，但爲妄覆，名如來藏。直語藏體，即自性心。故此自性清浄真心，不與妄合，名爲〔三〕空藏；具恒沙德，名不空藏。前明即離，此明空有，故重出也。言「皆平等無二」者，上二即離不同，由心之性故不即，由心即性故不離，不即不離，爲心之性；後二即空之實爲不空，即實之空爲空藏，空有不二爲心之性。然空有無二之性，即是不即不離之性，故但云一也〔四〕。

又，「非但本性是一，我細推現事，各不相知。既有種種，何緣不相知？既不相知，誰教種種？一一觀察，未知種種之所由也。既不相知，爲是一性？爲是種種？又，難有二意：一、約本識。謂業是能依，心是所依。離所無能，故業不知心；離能無所，故心不知業。以各無體用，不能相成。既各不相知，誰生種種？二、約第六識。業是所造，心是能造，並皆速滅。起時不言我起，滅時不言我滅，何能有體而得相生成種種耶？又，約境智相對相見虚無難，謂境是心變，境不知心。心託境生，心不知境。以無境外心，能取心外境，是故心境虚妄，不相知也」〔五〕。

「業不知心、心不知業」者，有二：一、約本識者，業是心所，故依於心。心是第八，爲根本依，即離所無能。何者？無所依心王，無能依業。今依心有業，業從緣生故，無自性不能知心。若離能無所者，離能依業，則心非所依。今由業成所，所依無性故，不能知業。謂各從緣成性，空無體相，依無力故云無用。所以經云無體用故，故不相知。二、約第六識，業是所造，心是能造者，即以第六識名心，從於積集通相説故。謂第六識人執無明，迷真實義異熟理故，以善、不善相應思造罪等，以罪、福、不動等三行〔六〕熏阿賴耶識，能感五趣愛、非愛等種種報相，互不相知義。通相而言，皆約無體用故；别相而言，用門不同。此用略有二門：一、無常門。經云並皆速滅。净名弟子品云：「一切法如幻如電，諸法不相待，乃至一念不住。」〔七〕諸法皆妄見故，則心業皆空。華嚴經頌云：「衆報隨業生，如夢不真實。念念常滅壞，如前後亦爾。」〔八〕故由無常，不能相知。二、無我門，即「起時不言我起，滅時不言我滅」〔九〕。約法無我，明不相知。

「受不知報，報不知受」者，受是能受之因，報是所受之報，即名言種。如唯識論云：「復次，生死相續由諸習氣〔一〇〕，然諸習氣摠有三種：一、名言習氣〔一一〕，二、我執習氣〔一二〕，三、有支習氣。」名言習氣者，「謂有爲法各别親種。名言有二：一、表義名言，即能詮義音聲差别；二、顯境名言，即能了境心、心所法。隨二名言所熏成種，作有爲法各别因緣。」〔一三〕

釋曰：言各别親種者，三性〔一四〕種異故。能詮義聲者，簡無詮聲，彼非名故。名是聲上屈曲，唯無記性，不能熏成色、心等種。然因名起種，立名言種。顯境名言，即七識見分等心，非相分心。相分心者，不能顯境故。此見分等，實非名言。如言説名，顯所詮義。此心、心所能顯所了境，如似彼名，能詮義故。隨二名言，皆熏成種〔一五〕。

論云：「三、有支習氣，謂招三界異熟業種。有支有二：一、有漏善，即能招可愛果業；二、諸不善，即能招非愛果業。隨二有支所熏成種，令異熟果善惡趣别。」〔一六〕故論頌云：「由諸業習氣，二取習氣俱，前異熟既滅，更生餘異熟。」〔一七〕此能引業，即諸業習氣。此名言種，即二取習氣，言爲業所引者。即彼俱義，親辦果體，即由名言。若無業種，不招苦樂，如種無田，終不生芽。故此名言，由業引起，方受當來異熟之果，苦樂之報。故華嚴經云「業爲田，識爲種」〔一八〕也。〔一九〕

校注

〔一〕見實叉難陀譯大方廣佛華嚴經卷一三菩薩問明品。

〔二〕見澄觀撰大方廣佛華嚴經疏卷一四。

〔三〕「名爲」，原作「爲名」，據嘉興藏本及大方廣佛華嚴經隨疏演義鈔改。

〔四〕「安心之性」至此，見澄觀述大方廣佛華嚴經隨疏演義鈔卷三一。

〔五〕見澄觀撰大方廣佛華嚴經疏卷一四。

〔六〕龍樹造、鳩摩羅什譯大智度論卷三六：「佛或説十二因緣中三行：福行、罪行、無動行。『福行』者，欲界繫善業；『罪行』者，不善業；『無動行』者，色、無色界繫業。」隋慧遠大乘義章卷七三界繫業義五門分別：「罪者，所謂不善之業；福者，所謂散善之業；言不動者，八禪定業。此三種中，罪、福二業繫屬欲界，不動業者繫上二界。」散善者，散亂之心勤修之善根。八禪定者，色界四禪（初禪、二禪、三禪、四禪）、無色界四空（空處、識處、無所有處、非非想處）。湛然述止觀輔行傳弘決卷四之一：「言八禪者，別而言之，四禪、四空。若從通説，或云八禪，或云八定。定對欲亂，禪亦名静。」

〔七〕見維摩詰所説經卷上弟子品。

〔八〕見實叉難陀譯大方廣佛華嚴經卷一三菩薩問明品。

〔九〕出維摩詰所説經卷中文殊師利問疾品。

〔一〇〕習氣：即餘習，是煩惱的殘餘，謂已經斷除煩惱，但還有殘餘的習氣，此餘習唯佛能斷之。大智度論卷二：「阿羅漢、辟支佛雖破三毒，氣分不盡，譬如香在器中，香雖去，餘氣故在。」

〔一一〕按，玄奘譯成唯識論卷八後有具體解釋，即後引「名言習氣者」。

〔一二〕按，玄奘譯成唯識論卷八後有：「謂虚妄執我、我所種。我執有二：一、俱生我執，即修所斷我、我所執；二、分別我執，即見所斷我、我所執。隨二我執所熏成種，令有情等自他差別。」

〔一三〕見玄奘譯成唯識論卷八。

〔一四〕三性：善性、惡性和無記性。明智旭唯識三十論直解：「性有三種：能爲此世、他世順益，名爲善性；

能爲此世、他世違損，名不善性，亦名惡性；於善不善損益義中，不可記别，名爲無記。」

〔一五〕「釋曰」至此，詳見窺基撰成唯識論述記卷八。
〔一六〕見玄奘譯成唯識論卷八。
〔一七〕見玄奘譯成唯識論卷八。
〔一八〕見實叉難陀譯大方廣佛華嚴經卷三七。
〔一九〕「業不知心，心不知業者」至此，詳見澄觀述大方廣佛華嚴經隨疏演義鈔卷三一。

已上種種問難不相知義竟，今答以緣起相由門釋者，初句因緣相假，互皆無力；次句果法含虚，故無體性。是以虚妄緣起，略有三義：一、由互相依，各無體用，故不相知；二、由依此無知無性，方有緣起；三、由此妄法，各無所有故，令無性真理，恒常顯現。又，果從因生，果無體性。因由果立，因無體性。因無體性，何有感果之用？果無體性，豈有酬因之能？又互相待，故無力也。以他爲自，故無體也。是故體用俱無，所以一切法各各不相知也。

今初以四大爲喻：一、依水有流注，二、依火燄起滅，三、依風有動作，四、依地有任持。法中四者，一、依真妄相續，二、依真妄起滅，三、妄用依真起，四、妄爲真所持。然此法喻，一一各有三義：一、唯就能依，二、依所依，三、唯所依。

今初喻中，唯就能依者，流也。然此流注，有十義不相知而成流注：一、前流不自流，由後流排故流，則前流無自性，故不知後；二、後流雖排前流，而不到於前流，亦不相知；三、後流不自流，由前流引故流，則後流無自性，故不能知前；四、前流雖引後而不至後，故亦不相知；五、能排與所引無二，故不相知；六、能引與所排無二，故不相知；七、能排與所排亦無二，故不相知；八、能引與所引亦無二，故不相知；九、能排與能引不得俱，故不相知；十、所排與所引亦不得俱，故不相知。是則前後互不相至〔一〕，各無自性，只由如此無知無性，方有流注，則不流而流也。肇公云：「江河競注而不流。」〔二〕即其義也。二、依所依者，謂前流後流，各皆依水，悉無自體，不能相知，然不壞流相，故説水流。三、唯所依者，流既總無，但唯是水，前水後水，無二性故，無可相知，是則本無有流而説流也。

二、法中三義者：一、流喻能依妄法，二、妄依真立，三、妄盡唯真。初中妄緣起法，似互相籍，各不能相到，悉無自性，故無性無知，是則有而非有也。二、依所依者，謂此妄法，各各自虛，含真方立。何有體用，能相知相成？即由此無知無成，含真故有，是則非有而爲有也。三、唯所依者，謂能依妄法，迥無體用，唯有真心，挺然顯現。既無彼此，何有相知？正由此義，妄法有即非有爲有，復説真性隱以非隱爲隱〔三〕。

又，前後有二：一、生滅前後，二、此彼前後。生滅前後者，謂前滅後生，互相引排，此即豎説，如壯與老，謂此流水刹那生滅，前刹那滅，後刹那生；此彼前後者，此即横説，猶如二人，同行狹徑，後人排前，前人引後。分分之水，皆有前後，乃至毫滴，有前毫滴、後毫滴，故聚多成流，注則無性矣〔四〕。小乘亦説當處生滅，無容從此轉至餘方，而不知無性緣起之義耳〔五〕。

校注

〔一〕「至」，清藏本作「知」。按，大方廣佛華嚴經疏作「至」。

〔二〕見肇論物不遷論。

〔三〕「已上種種問難不相知義竟」至此，詳見澄觀撰大方廣佛華嚴經疏卷一四。

〔四〕「又，前後有二」至此，見澄觀述大方廣佛華嚴經隨疏演義鈔卷三一，是對前引疏中「前後互不相至」之「前後」的解釋。

〔五〕「小乘亦説當處生滅」至此，見澄觀撰大方廣佛華嚴經疏卷一四。

音義

蚌，步項反。　瞎，許八反。　莽，莫補反。　鹵，郎古反。　挺，徒鼎反。

祛〔一〕，去魚反，袖也，舉也。

詺，彌正反，詺目。

湍，他端反，急瀨也。

丁未歲分司大藏都監開板

校注

〔一〕「袪」，文中義同「祛」，除去。

宗鏡録卷第七

慧日永明寺主智覺禪師延壽集

夫水喻真心者，以水有十義同真性故：一、水體澄清，喻自性清浄心；二、得泥成濁，喻浄心不染而染；三、雖濁不失浄性，喻浄心染而不染；四、若泥澄浄現，喻真心惑盡性現；五、遇冷成冰，而有硬用，喻如來藏與無明合，成本識用；六、雖成硬用，而不失濡性，喻即事恒真；七、煖融成濡，喻本識還浄；八、隨風波動，不改静性，喻如來藏隨無明風，波浪起滅，而不變自不生滅性；九、隨地高下排引流注，而不動自性，喻真心隨緣流注而性常湛然；十、隨器方圓，而不失自性，喻真性普徧諸有爲法，而不失自性〔一〕。

又，書云：上德若水。方圓任器，曲直隨形故。如小乘俱舍論，亦説諸有爲法有刹那盡〔二〕。何以知有？後有盡故。既後有盡，知前有滅。故論云：「若此處生，即此處滅，無容從此轉至餘方。」〔三〕若此生此滅，不至餘方，同不遷義，而有法體是生是滅，故非大乘。大乘之法，緣生無性，生即不生，滅即不滅，故遷即不遷，則其理懸隔〔四〕。

校　注

〔一〕「夫水喻真心者」至此，見澄觀撰大方廣佛華嚴經疏卷一四。

〔二〕玄奘譯阿毗達磨俱舍論卷一三：「以諸有爲法，有刹那盡故。」

〔三〕見玄奘譯阿毗達磨俱舍論卷一三。

〔四〕「何以知有」至此，見澄觀述大方廣佛華嚴經隨疏演義鈔卷三一。

又，中論疏〔一〕云：常、無常門者，常即人天位定，故無往來；無常即六趣各盡一形，亦無往來。又，常即凝然不動，無常念念變異，令誰往來？則常、無常法，俱不相到，皆無往來。

校　注

〔一〕按，中論，龍樹造，青目釋，鳩摩羅什譯本，四卷。另有真諦譯中論一卷，闕本。開元釋教録卷一四云：「未知造者，單重莫悉。」中論疏者，吉藏有中觀論疏十卷，未見有此説。真諦有中論疏二卷，闕本。另據日僧永超集東域傳燈目録，吉藏還有中論略疏一卷、中論玄一卷，元康有中論疏六卷、中論三十六門勢一卷、興皇寺法朗有中論玄一卷、慧琳有中論疏五卷、曇影有中論疏二卷、碩法師有中論疏十二卷、未署作者之中論旨歸一卷等。此處所引，出處不詳。

肇論云：「夫人之所謂動者，以昔物不至今，故曰動而非静。我之所謂静者，亦以昔物不至今，故曰静而非動。動而非静，以其不來；静而非動，以其不去。然則所造未嘗異，所見未嘗同，逆之所謂塞，順之所謂通，苟得其道，復何滯哉？傷夫人情之惑久矣，目對真而莫覺，既知往物之不來，而謂今物而可往，往物既不來，今物何可〔一〕往？何則？求向物於向，於向未嘗無；責向物於今，於今未嘗有。於今未嘗有，以明物不來；於向未嘗無，故知物不去。覆而求今，今亦不往。是謂昔物自在昔，不從今以至昔；今物自在今，不從昔以至今。故仲尼曰：『回也見新，交臂非故。』〔二〕如此，則物不相往來，明矣！既無往返之微朕，又何物而可動乎？」〔三〕

釋曰：「回也見新，交臂非故」者，孔子謂顔回曰：吾與汝終身交一臂已謝，豈待白首然後變乎？意明物物常自新，念念不相到，交臂之頃，尚不相待，已失前人，豈容至老而後變耶？又，前念已故，後念恒新，終日相見，恒是新人，故云「見新」。如此新人，見之只如交臂之頃，早是後念新人，非前念時也，故云「非故」耳。若前念已古〔四〕，後念已新，新不至古，古不待新，前後不相至，故不遷也〔五〕。又，雖兩人初相見，只如舉手交臂之頃，早已往矣，此取速疾也。故云「昔物自在昔」「今物自在今」。如紅顔自在童子之身，白首自處老年之體。

校注

〔一〕「可」，肇論作「所」。

〔二〕詳見莊子田子方。參後注。

〔三〕見肇論物不遷論。

〔四〕「古」，磧砂藏、嘉興藏本作「故」。後兩「古」同。

〔五〕元康撰肇論疏卷上物不遷論：「莊子外篇田子方章云：孔子謂顏回曰：『吾終身與汝交一臂而失之，可不哀與？』郭象注云：『夫變化不可執而留也，故雖交臂相守，而不能令停。』今用此語也。見新者，謂故人已謝，新人自來也。交臂非故者，交臂相守，亦已謝往，非後故人也。此依郭注釋也。今謂郭注不然。今言交一臂而失之者，謂交一臂之頃，已失前人，非謂交臂執手不能令停也。明知交臂之頃，前已非後，言誰遷耶？然前已非後，則是遷義。而言『不遷』者，此明無有一物定住而從此遷向彼，故曰『不遷』也。」

所以云：「人則謂少壯同體，百齡一質，徒知年往，不覺形隨，是以梵志出家，白首而歸，隣人見之曰：『昔人尚存乎？』梵志曰：『吾猶昔人，非昔人也。』隣人皆愕然非其言。所謂有力者負之而趨，昧者不覺〔一〕，其斯之謂歟？」〔二〕

「吾猶昔人」者，猶者，似也。吾雖此身似於昔人，然童顏自在於昔，今衰老之相，自在於今，則非昔人也。故云：「徒知年往，不覺形隨。」世人雖知歲月在於往古，豈覺當時之貌，亦隨年在於昔時？則童子不至老年，老年不至童子，刹那不相知，念念不相待，豈得「少壯同體，百齡一質」耶？

又，年往形亦往，此是遷義，即此遷中有不遷也。往年在往時，往形在往日，是謂不遷。而人乃謂往日之人，遷至今日，是謂惑矣。又，昔自在昔，何須遷至今？今自在今，何須遷至昔〔三〕？故論云：「是以言往不必往，古今常存，以其不動。稱去不必去，謂不從今至古，以其不來。」〔四〕經中言遷，未必即遷，以古在古，以今在今故也〔五〕。所以言無常者，防人之常執；言常住者，防人之斷執。言雖乖而理不異，語雖反而真不遷，不可隨方便有無之言，迷一心不遷之性。

校注

〔一〕莊子大宗師：「夫藏舟於壑，藏山於澤，謂之固矣！然而夜半有力者負之而走，昧者不知也。」

〔二〕見肇論物不遷論。元康肇論疏卷上物不遷論：「『是以梵志出家』下，此事未詳所出經也。」

〔三〕「年往行亦往」至此，見元康肇論疏卷上物不遷論。

〔四〕見肇論物不遷論。

〔五〕「經中言遷」至此，見元康肇論疏卷上物不遷論。

又解云：如梵志白首而歸，隣人謂少壯同體，故云「昔人尚存乎」。所謂「有力者」，則三藏等事，無常冥運，力負夜趨，交臂恒新，念念捨故。而常見昧之，謂是固矣。隣人不覺，此之謂歟？又，「有力者」，即無常之大力也。世間未有一法，不被無常吞〔一〕，故云：「然則莊生之所以藏山，仲尼之所以臨川，斯皆感往者之難留，豈曰排今而可往？」〔二〕莊子本意，説不住之法，念念恒新，物物各住。各住相因而不相到，即不遷也。於惑者，則爲無常不住，新新生滅，而謂之遷；若智者，則了性空無知，念念無生，謂之不遷。莊子有三藏，謂藏山於澤、藏舟於壑、藏天下於天下〔三〕。謂之固者，不然也，然無常夜半負之而趨，昧者不覺也。三藏者，藏人於屋、藏物於器，此小藏也；藏舟於壑、藏山於澤，此大藏也；藏天下於天下，此無所藏。然大小雖異，藏皆得宜，猶念念遷流，新新移改，是知變化之道，無處可逃也。夫藏天下於天下者，豈藏之哉？蓋無所藏也。

孔子在川上曰：「逝者如斯夫，不捨晝夜。」逝者，往也。浩浩迅流，未曾暫住，晝夜常然。亦歎世人之不覺，故云：「斯皆感往者之難留，豈曰排今而可往？」

此莊、孔俱歎逝往難留，皆説無常去也，豈可推今日物到昔日乎？若今日不到昔，即今日自在今，昔日自在昔，則今、昔顯然俱不遷也，故云：「何者？人則求古於今，謂其不住；吾則求今於古，知其不去。今若至古，古應有今；古若至今，今應有古。今而無古，以知不

來；古而無今，以知不去。若古不至今，今不至古，事各性住，有何物而可去來？」〔四〕

校注

〔一〕無常經：「未曾有一事，不被無常吞。」

〔二〕見肇論物不遷論。

〔三〕莊子大宗師：「夫藏舟於壑，藏山於澤，謂之固矣！然而夜半有力者負之而走，昧者不知也。藏小大有宜，猶有所遯。若夫藏天下於天下而不得所遯，是恒物之大情也。」

〔四〕見肇論物不遷論。

大涅槃經云：「人命不停，過於山水。」〔一〕夫無常有二：一者、敗壞無常，二者、念念無常。人只知壞滅無常，而不覺念念無常。論云：「若動而靜，似去而留。」〔二〕經說無常速疾，猶似流動。據理雖則無常，前後不相往來，故如靜也。雖則念念謝往，古今各性而住，當處自寂，故如留也。又，雖說古今各性而住，當處自寂，而宛然念念不住，前後相續也。則非常非斷，非動非靜，見物性之原也。

校注

〔一〕見大般涅槃經卷二三，南本見卷二〇。

〔三〕見肇論物不遷論。

古德問云：各性而住，似如小乘執諸法各有自性，又何異納衣梵志言一切衆生其性各異〔一〕？

答：爲破去來，明無去來。所以據體言之，故云各性而住，非決定義，則以無性而爲性。不同外道二乘，執有決定自性，從此向彼，若不執有定性去來，亦不説各性而住。故論云：「言往不必往，閑人之常想；稱住不必住，釋人之所往〔二〕耳〔三〕。」

校注

〔一〕按，「小乘執諸法各有自性」「納衣梵志言一切衆生其性各異」者，詳見大般涅槃經卷四〇。納衣梵志：外道名。灌頂撰大般涅槃經疏卷三三：「此亦出家外道，常服此納，因衣名人。」慧琳撰一切經音義卷二六：「納衣梵志，是自然外道，説一切法自然有，亦邊見攝。」

〔二〕「往」，原作「住」，據諸校本及肇論改。

〔三〕肇論物不遷論：「以言去不必去，閑人之常想；稱住不必住，釋人之所謂往耳。」

又，劉湛注〔一〕云：「莊子藏山，仲尼臨川」者，莊子意明前山非後山，夫子意明前水非後水。「半夜有力負之而趨」者，即生、住、異、滅四時念念遷流不停也。是以若心外取法，妄夢所見，情謂去來，則念念輪迴，心隨境轉，尚不覺無常麤相，焉能悟不遷之密旨乎？若能見法是心，隨緣了性，無一法從外而入，無一法從内而生，無一法和合而有，無一法自然而成，如是，則尚不見一微毫住相，寧觀萬法去來？斯乃徹底明宗，透峰見性，心心常合道，念念不違宗，去住同時，古今一貫。故法華經云：「我觀久遠，猶若今日。」〔二〕維摩經云：「法無去來，常不住故。」〔三〕若了此無所住之真心，不變異之妙性，方究竟明「不遷」矣。

校注

〔一〕劉湛注：不詳。劉湛，或即南朝宋之劉湛，字弘仁，南陽涅陽人，傳見宋書列傳第二十九。傳云「博涉史傳，諳前世舊典」，然「不爲文章，不喜談議」，未見有相關撰著傳世或著録。

〔二〕見妙法蓮華經卷三化城喻品。

〔三〕見維摩詰所説經卷上弟子品。

已上論中所引内外之經典，借世相之古今，寄明不遷，同入真實。是以時因法立，法自本無。所依之法體猶空，能依之古今奚有？若假方隅而辯法，因指見月而無妨。或徇方便而迷真，執解違宗而反悞。故信心銘云：「信心不二，不二信心。言語道斷，非去來

今。」〔一〕

校注

〔一〕見僧璨信心銘。言語道斷：言語之道斷絶，意謂佛教真理深妙不可言説。

第二、依火燄起滅，喻中之義同前〔一〕。初唯燄者，謂燄起滅，有其二義：一、前燄謝滅，引起後燄，後燄無體而能知前；前燄已滅，復無所知。是故各各皆不相知。二、前燄若未滅，亦依前引無體，故無能知；後燄未至，故無所知。是故彼亦各不相知。妄法亦爾，剎那生滅，不能自立，謂已滅未生，無物可知；生已則滅，無體可知。是故皆無所有也，斯則流金鑠〔二〕石而不熱也。二、依所依者，謂彼火燄，即由於此無體無用不相知故，而有起滅虛妄之相，是則攬非有而爲有也。妄法亦爾，依此無所依之真理，方是妄法，是亦非有爲有也。三、唯所依者，推起滅之燄，體用俱無，無燄之理，挺然顯現。是則無妄法之有，有妄法之無，湛然顯現，遂令緣起之相，相無不盡；無性之理，理無不現〔三〕。

又，火依薪有，薪是可燃，火即是燃。以燃因可燃，則燃無體；可燃因燃，則可燃無體。又，前燄已滅，後燄未生，中間無住，如一念之上，即有三時：已滅爲已生，未生爲未生，生已即滅是生時。故淨名經云：「若過去生，過去生已滅；若未來生，未來生未至；若現在生，現在生無住。經云：比丘，汝今即時，亦生亦老亦滅。」〔四〕故三時無體，無可相知也〔五〕。

校注

〔一〕按，「同前」者，同初喻「依水有流注」也。

〔二〕「鑠」，原作「礫」，據嘉興藏本改。按，大方廣佛華嚴經疏作「爍」。「爍」，通「鑠」，鎔化。

〔三〕「第二、依火焰起滅」至此，見澄觀撰大方廣佛華嚴經疏卷一四。

〔四〕見維摩詰所説經卷上菩薩品。其中「經云」，經中作「如佛所説」。

〔五〕「火依薪有」至此，見澄觀述大方廣佛華嚴經隨疏演義鈔卷三一。

第三、依風有動作，喻妄用依真起，三義同前：一、唯動者，離所動之物，風之動相了不可得，無可相知。妄法亦爾，離所依真體不可得故，無可相知，斯則旋嵐偃嶽而常静也。二、依所依者，謂風不能自動，要依物現動。動無自體可以知物，物不自動，隨風無體，不能知風。法中能依妄法，要依真立，無體知真，真隨妄隱，無相知妄。三、唯所依者，謂風鼓於物，動唯物動，風相皆盡，無可相知。妄法作用，自本性空。唯所依真，挺然顯現。是故妄法全盡而不滅，真性全隱而恒露。能、所熏等，法本自爾，思之可見。

第四、依地有任持者，喻妄爲真所持，三義同前：初、地界因依，有二種義：一、約自類，二、約異類。前中從金剛際上至地面，皆上依下，下持上，展轉因依而得安住。然上能依，皆離所無體而能知下；然下能持，皆亦離所無體可令知上。又，上上能依，徹至於下，無下可相知；下下能持，徹至於上，無上可相知。是故若依若持，相無不盡。所現妄法，當知亦爾。必麤依細，謂苦報依於業，業依無明造，無明依所造，展轉無體，無物可相知，斯則厚載萬物而不仁也。肇公亦曰：「乾坤倒覆，無謂不静也。」〔一〕老子云：「天地不仁，以萬物爲蒭狗。」〔二〕經云：譬如大地，荷四重任而無疲厭也〔三〕。不仁者，不恃仁德也。猶如草狗，豈有吠守之能？故云「唯道無心，萬物圓備」〔四〕矣。二、約異類者，如經云：「地輪依水輪，水輪依風輪，風輪依虚空，虚空無所依。」〔五〕准此，妄境依妄心，妄心依本識，本識依如來藏，如來藏無所依。是故若離如來藏，餘諸妄法，各互相依，無體能相知，是則妄法無不皆盡。二、依所依者，地界正由各無自性而得存立。向若有體，則不相依。不相依故，不得有法。是故攬此無性以成彼法，法合可知。三、唯所依者，謂攬無性成彼法者。是則彼法無不皆盡，而未曾不滅，唯無性理而獨現前〔六〕。

校注

〔一〕見肇論物不遷論。又，「第三、依風有動作」至此，見澄觀撰大方廣佛華嚴經疏卷一四。

〔二〕見老子第五章。

〔三〕勝鬘師子吼一乘大方便方廣經攝受章：「又如大地持四重擔。何等爲四？一者、大海，二者、諸山，三者、草木，四者、衆生。如是攝受正法善男子、善女人，建立大地，堪能荷負四種重任，喻彼大地。何等爲四？謂離善知識、無聞非法衆生，以人天善根而成熟之；求聲聞者授聲聞乘；求緣覺者授緣覺乘；求大乘者授以大乘。是名攝受正法善男子、善女人建立大地，堪能荷負四種重任。」又，「老子云」至此，見澄觀述大方廣佛華嚴經隨疏演義鈔卷三一。

〔四〕出寶藏論廣照空有品。

〔五〕見實叉難陀譯大方廣佛華嚴經卷五〇。地輪、水輪、風輪、空輪：爲成立器世間之四輪。地輪（金剛輪）最上，在地輪之下有水輪，水輪之下有風輪，風輪之下有空輪。空輪者，虛空也，故俱舍論以風輪爲世界之最下層。阿毗達磨俱舍論卷一一：「安立器世間，風輪最居下。」

〔六〕「二、約異類者」至此，見澄觀撰大方廣佛華嚴經疏卷一四。

又，既不相知，何緣種種？答：此有四因：一、由妄分別，二、諸識熏習，三、由無性不相知，四、真如隨緣。然此四因，但是一致。謂由妄分別爲緣，令真如不守自性，隨緣成有，諸識熏習，展轉無窮。若達妄原，成淨緣起。前所疑云：爲是種種？爲是一性？今答云：常種種，常一性。又難云：一性隨於種種，則失真諦；種種隨於一性，則壞俗諦。今答云：此二互相成立，豈當相乖？性非事外，曾何乖於種種？種種性空，曾何乖於一性？由無性故有，一性能成種種；緣生故空，種種能成一性。

是以緣起之法，總有四義：一、緣生故有，即妄心分别有及諸識熏習是也；二、緣生故空，即「諸法無作用，亦無有體性」是也；三、無性故有，以有空義故，一切法得成也；四、無性故空，即「一切空無性」也。復次，性有二義：一、有，二、空。又二義：一、不變，二、隨緣。以有義故，説二空所顯，即「法性本無生」也；以空義故，説依他無性，即是圓成，即各不相知。以有義故，説不變；以空義故，説隨緣。此二不二，隨緣即是不變，不變故能隨緣。若唯不變性，何預於法？若但隨緣，豈稱真性？又，若性離於法，則成斷滅；法離於性，則本無今有。又，法若即性，性常應常；性若即法，法滅應滅。此二相成，非常非斷；此二相奪，非有非空，爲中道義〔一〕。經頌云：「眼耳鼻舌身，心意諸情根，以此常流轉，而無能轉者。」〔二〕以眼等八識，爲能所熏，展轉爲因而常流轉，無别我人，故云「而無能轉者」。是以舉體性空，方成流轉，即此八識各無體性故，無實我法而爲其主。向若有性，不可熏變，安得流轉〔三〕？故知趣生同異，受報妍媸，皆由識種，悉依於心。如流依水，似火依薪，續續無知，新新不住。善趣惡趣，即是總報。由業熏心，受所受報。如水漂流不斷，雖然流轉，而無轉者，故云「以此常流轉，而無能轉者」。

校注

〔一〕「既不相知」至此，見澄觀撰大方廣佛華嚴經疏卷一四。

〔二〕見實叉難陀譯大方廣佛華嚴經卷一三。

〔三〕「以眼等八識」至此，見澄觀撰大方廣佛華嚴經疏卷一四。

釋論云：「如瀑流水，非斷非常，相續長時，有所漂溺。此識亦爾，從無始來，刹那刹那，果生因滅。果生故非斷，因滅故非常，漂溺有情，令不出離。」〔一〕華嚴經云：「一切衆生，爲大瀑水波浪所没。」〔二〕楞伽經云：「藏識海常住，境界風所動。」〔三〕唯識論云：「恒轉如瀑流。」〔四〕起信論云：「如大海水，因風波動等。」〔五〕

校注

〔一〕見玄奘譯成唯識論卷三。

〔二〕見實叉難陀譯大方廣佛華嚴經卷一三。

〔三〕見求那跋陀羅譯楞伽阿跋多羅寶經卷一。

〔四〕見玄奘譯成唯識論卷二。

〔五〕見真諦譯大乘起信論。按，「等」，表省略，非原文。

又，以虚妄中有其二義：一、虚轉，二、無轉。故常種種，常一性也。虚轉故，俗不異真而俗相立；無轉故，真不異俗而真體存。故互不相違也〔一〕。

校注

〔一〕「以虚妄中有其二義」至此，見澄觀撰大方廣佛華嚴經疏卷一四。

「法性本無生」者，法性者，法謂差别依、正等法，性謂彼法所依體性，即法之性，故名爲法性。又，性以不變爲義，即此可軌，亦名爲法，此則性即法，故名爲法性。此二義，並約不變釋也。又，即一切法各無性，故名爲法性，即隨緣之性，法即性也〔二〕。本無生者，本有二義：一、約不變，本謂原本，本來不生，隨緣故生。二、約隨緣，有此法來，本自不生，非待滅無，即示現生時本不生〔三〕。故云「是中無能現，亦無所現物」。則妄心分别〔三〕，情計謂有。然有即不有，故云「一切空無性」。常有常空，是即萬物之自虚，豈待宰割以求通哉〔四〕？

校注

〔一〕「法性者」至此，見澄觀撰大方廣佛華嚴經疏卷一四。
〔二〕「本有二義」至此，見澄觀撰大方廣佛華嚴經疏卷一四。
〔三〕「妄心分别」，大方廣佛華嚴經疏作「妄心分别有者」。

〔四〕「則妄心分别」至此，見澄觀撰大方廣佛華嚴經疏卷一四。

又，約相待、相奪，釋不相知。言相待者，業無識種，不親辦體；識無業種，不招苦樂。既互相待，則各無自性。言相奪者，以業奪因，唯由業招，故因如虚空；以因奪緣，則唯心爲體，故業如虚空。互奪獨立，亦不能相知；互奪兩亡，無可相知。〔一〕

校注

〔一〕見澄觀述大方廣佛華嚴經隨疏演義鈔卷三一。

又，以無生故不相知，以緣奪因故不自生，以因奪緣故不他生。因緣合辯，相待無性，故不共生，互奪雙亡，無因豈生？以此不生，類於不知，居然易了。即以因爲自，以緣爲他，合此爲共，離此爲無因。互有尚不相知，互無豈能相知耳？〔一〕

校注

〔一〕見澄觀述大方廣佛華嚴經隨疏演義鈔卷三一。

故知諸法相待，皆無自性。如中論相待門説，不空既破，空法亦亡。偈云：若有不真法，即應有真法。實無不真法，何得有真法〔一〕？亦如因垢説浄，垢性本無，浄相何有？此相待一門，盡破諸法，以諸法皆是相待而有，未曾有一法而能獨立者。故因緣無性論云：「阿難、調達，並爲世尊之弟；羅睺、善星，同是如來之胤。而阿難常親給侍，調達每興害逆，羅睺則護珠莫犯，善星則破器難收，以此而觀，諒可知矣。若云各有自性，不可遷貿者，此殊不然。至如鷹化爲鳩，本心頓盡；橘變成枳，前味永消。」〔二〕

故知有情無情，各無定性，但隨心變，唯逐業生，遂有從凡入聖之門，轉惡爲善之事。大般若經云：「謂證諸法無性爲性，究竟圓滿方名爲佛。」〔三〕

校注

〔一〕龍樹造、鳩摩羅什譯中論卷二觀行品：「若有不空法，則應有空法。實無不空法，何得有空法？」

〔二〕見廣弘明集卷二二真觀著因緣無性論。

〔三〕見玄奘譯大般若波羅蜜多經卷四六六。

故知建立三寶，成佛事門，皆從無性因緣而得興顯。所以首楞嚴三昧經云：「爾時，長老摩訶迦葉白佛言：『世尊，我謂文殊師利法王子曾於先世已作佛事。現坐道場，轉於法輪，示諸衆生，入大滅度。』佛言：『如是如是。乃至〔一〕迦葉，汝今且觀首楞嚴三昧〔二〕勢力，諸大菩薩以是力故，示現入胎、初生、出家、詣菩提樹、坐於道場、轉妙法輪、入般涅槃、分布舍利，而亦不捨菩薩之法，於般涅槃，不畢竟滅。』爾時，長老摩訶迦葉語文殊師利言：『仁者乃能施作如此希有難事，示現衆生。』文殊師利言：『迦葉，於意云何？是耆闍崛山，誰之所造？是世界者，亦從何出？』迦葉答言：『文殊師利，一切世界，水沫所成，亦從衆生不可思議業因緣出。』文殊師利言：『一切諸法，亦從不可思議業因緣有。我於是事，無有功力。所以者何？一切諸法，皆屬因緣，無有主故，隨意所成。若能解此，所爲不難。』」〔三〕

釋曰：若了一切法悉屬因緣，皆無自性，但是心生，則凡有施爲，何假功力？以無性之理，法爾之門，隨緣卷舒，自在無礙。

校注

〔一〕乃至：表示引文中間有删略。

〔二〕首楞嚴三昧：是佛所得能堅固攝持諸法的三昧。首楞嚴，意譯「健相」「健行」「一切事究竟堅固」等。大般涅槃經卷二七：「首楞者，名一切畢竟；嚴者，名堅。一切畢竟而得堅固，名首楞嚴。以是故，言首楞嚴定名爲佛性。」龍樹造、鳩摩羅什譯大智度論卷四七：「首楞嚴三昧者，秦言『健相』，分別知諸三昧行相多少、深淺，如大將知諸兵力多少。復次，菩薩得是三昧，諸煩惱魔及魔人無能壞者，譬如轉輪聖王主兵寶將，所往至處，無不降伏。」子璿集首楞嚴義疏注經卷一：「首楞嚴者，梵語也。涅槃云：首楞者，名一切事竟；嚴者，名堅。即一切事究竟堅固也。得此三昧，觀法如幻，於法自在，能破最後微細無明，能獲二種殊勝之力，現身説法，無礙自在。（中略）此三昧，以無分別智寂用爲體，以一切法皆同智性，窮盡法界，更無遺餘，名一切事究竟。」新譯「首楞伽摩」。玄應一切經音義卷二三：「首楞伽摩，此云『健行定』，亦言『健相』，舊云『首楞嚴』也。」

〔三〕見鳩摩羅什譯首楞嚴三昧經卷下。

華嚴經頌云：「如其心性而觀察，畢竟推求不可得。一切諸法無有餘，悉入於如無體性。」〔一〕又頌云：「譬如真如本自性，其中未曾有一法。不得自性是真性，以如是業而迴向。」〔二〕

校注

〔一〕見實叉難陀譯大方廣佛華嚴經卷二四。道霈編華嚴經疏論纂要卷四八：「謂世出世間凡聖、染淨一切諸法，皆是真性緣起，無自體性，即是真如。若真如上見有一法可得，即是有餘。若有一法不是真如，則真如有不偏之處，即是欠也。故信心銘云：圓同太虚，無欠無餘。又以五教言之，依心觀察，是大乘始教；依如來藏性觀察，終教；畢竟推求不可得，頓教；知一切法無體性，即是真如；具十玄六相，乃圓教義也。」

〔三〕見實叉難陀譯大方廣佛華嚴經卷三〇。

華嚴論云：「一切衆生迷根本智〔一〕而有世間苦樂法者，爲智無性故，隨緣不覺，苦樂業生；爲智無性故，爲苦所纏，方能自覺根本無性，衆緣無性，萬法自寂。若不覺苦時，以無性故，揔不自知有性無性。如人因地而倒，因地而起，一切衆生，因自心根本智而倒，亦因而起。」又，「爲智體無性，但隨緣現，如空中響，應物成音。無性之智，但應緣分別，以分別故，癡愛隨起」〔二〕。

校注

〔一〕根本智：又稱根本無分別智、正智等，是諸智之根本，能契證真如妙理，平等如實，無有差別。玄奘譯成唯識論卷一〇：「根本無分別智，親證二空所顯真理，無境相故，能斷隨眠。」大明三藏法數卷二：「根本智，亦名無分別智，謂此智不依於心，不緣外境，了一切法，皆即真如，境智無異。如人閉目，外無分別。由此無分別智，能生種種分別，是名根本智。」

〔二〕見李通玄撰新華嚴經論卷一四。

又，中觀論破應無如來偈云：「邪見深厚者，則説無如來，如來寂滅相，分別有亦非。

如是性空中，思惟亦不可，如來滅度後，分別於有無。」〔一〕

次總拂偈云：「如來過戲論，而人生戲論，戲論破慧眼，是皆不見佛。」〔二〕論釋云：戲論名憶念，分別此彼等。此如來品，初中後思惟如來定性不可得，乃至五求四句皆非，是故偈云：如來無有性〔三〕，即是世間性。如來無有性，世間亦無性。以如來一性空義，知一切世間法悉皆無性，同如來義〔四〕。

校注

〔一〕見龍樹造、鳩摩羅什譯中論卷四觀如來品。

〔二〕見龍樹造、鳩摩羅什譯中論卷四觀如來品。

〔三〕「如來無有性」，中論作「如來所有性」。

〔四〕龍樹造、鳩摩羅什譯中論卷四觀如來品：「戲論名憶念，取相分別此彼。言佛滅不滅等，是人爲戲論覆慧眼故，不能見如來法身。此如來品中，初中後思惟如來定性不可得。是故偈說：如來所有性，即是世間性。此品中思惟推求，如來性即是一切世間性。問曰：何等是如來性？答曰：如來無有性，同世間無性。」

華嚴演義中引法華經偈云：「未來世諸佛，雖説百千億，無數諸法門，其實爲一乘。諸佛兩足尊，知法常無性，佛種從緣起，是故説一乘。是法住法位，世間相常住，於道場知已，道師方便說〔一〕。

「今但引兩句，顯諸法無性，成一性義耳。然上三偈，諸釋不同，今直解經文：初一偈，明當佛開權，終歸一實，故云『其實爲一乘』。

「次偈釋說一乘所以以唯一性故，謂若有二性，容有兩乘，既唯一性，故說一乘耳。『知法常無性』者，知即證知；法謂所證知法，即色、心等一切法也；常無性者，所證理也，即如無性理，覺諸法故。云何無性？謂色、心等從本已來，性相空寂，非自非他，非共非離，湛然常寂，故曰無性。而言常者，謂本來即無，非推之使無，故曰常無性耳。『佛種從緣起』者，然有二義：一、約因種。因種即正因佛性〔二〕，故涅槃經云：『佛性者，即是無上菩提中道種子。』〔三〕此種即前常無性理。故涅槃經云：『佛性者，即是第一義空。』無性即空義也。緣即六度萬行，是緣因佛性〔四〕，起彼正因〔五〕，令得成佛。『是故說一乘』者，唯以佛性起於佛性，更無餘性，故說一乘，稱理說也。體同曰性，相似名種。故關中云：如稻自生稻，不生餘穀，此屬性也；萌蘗〔六〕華粒，其類無差，此屬種也。二〔七〕、果種性。關中云：佛報唯佛，其理不差，即性義也；說法度人，類皆相似，此種義也。果之種性，緣真理生，故云從緣。故釋此偈云：佛緣理生，理既無二，是故說一乘耳。意云：證理成佛，稱理說一。此中『知法常無性』偈，全同華嚴出現品。經云：『如來成正覺時，於其身中，普見一切衆生成正覺，乃至普見一切衆生入涅槃，皆同一性，所謂無性。乃至〔八〕知一切法皆無性故，得一切智，大悲相續，救度衆生。』〔九〕謂知無性，佛性同故。准經文云：以知無性，尚得一成一切皆成，況不説一乘而度脱之？

「後偈云『是法住法位』等者，重釋前偈。言『是法』者，即前所知之法。所以常無性者，由住真如正位故。由緣無性，緣起即真，由即真故云無性。言『法位』者，即真如正位。故智論説法性、法界、法住、法位，皆真如異名。世法即如，故皆常住。謂因乖常理，成三界無常。若解無常之實，即無常而成常矣，則常與無常，二理不偏。故涅槃經況之二鳥，飛止同居〔一〇〕。今於道場，證知一切世間無常，即真常理。猶懸鏡高堂，萬像斯鑒，二而不二，不可言宣。以方便力，假以言説，一乘尚是假説，況有二三？」〔一一〕

校注

〔一〕見妙法蓮華經卷一方便品。

〔二〕正因佛性：指遠離一切邪非的中正真如，是成佛的主要原因。正謂中正，離於偏邪也；佛性者，衆生本來具有的成佛的可能性。

〔三〕見大般涅槃經卷二七，南本見卷二五。下一處引文同。

〔四〕緣因佛性：能緣助了因、開發正因的一切善根功德。

〔五〕正因：即正因佛性，參前注。

〔六〕「萆」，嘉興藏本作「稈」。「萆」爲「稈」的增旁俗字。

〔七〕「二」，磧砂藏、嘉興藏本作「一」。按，大方廣佛華嚴經隨疏演義鈔作「二」。

〔八〕乃至：表示引文中間有删略。

〔九〕見實叉難陀譯大方廣佛華嚴經卷五二。

〔一〇〕南本大般涅槃經卷八鳥喻品：「爾時，佛告迦葉菩薩：『善男子，鳥有二種，一名迦隣提，二名鴛鴦，遊止共俱，不相捨離。是苦、無常、無我等法亦復如是，不得相離。』」

〔一一〕見澄觀述大方廣佛華嚴經隨疏演義鈔卷七。

則一乘之理，至理無過；無性之宗，諸宗莫及。可謂宗鏡之綱〔一〕骨，祖教之指南也。所以深密經云：「一切諸法，皆無自性，無生、無滅，本來寂静，自性涅槃。」〔二〕寶主天子所問經云：「若法是無，即不自在。若不自在，是則無欲。若無欲者，則是真性。若是真性，即名無性。」〔三〕

校注

〔一〕「綱」，原作「網」，據諸校本改。

〔二〕見解深密經卷二無自性相品。

〔三〕見闍那崛多譯商主天子所問經。

音義

眹，直引反。　愕，五各反，驚也。　壑，呼各反，丘壑，谷也。　妍，五堅反，好也，美也。　割，古達反，剥也。　胤，羊晉反，繼也，嗣也。　貿，莫候反，交易也。　枳，諸氏反，枳殻也。　稈，古旱反，莖。

宗鏡録卷第八

慧日永明寺主智覺禪師延壽集

夫無性理同，是何宗攝？

答：法性宗攝。如古師云：「法性有體，是法相宗義；事上無體，是法性宗義。」〔一〕

問：若一切法實無性者，不得教意之人，恐成斷見。

答：若有性故，一法不成；以無性故，諸緣並立。於無性中，有無俱不可得，豈成斷常之見耶？如大般若經云：「諸菩薩摩訶薩甚爲希有，行深般若波羅蜜多，觀察二空，雖知諸法一切如夢、如響、如像、如光影、如陽燄〔二〕、如幻、如化，皆非實有，無性爲性，自相皆空，而能安立善、非善等，諸法差別，皆無雜亂。」〔三〕

又云：「善現白佛言：世尊，佛説一切法，皆以無性爲其自性。若一切法皆以無性爲自性者，誰染誰淨？誰縛誰解？彼於染淨及於縛解，不了知故，破戒、破見、破威儀、破淨命，當墮地獄、傍生〔四〕、鬼趣，受諸劇苦。乃至〔五〕佛言：善現，善哉，善哉！如是，如是。

如汝所説，於一切法皆以無性爲自性，於自性中有性、無性俱不可得，不應於此執有無性。」〔六〕

校注

〔一〕見澄觀述大方廣佛華嚴經隨疏演義鈔卷七三。
〔二〕陽燄：陽光照射下於沙漠或曠野出現的一種遠望似水的幻象。慧琳一切經音義卷七：「陽焰，熱時遥望，地上、屋上陽氣也，似焰非焰，故名陽焰，如幻如化。」
〔三〕見大般若波羅蜜多經卷四六九。
〔四〕傍生：即畜生。玄應一切經音義卷二一：「傍生，梵言『吉利藥住尼』，又云『帝利耶瞿揄泥伽』，此云『傍行』，舊翻爲『畜生』。或言禽獸者分得，仍未總該也。」普光述俱舍論記卷八：「言傍生者，彼趣多分身横住故，或彼趣中容有少分傍行者故。又類多故，多愚癡故，名曰傍生。」
〔五〕乃至：表示引文中間有删略。
〔六〕見大般若波羅蜜多經卷三七三。

故知既不可執有，亦不可執無，以自性中無有、無故。所説有、無之法，皆是破執入法之方便。故先德云：「用無所得爲方便者，有二：一、以無所得，導前隨相，則涉有不迷於空，爲入有方便；二、假無得以入有，不存無得，即無得亦是方便，此爲入空之方便。」〔一〕

是以無得相空，無作人空，無際性空，此三相盡，法界理現。故菩薩不壞空而常有，染淨之法宛然；不礙有而常空，一真之道恒現。如是雙照，方入甚深。

校注

〔一〕見澄觀撰大方廣佛華嚴經疏卷二七。

如般若燈論云：「我説遮入有者，遮有自體，不説無體。如楞伽經中偈曰：有無俱是邊，乃至心所行，彼心行滅已，名爲正心滅〔一〕。

「釋曰：如是不著有體，不著無體，若法無體，則無一可作故。又如偈曰：遮有言非有，不取非有故，如遮青非青，不欲説爲白。

「釋曰：此二種見，名爲不善。是故有智慧者，欲息戲論得無餘樂者，應須遮此二種惡見。此復云何？若三界所攝，若出世間，若善、不善及無記〔二〕等，如世諦種，諸所營作，彼於第一義中，若有自體者，起勤方便，作善、不善，此諸作業，應空無果。何以故？以先有故。譬如先有若瓶衣等，如是樂者常樂，苦者常苦。如壁上彩畫，形量威儀，相貌不變。一切衆生，亦應如是。復次，若無自體者，彼三界所攝，若出世間善、不善法，起勤方便，則空無果，以無有故。如是世間，則墮斷滅，譬如磨瑩兔角，令其銛利，終不可得。是故偈曰：

少慧見諸法，若有若無等，彼人則不見，滅見第一義。〔一〕「復次，如寶聚經中：佛告迦葉：有者是一邊，無者是一邊〔三〕。如是等彼内地界及外地界，皆無二義。諸佛如來，實慧證知，得成正覺。無二一相，所謂無相。」〔四〕

校注

〔一〕大乘入楞伽經卷四：「有無是二邊，乃至心所行，淨除彼所行，平等心寂滅。」

〔二〕無記：即非善非不善者。阿毗達磨俱舍論卷二：「不可記爲善、不善性，故名無記。有説不能記異熟果，故名無記。」智旭唯識三十論直解：「性有三種：能爲此世、他世順益，名爲善性；能爲此世、他世違損，名不善性，亦名惡性；於善、不善損益義中，不可記別，名爲無記。就無記性，復分爲二：若與染汙相應，名爲有覆無記；若無染汙，其性白淨，名爲無覆無記。」

〔三〕摩訶衍寶嚴經：「有者是一邊，無者爲二邊，此二中間，無所有亦不可得，是謂中道真實觀法。」按，摩訶衍寶嚴經，晉失譯經。寶聚經，當即寶嚴經，是般若燈論釋的譯者波羅頗蜜多羅隨文所譯之經名。

〔四〕見波羅頗蜜多羅譯般若燈論釋卷四觀六界品。

是以先德云：「謂諸宗計多説〔一〕，但空自性，不空於法。如法相宗，但無徧計，非無依他。設〔二〕學中論等〔三〕不得意者，亦云法無自性故説爲空，則令〔四〕相不空矣。今既無性，緣生故有，有體即空，緣生無性故空。空而常有，要互交徹，方是真空妙有，故其言大同而

旨有異。」〔五〕

校注

〔一〕「多説」，大方廣佛華嚴經隨疏演義鈔作「多有此説」。

〔二〕「設」，原作「誤」，據諸校本及大方廣佛華嚴經隨疏演義鈔改。

〔三〕「中論等」，大方廣佛華嚴經隨疏演義鈔作「三論」。三論，指中論、百論和十二門論。

〔四〕「令」，原作「今」，據諸校本及大方廣佛華嚴經隨疏演義鈔改。

〔五〕見澄觀述大方廣佛華嚴經隨疏演義鈔卷七五。

又，約緣起法有二：一、無相如空，則蕩盡無有，是相空；二、無自性如幻，則業果恒不失，即性空〔一〕。以相空故，萬法體虚，了無所得；以性空故，不壞業道，因果歷然。以此性、相二空，方立真空之理。是則非初、中、後際，終始宛然；無能造作人，報應非失。故知無性理成，法眼圓照，更無一法，有實根由。

校注

〔一〕澄觀撰大方廣佛華嚴經疏卷六：「又緣起法有二義：一、無相如空，則蕩盡無所有，是相空也；二、無自性如幻，則業果恒不失，即性空也。此二不二，爲一緣起，是故兩喻共顯一法，既不迷能、所，則悟真如，成正智火。」

今更引證廣明，成就宗鏡。夫真俗二諦，一切諸法，不出空有。空有之法，皆從緣生。緣生之法，本無自體，依心所現，悉皆無性。以緣生故無性，以無性故緣生。以此緣、性二門，萬法一際平等。

是以華嚴記廣釋云：「謂緣生故有，是有義；無性故空，是空義。二義是空有所以，謂無性故有，是有所以；緣生故空，是空所以。所以即是因緣。謂何以無性，得成空義？由從緣生，所以無性，是故緣生是無性空之所以也。何以緣生，得爲有義？特由無定性故，方始從緣而成幻有，是故無性是有所以。故中論偈云：『若人不知空，不知空因緣，不知於空義，是故自生惱。如不善呪術，不善捉毒虵。』〔一〕

「若將四句揔望空有，則皆名所以，故云緣生故名有，緣生故名空，無性故名有，無性故名空。良以諸法起必從緣，從緣有故，必無自性；由無性故，所以從緣。緣有性無，更無二法。而約幻有，萬類差殊，故名俗諦；無性一味，故名真諦。又，所以四句，唯第三句引證成者，無性故有，理難顯故。若具證者，一、緣生故有者，法華經云：『但以因緣有，從顛倒生故説。』〔二〕淨名經云：『以因緣故諸法生。』〔三〕中論偈云『未曾有一法，不從因緣生』〔四〕

等，皆因緣故有義也。二、緣生故空者，經云：『因緣所生無有生。』〔五〕論偈云：『若法從緣生，是則無自性。若無自性者，云何有是法？』〔六〕

「又，偈云『以有空義故，一切法得成』〔七〕者，由前論中諸品以空遣有，小乘便爲菩薩立過云：若一切法無生無滅者，如是則無有四聖諦之法。菩薩反答云：『若一切不空，無生無滅者，如是則無有四聖諦之法。』〔八〕謂小乘以空，故無四諦。菩薩以不空故，則失四諦。若有空義，四諦方成。故偈云：『以有空義故，一切法得成。若無空義者，一切則不成。』」〔九〕

校注

〔一〕見龍樹造、鳩摩羅什譯中論卷四觀四諦品。

〔二〕見妙法蓮華經卷五安樂行品。

〔三〕見維摩詰所説經卷上佛國品。

〔四〕見龍樹造、鳩摩羅什譯中論卷四觀四諦品。

〔五〕見實叉難陀譯大方廣佛華嚴經卷一五。

〔六〕見龍樹造、鳩摩羅什譯十二門論觀因緣門。

〔七〕見龍樹造、鳩摩羅什譯中論卷四觀四諦品。

〔八〕見龍樹造、鳩摩羅什譯中論卷四觀四諦品。

〔九〕見澄觀述大方廣佛華嚴經隨疏演義鈔卷三二。「以有空義故」偈，見龍樹造、鳩摩羅什譯中論卷四觀四諦品。

又，般若經云：若諸法不空，則無道、無果〔一〕。即無性故有也。

校注

〔一〕摩訶般若波羅蜜經卷二六平等品：「以世諦故，説佛得是法。是法中無有法可得，是人得是法。何以故？是人得是法，是爲大有所得。用二法，無道、無果。」法藏述般若心經略疏：「大品云：若諸法不空，即無道、無果等。」當爲此處所本。

淨名經云：「文殊師利又問：『生死有畏，菩薩當何所依？』維摩詰言：『菩薩於生死畏中，當依如來功德之力。』文殊師利又問：『菩薩欲依如來功德之力，當於何住？』答曰：『欲依如來功德力者，當住度脱一切衆生。』又問：『欲度衆生，除其煩惱。』又問：『欲除煩惱，當何所行？』答曰：『當行正念。』又問：『云何行於正念？』答曰：『當行不生不滅。』又問：『何法不生？何法不滅？』答曰：『不善法不生，善法不滅。』又問：『善、不善孰爲本？』答曰：『身爲本。』又問：『身孰爲本？』答曰：『欲貪爲本。』又問：『欲貪孰爲本？』答曰：『虚妄分别爲本。』又問：『虚妄分别孰爲本？』答曰：『顛倒想爲本。』又問：『顛倒想孰爲本？』答曰：『無住爲本。』又問：『無住孰爲本？』答曰：『無住則無本。文殊師利，從無住本，立一切法。』〔一〕

叡公釋云：「無住即實相異名，實相即性空異名，故從無性有一切法。」〔二〕

校注

〔一〕見維摩詰所説經卷中觀衆生品。

〔二〕「叡公釋云」至此，見澄觀述大方廣佛華嚴經隨疏演義鈔卷三二。叡公，即釋僧叡，傳見高僧傳卷六。按，此句乃釋維摩詰所説經卷中觀衆生品中「從無住本，立一切法」句。

又，淨名經云：「文殊師利言：『居士，有疾菩薩云何調伏其心？』維摩詰言：『有疾菩薩應作是念：今我此病，皆從前世妄想顛倒諸煩惱生，無有實法，誰受病者？所以者何？四大合故，假名爲身；四大無主，身亦無我。又此病起，皆由著我。是故於我，不應生著。既知病本，即除我想及衆生想，當起法想。應作是念：但以衆法，合成此身，起唯法起，滅唯法滅。又此法者，各不相知，起時不言我起，滅時不言我滅。彼有疾菩薩爲滅法想，當作是念：此法想者，亦是顛倒，顛倒者是即大患，我應離之。云何爲離？離我、我所。

云何離我、我所？謂離二法。云何離二法？謂不念内外諸法，行於平等。云何平等？謂我等、涅槃等。所以者何？我及涅槃，是二皆空。以何爲空？但以名字故空。如此二法，無決定性，得是平等。無有餘病，唯有空病，空病亦空。』」〔一〕

無性、緣生故空者，雙牒前四句中兩種空也。此二種空，並離斷見，謂定有則著常〔二〕，定無則著斷。今緣生故空，非是定〔三〕無。無性故空，亦非定無。定無者，一向無物，如龜毛兔角。今但從緣生無性，故非定無。無性、緣生故有者，亦雙牒前四句中二有，並非常見之有。常見之有〔四〕，是定性有，今從緣有，非定性有。況由無性有，豈定有耶？從緣無性，如幻化人。非無幻化人，幻化非真故。亦云幻有，亦名妙有。以非有爲有，故名妙有〔五〕。

校　注

〔一〕見維摩詰所説經卷中文殊師利問疾品。

〔二〕「並離斷見，謂定有則著常」，大方廣佛華嚴經隨疏演義鈔作「並離斷見之無，斷見之無定無」。

〔三〕「定」，磧砂藏、嘉興藏本作「空」。按，大方廣佛華嚴經隨疏演義鈔作「定」。

〔四〕「之有常見之有」，原作「常見之有有」，據大方廣佛華嚴經隨疏演義鈔改。

〔五〕「無性、緣生故空者」至此，見澄觀述大方廣佛華嚴經隨疏演義鈔卷三二。

又，幻有即是不有有。大品經云：「諸法無所有。」〔一〕如是有故，非有非不有名爲中道，是幻有義。真空是不空空者，謂不空與空無障礙故，是故非空非不空，名爲中道，是真空義。經云：空、不空不可説，名爲真空〔二〕。中論偈云：「無性法亦無，一切法空故。」〔三〕

校注

〔一〕見摩訶般若波羅蜜經卷三行相品等。
〔二〕文殊師利所説般若波羅蜜經：「佛法、凡夫法中，無畢竟空。何以故？空、不空不可得故。」又，「幻有即是不有有」至此，詳見澄觀述大方廣佛華嚴經隨疏演義鈔卷三二。
〔三〕見龍樹造、鳩摩羅什譯中論卷二觀行品。

菴提遮女經偈云：「嗚呼真大德，不知實空義，色無有自性，豈非如空也？空若自有空，則不容衆色，空不自空故，衆色從是生。」〔一〕

校注

〔一〕見長者女菴提遮師子吼了義經。

又，一、空有相害義。今初一〔一〕真空必盡幻有，即真理奪事門〔二〕，以事攬理成，遂令事相無不皆盡，唯一真理，平等顯現，以離真理外無有少事可得故。如水奪波，波無不盡。般若經云：是故空中無色，無受、想、行、識等〔三〕。二、空有相作義。真空必成幻有者，即依理成事門，謂事無別體，要因真理而得成立。以諸緣起皆無自性，由無性理事方成故，如波攬水而成立故。亦是依如來藏，得有諸法〔四〕。法句經云：「菩薩於畢竟空中，熾然建立。」〔五〕三、空有相違義。幻有必覆真空，即事能隱理門，謂真理隨緣，能成事法。然此事法既違於理，遂令事顯理不現也。以離事外，無有理故。如波奪水，水無不隱，是則色中無空相也〔六〕。四、空有不相礙義。幻有必不礙真空，即事能顯理門，謂由事攬理故，則事虛而理實，以事虛故，全事之理，挺然露現。如由波相虛，令水露現。中論偈云：若法從緣生，是則無自性〔七〕。

校注

〔一〕「今初一」，清藏本作「謂」。

〔二〕「一、空有相害義」至「即真理奪事門」，澄觀述大方廣佛華嚴經隨疏演義鈔卷三二作「今初一、真空必盡幻有是相害義，亦法界觀中真理奪事門」。

〔三〕見摩訶般若波羅蜜經卷一習應品。又，「今初一真空必盡幻有」至此，見澄觀述大方廣佛華嚴經隨疏演義鈔卷三二。「真理奪事門」者，本法藏華嚴發菩提心章。

〔四〕「真空必成幻有者」至此，見澄觀述大方廣佛華嚴經隨疏演義鈔卷三二。「依理成事門」者，本法藏華嚴發菩提心章。

〔五〕見敦煌本法句經親近真善知識品。

〔六〕「幻有必覆真空」至此，見澄觀述大方廣佛華嚴經隨疏演義鈔卷三二。「事能隱理門」者，本法藏華嚴發菩提心章。

〔七〕按，此兩句，分別見龍樹造、鳩摩羅什譯中論卷三觀法品、卷四觀顛倒品。　又，「幻有必不礙真空」至此，見澄觀述大方廣佛華嚴經隨疏演義鈔卷三二。「事能顯理門」者，本法藏華嚴發菩提心章。

然此四義，即是前「緣生故空」等四義也。一、真空必盡幻有，是無性故空義；二、真空必成幻有，是無性故有義；三、幻有必覆真空，是緣生故有義；四、幻有必不礙真空，是緣生故空義。前四揔明空有所以，今四正説空有之相。然此空、有，二而不二。須知四義，兩處名異：一、真空必盡幻有，是真空上空義；二、真空必成幻有，是真空上不空義；三、幻有必覆真空，是幻有上有義；四、幻有必不礙真空，是幻有上非有義。又，須知有、非有，空、非空，各有二義：一、有上二義者，一是不壞有相義，二是遮斷滅義，則諸有爲非不有；二、非有上二義者，一離有相義，二即是空義；三、空上二義者，一不壞性義，二遮定有義，故詺空爲非不空；四、非空上二義者，一離空相義，二即有義。

已知名義，今融合乃有五重，爲五種中道：一、「謂有、非有無二爲一幻有」〔一〕者，此是有上二義自合。然取有上不壞相義，非有上離有相義，故合爲一幻有，是俗諦中道。

二、「空、非空無二爲一真空」者，即空上二義自合，然取空上不壞性義，非空上離空相義，故合爲一真空，爲真諦中道。前一爲即相無相之中道，此一爲即性無性之中道，亦是存泯無二義。

三、「非空與有無二爲一幻有」者，上一對，空有自合；此下一對，空有四義交絡而合。今此第三，而取真空上非空義、幻有上有義，二義相順，明不二。然是非空上取即是有義，有上取遮斷滅義，故得共成幻有，爲非空非不有，存泯無礙之中道。

四、「空與非有無二爲一真空」者，即第四取真空上空義，幻有上非有義，二義相順，明其不二。然是空上遮定有義，非有上即是空義，故二義相順，得成真空，爲非有非不空，存泯無礙之中道。第三是存俗泯真，此是存真泯俗。又，三是空徹於有，今是有徹於空，皆二諦交徹。

五、「幻有與真空無二爲一味法界」者，即第五揔合前四，令其不二。然上各合交徹，並不出於真空幻有，故今合之爲一味法界，爲二諦俱融之中道。然三、四雖融二諦，而空有別融，今此空有無礙，即是非空非有無礙，舉一全收。若以真同俗，唯一幻有；若融俗同真，唯一真空。空有無二，爲雙照之中道；非空非有無二，爲雙遮之中道。遮照一時，存泯無礙故。

云「離相離性，無障無礙，無分別法門」，以幻有爲相，真空爲性。又，空有皆相，非空非有爲性。又，別顯爲相，揔融爲性。今互奪雙融，並皆離也。無分別法，但約智説。唯無分別智〔二〕，方究其原，其無障礙，通於境智〔三〕。謂上之五重，多約境説，心智契合，即爲五觀。五境既融，五觀亦融。以俱融之智，契無礙之境，則心、境無礙。心中有無盡之境，境上有無礙之心，故要忘言，方合斯理，揔爲緣起甚深之相〔四〕。

校注

〔一〕澄觀撰大方廣佛華嚴經疏卷一四：「以初二義空、有異故，以後二義空、有相成故，然此二不二，謂有、非有無二爲一幻有，空、非空無二爲一真空。又，非空與有無二爲一幻有，空與非有無二爲一真空。又，幻有與真空無二爲一味法界，即中道義。離相離性，無障無礙，無分別法門。」

〔二〕無分別智：即體會真如的智慧，真如離一切相而不可分別，故能體會真如之智稱無分別智。

〔三〕境智：所觀之理謂之境，能觀之心謂之智。

〔四〕「然此四義」至此，出澄觀述大方廣佛華嚴經隨疏演義鈔卷三二。

故知若了空有無礙，真俗融通，無性之宗，緣生之理，如同神變，莫定方隅。雖處狹而常寬，縱居深而逾淺〔一〕。或在下而恒上，任遊中而即邊。衆生常處佛身，涅槃唯依生死，可謂難思妙旨，非情所知。

故云：「性海無涯，衆德以之繁廣；緣生不測，多門由是圓通。莫不迴轉萬差，卷舒之形隨智；鎔融一際，開合之勢從心。照不失機，縱差別而恒順；用非乖體，雖一味而常通。」〔二〕

又云：「謂〔三〕塵不壞小量，而徧十方，普攝一切，於中顯現。斯由量則非量，非量即量。又，居見聞之地，即見聞之不及；處思議之際，即思議之不測。皆由不思議體自不可得故，即思不可思。經云『所思不可思』〔四〕，是名爲難思。」〔五〕

校注

〔一〕法藏述華嚴經義海百門緣生會寂門：「若尋其奧，雖處狹而常寬；欲究其淵，縱居深而逾淺。緣起之義，其大矣哉！」

〔二〕見法藏述華嚴經義海百門鎔融任運門。

〔三〕「謂」，清藏本作「微」。按，此段引文爲華嚴經義海百門種智普耀門「體用現前，略分十義」中第三「明難思」的具體解釋，此「謂」字原文緊承「三、明難思者」。這裏單獨摘出，顯得突兀，然清藏本改作

「微」，則屬臆改。

〔四〕見佛陀跋陀羅譯大方廣佛華嚴經卷一〇。

〔五〕見法藏述華嚴經義海百門種智普耀門。

法界觀真空門〔一〕云：一、色即是空者，以色舉體全是真空，不即斷空。以色等本是真如一心，與生滅和合，名阿賴耶識，能變起根身、器界，即是此中所明色等諸法。故今推之，都無其體，故舉體歸於真心之空，不合歸於斷滅之空，以本非斷空之所變故。斷空則是虛豁斷滅，無知無用，不能現於萬法，如鏡外之空，非同鏡内之空。色相宛然，求不可得，謂之空。又，凡是色法，必不異真空，以諸色法必無性故。是故色即是空，既非滅色取空，離色求空，又不即形顯色相之空，又不離形顯無體之空，即是真空。若不即色相，即無偏計所執；不離無體，即是依他緣起；緣起無性之真理，即是圓成。

二、明空即色者，真空必不異色，故云空即是色。何以故？凡是真空，必不異色，以是法無我理，非斷滅故，是故空即是色。若離事求空理，即成斷滅。今即事明無我、無性真空之理，離事何有理乎？以真如不守自性，隨緣成諸事法，則舉空全色，舉理全事。又，真如正隨緣時，不失自性，則舉色全空，舉事全理。

三、空色無礙者，謂色舉體全是盡色之空，故色盡而空現；空舉體不異全盡空之色，即空即色而空不隱。是故看色無不見空，觀空莫非見色，無障無礙，爲一味法也。如舉衆波全是一水，舉一水全是衆波，波水不礙同時，而水體挺然全露，如即空即色而空不隱。

校注

〔一〕按，裴休注華嚴法界觀門序云：「此經（校注者按，指華嚴經）雖行於世，而罕能通之。有杜順和尚歎曰：『大哉，法界之經也！自非登地，何能披其文、見其法哉！吾設其門以示之。』於是著法界觀，而門有三重：一曰真空門，簡情妄以顯理；二曰理事無礙門，融理事以顯用；三曰周遍含容門，攝事事以顯玄。使其融萬象之色相，全一真之明性，然後可以入華嚴之法界矣。然此觀雖行於世，而罕能入之。有圭山禪師歎曰：『妙哉，法界之門也！自非知樞鑰之淺深，識閫閾之廣陜，又何能扣其門而入之哉？』於是直以精義注於觀文之下，使人尋注而見門，得門而入觀，由觀以通經，因經以證性，朗然如秉炬火而照重關矣。」杜順者，釋法順，俗姓杜。傳見續高僧傳卷二六唐雍州義善寺釋法順傳。其法界觀，參見宗密注注華嚴法界觀門、澄觀述華嚴法界玄境等。

寶藏論云：「空可空，非真空。色可色，非真色。真色無形，真空無名。無名名之父，無色色之母，爲萬物之根源，作天地之太祖。」〔二〕

校注

〔一〕見寶藏論廣照空有品。

肇論云：「本無、實相、法性、性空、緣會，一義耳。何則？一切諸法，緣會而生。緣會而生，則未生無有。未生無有，緣離則滅。如其真有，有則無滅。以此而推，故知雖今現有，有而性常自空。性常自空，故謂之性空。法性如是，故曰實相。實相自無，非推之使無，故名本無。言不有不無者，不如有見常見之有，邪見斷見之無耳。若以有爲有，則以無爲無。有既不有，則無無也。夫不存無以觀法者，可謂識法實相矣。乃至〔一〕三乘，等觀性空而得道也。性空者，諸法實相也。見法實相，故爲正觀。若其異者，便爲邪觀。設二乘不見此理，則顛倒也。是以三乘觀法無異，但心有大小爲差耳。」〔二〕

又，不真空論云：「夫至虛無生者，蓋是般若玄鑒之妙趣，有物之宗極者也。自非聖明特達，何能契神於有無之間哉？是以聖人通神心於無窮，窮所不能滯；極耳目於視聽，聲色所不能制者，豈不以其即萬物之自虛，故物不能累其神明者也。是以聖人乘真心以理順，則無滯而不通；審一氣以觀化，故所遇而順適。無滯而不通故，能混雜致淳；所遇而順適故，則觸物而一。如此，則萬像雖殊而不能自異。不能自異故，知像非真像；像非真

像，則雖像而非像。然則物我同根，是非一氣，潛微幽隱，殆非群情之所盡。」〔三〕

校注

〔一〕乃至：表示引文中間有删略。
〔二〕見肇論宗本義。
〔三〕見肇論不真空論。

故知若乘真心而體物，則何物而不歸？齊一氣以觀時，則何時而不會？何時而不會，則知觸境之無生；何物而不歸，則見物性之自虚矣。若任情所照，曷能盡其幽旨乎？若不悟宗，難逃見跡。如龐居士偈云：「昔日在有時，常被有人欺，種種〔一〕生分别，見聞多是非。後向無中坐〔二〕，又被無人欺，一向看心坐，冥冥無所知。有無俱是執，何處是無爲？有無同一體，諸相盡皆離。心同虚空故，虚空無所依，若論無相理，唯有〔三〕父王知。」〔四〕

校注

〔一〕「種種」，龐居士語録作「一相」。
〔二〕「後向無中坐」，龐居士語録作「已後入無時」。
〔三〕「有」，龐居士語録作「我」。

〔四〕見于頔編集龐居士語録卷中。

故知有無諸法，欲求究竟，唯心方證。若未歸心，盡成障礙，爲常爲斷，成是成非。纔入此宗，自然融即。謂先明其起處，知自心生。既從心生，則萬法從緣，皆無體性，必無心外法，能與心爲緣，悉是自心生，還與心爲相〔一〕。但論空有，則廣明諸法。何者？以空有管一切法故。此空、有二門，亦是理、事二門，亦是性、相二門，亦是體、用二門，亦是真、俗二門，乃至摠別、同異、成壞、理量〔二〕、權實、卷舒、正助、修性、遮照等，或相資相攝，相是相非，相徧相成，相害相奪，相即相在，相覆相違，一一如是，各各融通。今以一心無性之門，一時收盡，名義雙絶，境觀俱融，契旨忘言，咸歸宗鏡。是以須明行相名義差別，方能以體性融通。若不先横竪鋪舒，後何以一門卷攝？故還原觀云：「用就體分，非無差別之勢；事依理現，自有一際之形。」〔三〕

校注

〔一〕法藏述華嚴經義海百門緣生會寂門第一：「經云：『諸法從緣起，無緣即不起。』沈淪因緣，皆非外有，終無心外法，能與心爲緣。」

〔二〕理量：即如理智、如量智。真諦譯十八空論：「如理智者，即無分別智；如量智，即是無分別後智。」佛性論卷三：「此二智有二種相：一者、無著，二者、無礙。言無著者，見衆生界自性清浄，名爲無著，是如理智相。無礙者，能通達無量無邊界故，是名無礙，是如量智相。」

〔三〕見法藏述修華嚴奥旨妄盡還源觀。

如上微細剖析，廣照空、有二門，可謂得萬法之根由，窮諸緣之起盡。此有、無二法，迷倒所由。九十六種〔一〕之邪師，因兹而起；六十二見〔二〕之利使，從此而生。菩薩尚未盡其原，凡夫安能究其旨？所以寶性論云：空亂意菩薩〔三〕於此真空妙有，猶有三疑：一、疑空滅色，取斷滅空；二、疑空異色，取色外空；三、疑空是物，取空爲有〔四〕。故華嚴經中，善財歷事諸佛，已證法門，尚猶於諸法中無而計有。若究竟遠離，唯大菩薩之人。

校注

〔一〕九十六種：指佛陀前後印度流傳的各種外道。

〔二〕六十二見：外道的六十二種錯誤見解。

〔三〕空亂意菩薩：尚不識「空」之真義的菩薩。隋慧遠勝鬘經義記卷下：「大乘人中，多習空者，妨亂真解，名空亂意。」明德清觀楞伽阿跋多羅寶經記卷五：「權教菩薩，尚不識真空，名空亂意。」又，金剛經決疑：「初發大心菩薩，未悟實相真空，與前所取偏空二者難辨，以前小乘涅槃，可以取著安住其心，今既捨前空，而未得真空，所謂進無新證，退失故居，名空亂意。」

〔四〕按，寶性論，即究竟一乘寶性論，然未見此説。此實非寶性論原文，而是法藏據寶性論概括而來。法藏述華嚴經探玄記卷一〇：「言『滅除諸苦惱』者，此別顯同相苦惱者，惡取空故。惡取空者，空亂意故。依寶性論，空亂意有三種過。如彼論云：『起如是心，實有法斷滅後時得涅槃。』『又復有人以空爲有物，我應得空。又生如是心，離色等法，別更有空，我應修行，令得彼空。』解云：今此經中本來空者，離此三種亂意苦惱，故云『滅除』也。」法藏般若波羅蜜多心經略疏：「依寶性論云，空亂意菩薩有三種疑：一、疑空異色，取色外空。今明色不異空，以斷彼疑。二、疑空滅色，取斷滅空。今明色即是空，非色滅空，以斷彼疑。三、疑空是物，取空爲有。今明空即是色，不可以空取空，以斷彼疑。三疑既盡，真空自顯也。」

大智度論偈云：「有無二見滅無餘，諸法實相佛所説。」〔一〕淨名經云：「有無二見，無復餘習。」〔二〕又偈云：「説法不有亦不無，以因緣故諸法生。」

何者？若時機因緣執有，則説空門；若時機因緣著空，遂談有教。爲破有故不存空，因治空故不立有，故説有而不有，言空而不空。或雙亡而雙流，或雙照而雙寂。破立一際，遮照同時。

校注

〔一〕見龍樹造、鳩摩羅什譯大智度論卷一。

〔一〕見維摩詰所説經卷上佛國品。下一處引文同。

如肇論鈔〔二〕云：今就論文，揔有四意，以顯周圓之旨：一者、破實顯空；二者、破空顯假；三者、破唯空唯假，顯亦空亦假；四者、破亦空亦假，顯非空非假，則是中道，方謂周圓也。然四論皆有周圓，今既一一辯之，且約四義：一、約境，二、約智，三、約果，四、約境、智、果。

初、約境者，不真空論云：「即物順通，故物莫之逆。即僞即真，故性莫之易。」此破空顯假，遣聲聞執。「性莫之易，故雖無而有；物莫之逆，故雖有而無。」此則破有破無，顯亦空亦假，辯菩薩境。「雖有而無，所謂非有；雖無而有，所謂非無。」此破亦空亦假，遣菩薩執，顯中道第一空佛之境，此則境周圓也。

二、約智者，則般若論也。若以般若智，一一歷然空、假等境，則成心量〔三〕，但是有智，不得無智意。今則約前智知，凡是一境，即須周圓也。論云：「言知非爲知，欲以通其鑒。」〔四〕此破凡夫執相知，辯無知也。「不知非不知，欲以辯其相。」此破聲聞無知，辯無種不知也。「辯相不爲無，通鑒不爲有。」此破亦知亦不知，顯非知非不知也。「非有故，知而無知；非無故，無知而知。」此破非知非不知，辯亦知亦無知。前來四義，説雖前後，並在一心，不即不離，可謂佛智周圓矣。

三、約果辯者，即涅槃論文云：「存不爲有。」〔五〕破有餘涅槃〔六〕，遣聲聞常執。「亡不爲無。」破無餘涅槃〔七〕，遣聲聞斷執。「亡不爲無，雖無而有；存不爲有，雖有而無。」此雙破有無，顯亦有亦無。「雖有而無，所謂非有；雖無而有，所謂非無。」此破亦有亦無，顯非有非無。以顯中道佛之境，無住涅槃，果周圓矣。

四、約境、智、果三合辯者，則是揔收前諸論文也。前二論，則真諦無相之境，爲真空；般若能觀真智，即萬行之本，爲妙有。猶境發智，由智顯境，境、智互顯，爲亦空亦有。即涅槃論中三德〔八〕相冥，境、智不二，不斷不常，爲非空非有，可謂涅槃極果也。即如來一化之意，並周圓故，則罄盡佛法之淵海也。

校　注

〔一〕肇論鈔：入唐新求聖教目録、日本國承和五年入唐求法目録等著録爲三卷，牛頭山幽栖寺惠澄撰。東域傳燈録著録爲一卷。

〔二〕見肇論不真空論。下三處引文同。

〔三〕心量：此謂如來真證之心量，遠離一切所緣、能緣等外在影響而住於無心。

〔四〕見肇論般若無知論。下三處引文同。

〔五〕見肇論涅槃無名論位體第三。下三處引文同。

〔六〕有餘涅槃：謂諸惑已斷，然尚餘現受色身未滅，是名有餘涅槃。

〔七〕無餘涅槃：謂諸惑與所受五衆之身俱得滅盡，無有遺餘。龍樹造、鳩摩羅什譯大智度論卷三一：「有涅槃，是第一寶、無上法。是有二種：一者、有餘涅槃，二、無餘涅槃。愛等諸煩惱斷，是名有餘涅槃；聖人今世所受五衆盡，更不復受，是名無餘涅槃。」

〔八〕三德：大涅槃所具有之三種德相：一、法身德，爲佛之本體，以常住不滅之法性爲身者。二、般若德，法相如實覺了者。三、解脱德，遠離一切繫縛而得大自在者。此三者，各有常、樂、我、浄四德，故名三德。大般涅槃經卷二：「我今當令一切衆生及以吾子四部之衆，悉皆安住秘密藏中，我亦復當安住是中，入於涅槃。何等名爲秘密之藏？猶如伊字三點，若並則不成伊，縱亦不成；如魔醯首羅面上三目，乃得成伊三點，若别亦不得成。我亦如是，解脱之法亦非涅槃，如來之身亦非涅槃，摩訶般若非涅槃，三法各異亦非涅槃。我今安住如是三法，爲衆生故，名入涅槃，如世伊字。」

故知真空難解，應須妙得指歸。若隨空有之文，皆墮邪見。如鴦崛魔羅經偈云：「譬如有愚夫，見雹生妄想，謂是瑠璃珠，取已執持歸，置之瓶器中，守護如真寶，不久悉融消，空想默然住，於餘真瑠璃，亦復作空想。文殊亦如是，修習極空寂，常作空思惟，破壞一切法，解脱實不空，而作極空想。猶如見雹消，濫壞餘真實，汝今亦如是，濫起極空想。見於空法已，不空亦謂空，有異法是空，有異法不空。一切諸煩惱，譬如彼雨雹，一切不善壞，猶如雹融消。如真瑠璃寶，謂如來常住，如真瑠璃寶，謂是佛解脱。虚空色是佛，非色是二乘，解脱色是佛，非色是二乘，云何極空相，而言真解脱？文殊宜諦思，莫不分別想。譬如空聚落，川竭瓶無水，非無彼諸器，中虚故名空。如來真解脱，不空亦如是，出離一切過，故説解脱空。如來實不空，離一切煩惱，及諸天人陰，是故説名空。嗚呼蚊蚋行，不知真空義，外道亦修空，尼乾宜默然。」〔一〕所以外道執斷空，二乘證但空，俱不達一心真空之理。

校注

〔一〕見央掘魔羅經卷二。

故無生義〔一〕云：經云「持心猶如虚空」者，非是斷空，爾時猶有妙神，即有妙識思慮。

問曰：經言「持心如虚空」，那更有妙神在？

答曰：經道「持心如虚空」者，只是持心令不生故，言如虚空，非即是空，經言「如虚空」也。經言：「若識在二法，則有喜悦。若識在無二實際法中，則無喜悦。」〔二〕實際即是法性，空識即是妙神，故知實際中含有妙神也。華嚴經性起品作十種譬喻明法身佛有心〔三〕。

大師言：雖有妙神，神性不生，與如一體。譬如凌還是水，與水一體，水亦有凌性。若無凌性者，寒結凌則不現。如中亦有妙神，性同如，清浄則現，不浄不復可見。乃至如師主姓傅，傅姓身内覓不得，身外覓不得，中間覓不得，當知傅姓是空。而非是斷空之空，以傅姓中含有諸男女故。言性空，異於虚空，佛性是空，諸佛法身不空。大師引經曰：女身色相，無在無不在。夫「無在無不在」者，佛所説也〔四〕。

校注

〔一〕無生義：據智證大師將來目録，二卷（傳教大師將來越州録中著録爲一卷），注云佛窟撰。佛窟，即釋遺則，或作惟則，牛頭慧忠法嗣。傳見宋高僧傳卷一〇唐天台山佛窟巖遺則傳。詳見本書卷四注。

按，此處所引無生義，可以直接反映其「與傅大士的關係」，參見本書卷四注。

〔二〕見思益梵天所問經卷二難問品。

〔三〕「十種譬喻」者，一、「譬如虚空，一切色處、非色處，無處不至，而非至非不至」；二、「譬如虚空彌廣，悉能容受一切衆生而無染著」；三、「譬如日出世間，以無量事饒益衆生」；四、「譬如日出，先照一切諸大山王、次照一切大山、次照金剛寶山、然後普照一切大地，日光不作是念：『我當先照諸大山王、次第乃至普照大地。』但彼山地有高下故，照有先後」；五、「譬如日出世間，生盲衆生未曾覩見」；六、「譬如滿月，有四奇特未曾有法。何等爲四？映蔽一切星宿光明，示現增減於閻浮提，一切浄水影無不現，一切衆生有覩見者皆悉對面」；七、「譬如三千大千世界，大梵天王以少方便，大千世界一切衆生，各見梵王，現在已前，亦不分身，無種種身」；八、「譬如大醫王，善知衆藥對治之法，一切方論皆悉明練」；九、「譬如大海，有摩尼寶，名普照明淨藏，此寶光明，觸衆生身，悉同一色」；十、「譬如大海，有寶名曰一切世間莊嚴如意摩尼寶王，具足成就百萬功德」。詳見佛陀跋陀羅譯大方廣佛華嚴經卷三四。

〔四〕維摩詰所説經卷中觀衆生品：「舍利弗言：『女身色相，無在無不在。』天曰：『一切諸法，亦復如是，無在無不在。夫無在無不在者，佛所説也。』」注維摩詰經卷六引僧肇曰：「欲言有在，今見無相；欲言無在，向復有相。猶幻化無定，莫知所在也。」「豈唯女相？諸法皆爾，稱佛所説，以明理不可易。」

釋言：女身色相，即如，故言「無在」；如性真常，體含衆相，故言「無不在」。含者，含有男女色聲等相。涅槃經明菩薩念法：「善男子，唯此正法，無有時節，法眼所見，非肉眼見，不生、不出、不住、不滅、不始、不終，無明〔一〕無數。」〔二〕此正明如體也。「非結非業，斷結斷業而亦是業〔三〕，非男〔四〕斷男而亦是男，非有斷有而亦是有，非入斷入而亦是入，乃至〔五〕諸佛所遊居處，常不變易，是名菩薩念法。」〔六〕

校注

〔一〕「無明」，大般涅槃經作「無爲」。

〔二〕見大般涅槃經卷一八，南本見卷一六。

〔三〕「非結非業，斷結斷業而亦是業」，大般涅槃經作「非業斷業，非結斷結，非物斷物而亦是物」。
〔四〕「男」，大般涅槃經作「界」，下同。
〔五〕乃至：表示引文中間有删略。
〔六〕見大般涅槃經卷一八，南本見卷一六。

如上空、有二門，約廣其義用，遂説存泯開合；若破其情執，乃説即離有無。設當見性證會之時，智解俱絶，如「泯絶無寄觀」云：「謂此所觀真空，不可言即色、不即色，亦不可言即空、不即空，一切皆不可，不可亦不可。此語亦不受，迥絶無寄，非言所及，非解所到，是謂行境。何以故？生心動念，即乖法體，失正念故。乃至〔一〕若不洞明前解〔二〕，無以躡成此行；若不解此行法絶於前解，無以成其正解；若守解不捨，無以入兹正行。是故行由解成，行起解絶。」〔三〕

校注

〔一〕乃至：表示引文中間有删略。
〔二〕解：即知解，也就是由見聞義理而獲得的心解。前解，指「會色歸空觀」「明空即色觀」「空色無礙觀」等前三句。參後注。
〔三〕見法藏華嚴發菩提心章。按，華嚴發菩提心章表德第四中，分「真空觀」「理事無礙觀」「周遍含容觀」

「色空章十門止觀」「理事圓融義」五門。其中「真空觀」，又「略作四句」：一、會色歸空觀，二、明空即色觀，三、空色無礙觀，四、泯絶無寄觀。這裏所引，「乃至」前是對第四「泯絶無寄觀」的解釋，「乃至」後是對「真空觀」「略作四句」的總括。

古釋云：「空若即色者，聖應同凡見妄色，凡應同聖見真空，又應無二諦。空若不即色者，見色外空，無由成於聖智。又應凡聖永別，聖不從凡得故。又，色若即空者，凡迷見色，應同聖智見空，又亦失於二諦。色不即空者，凡夫見色應不迷。又所見色，長隔真空，應永不成聖。生心動念，即乖法體。失正念故者，真空理性，本自如然，但以迷之，動念執相，故須〔一〕推破，簡情顯解。今情忘智泯，但是本真，何存新生之解數？若有解數，即爲動念。動念生心，故失正念。正念者，無念而知。若揔無知，何成正念？」〔二〕

又，解爲遣情，説因破執。若情消執喪，説解何存？真性了然，寂無存泯。所以若言即與不即，皆落是非。瞥挂有無，即非正念。故云：「纔有是非，紛然失心。」〔三〕

問：凡涉有、無，皆成邪念；若關能、所，悉墮有知。如何是無念而知？

答：瑞草生嘉運，林華結早春。

校注

〔一〕「須」，原作「雖」，據注華嚴法界觀門改。

〔二〕見宗密注華嚴法界觀門真空觀。

〔三〕見僧璨信心銘。

音義

劇，奇逆反，增也。　刮，古八反，削也。　叡，以芮反，聖也。　殆，徒亥反也，近也。　雹，蒲角反。　蜹，而鋭反。　瞥，普結反，暫見也。　挂，古賣反。　紛，撫文反，紛紜也，大也。

丙午歲分司大藏都監開板